Prop. Yahaira Falcó
cel. 209-7619

NIÑOS Y NIÑAS QUE
EXPLORAN Y CONSTRUYEN

ÁNGELES MOLINA ITURRONDO

NIÑOS Y NIÑAS QUE EXPLORAN Y CONSTRUYEN

Currículo para el desarrollo integral
en los años preescolares

EDITORIAL DE LA UNIVERSIDAD
DE PUERTO RICO

Primera edición, 1994
Reimpresión, 1996, 2000, 2001

©1994, Universidad de Puerto Rico

Catalogación de la Biblioteca del Congreso
Library of Congress-in-Publication-Data

Molina Iturrondo, Ángeles, 1954-
    Niños y niñas que exploran y construyen: Currículo para el
desarrollo integral en los años preescolares/ Ángeles Molina
Iturrondo. — 1. ed.

    p.   cm.
    Includes bibliographical references (p.).
    ISBN 0-8477-0213-8
    1. Education, Preschool - Puerto Rico - Curricula.
    2. Curriculum planning - Puerto Rico. I. title.
    LB1140.4M65   1994
    372.21'097295-dc20   93-41294
                                                CIP

Impreso en los Estados Unidos de América
Printed in the United States of America

EDITORIAL DE LA UNIVERSIDAD DE PUERTO RICO
PO Box 23322
San Juan, Puerto Rico 00931-3322

Administración: TEL (787) 250-0000 / FAX (787) 753-9116
Dpto. de Ventas: TEL (787) 758-8345 / FAX (787) 751-8785

Para Adriana y Fernando,
quienes me devolvieron la capacidad
para sorprenderme ante la vida,
como cuando la descubría por primera vez
con mis ojos ingenuos, repletos de niñez;
para José Rafael,
con quien la comparto.

TABLA DE CONTENIDO

Prefacio

Durante los últimos quince años, en Puerto Rico han proliferado los centros de cuidado diurno operados por el sector privado, y, en menor escala, por el gobierno. Este desarrollo no ha respondido a una política pública explícita que provea las bases para la planificación y sistematización de los servicios; más bien, ha respondido a la demanda de las familias en las que ambos cónyuges trabajan fuera del hogar, o que están capitaneadas por el padre o la madre solamente, que debe trabajar fuera de la casa.

Uno de los problemas principales que confrontan algunos de estos centros es la carencia de un enfoque educativo claro. La mayoría de los centros que operan en Puerto Rico no han esbozado una filosofía educativa. Tampoco poseen un currículo formal, coherente y articulado. Por lo tanto, en el mejor de los casos, se ven en la obligación de improvisar las actividades educativas que ofrecen. En los centros en que hay programas de actividades organizados, estos con frecuencia se enmarcan, de manera implícita, en una visión maduracionista del desarrollo de los niños. Esto es, orientan los servicios sobre el supuesto que sostiene que el niño se convertirá en lo que la genética le deje ser.

Muchos de los centros que operan en Puerto Rico —con excepción de las escuelas Montessori, de los Programas Head Start y de algunos otros en el sector privado— están estructurados a la luz del modelo de la Escuela Maternal Tradicional (Evans, 1971). Este modelo recalca la socialización de los niños como meta principal del currículo. También recomienda la menor intervención posible por parte de los adultos. Esto es, el adulto es, en esencia, un cuidador o supervisor de los niños, quienes se desarrollan por acción de la maduración de su potencial genético. El papel principal del adulto es, pues, ayudar en el proceso de socialización y velar que no existan obstáculos ambientales que puedan impedir la maduración de los talentos heredados.

Afortunadamente, la visión maduracionista sobre el desarrollo del niño ha sido superada. Durante los pasados treinta años, cientos de investigaciones han demostrado que el potencial de desarrollo de los niños no está predeterminado ni controlado por la genética. Por el contrario, estas investigaciones señalan que existe una estrecha relación entre la estimulación temprana, la interacción con un ambiente retador, el desarrollo cognoscitivo y el bienestar general de los niños. El trabajo investigativo de Jean Piaget, fundamentado sobre presupuestos interaccionistas, ha constituido una de las bases de esta revolución. La teoría propuesta por Piaget dio margen para que investigadores norteamericanos, como Hunt (1961), White (1967), Weikart y Lambie (1967), entre muchos otros, establecieran, con una gran precisión, la influencia positiva que ejerce en el desarrollo de los niños —y sobre todo en el desarrollo cognoscitivo—, la interacción con un ambiente físico y social rico en oportunidades.

La creación del Programa Head Start, en 1965, constituye el mejor ejemplo de la efervescencia educativa que generaron las investigaciones de principios de la década de los sesenta en torno al desarrollo del niño preescolar. Este programa se convirtió en un gran experimento educativo sobre el enriquecimiento ambiental temprano para niños de escasos recursos económicos y para su aprovechamiento y ajuste general a la escuela posteriormente. Sin embargo, hasta el momento, en Puerto Rico no se había desarrollado ningún currículo preescolar que se fundamentara en un enfoque filosófico y psicológico de corte interaccionista, articulado coherentemente con actividades educativas dirigidas al desarrollo integral de los niños.

A tenor con lo anterior, en Puerto Rico se hacía necesario el desarrollo de un modelo curricular innovador dirigido a la educación y al desarrollo integral de los niños preescolares. A tales fines, en 1988, la Honorable Secretaria del Departamento de Servicios Sociales, Lic. Carmen Sonia Zayas, llegó a un acuerdo con el Rector del Recinto de Río Piedras de la Universidad de Puerto Rico, Dr. Juan R. Fernández, para que la autora se dedicara a la tarea de conceptuar y escribir un currículo innovador que satisficiera las necesidades de los centros de desarrollo del niño que entonces operaba el Departamento de Servicios Sociales. El currículo también se convertiría en el programa educativo básico de los centros privados que solicitaran licencias al Departamento de Servicios Sociales y que no tuvieran un currículo formal disponible.

El presente currículo es, pues, el resultado de un proyecto de colaboración interagencial, así como de dos años de intensa labor de investigación y de producción por parte de la autora. Esta labor se facilitó gracias al apoyo del Dr. Fernández, de la Secretaria Zayas y, sobre todo, de la señora Rosa Canino, Directora de la Oficina de Licenciamiento del Departamento de Servicio Sociales, quien se encargó de la coordinación, además de aportar su inagotable entusiasmo al proyecto.

Finalmente, la señora Gladys Quintana, después de leer el primer borrador del currículo, voluntariamente se encomendó la tarea de preparar el compendio de subtemas, actividades, conceptos y destrezas correspondientes que aparecen en cada área de desarrollo. El compendio se convirtió posteriormente en el Apéndice 11 de este libro, facilitándole al lector el manejo del material curricular. La autora ha contraído una deuda de gratitud con la señora Quintana, así como con el Dr. Fernández, con la Lic. Zayas y con la Sra. Canino. Sin su colaboración esta obra no sería una realidad.

Se espera que este currículo contribuya a enriquecer el campo de la educación temprana en Puerto Rico y el desarrollo de los niños y niñas preescolares en nuestro país.

A.M.I.
18 de julio de 1994

Marco conceptual para el currículo

INTRODUCCIÓN

El *Currículo para el desarrollo integral en los años preescolares* no es un currículo tradicional. Al contrario, es un currículo de enfoque innovador, basado en un conjunto mínimo de actividades esenciales e integradas, dirigidas al desarrollo de los niños.* Como tal, este currículo:

- no está organizado en orden jerárquico, lo que implica que las actividades no aparecen en el orden en que deben implantarse. El orden o la secuencia de las actividades será determinado por cada maestro a base de las fortalezas y niveles de desarrollo de los niños.

- no es exhaustivo, lo que significa que las actividades que incluye sólo son modelo de otros cientos de actividades análogas que el maestro podrá crear para satisfacer las necesidades de los niños.

- no es una receta inalterable, lo que implica que el maestro deberá usar su inventiva para modificar las actividades que este currículo incluye y así atender a las necesidades particulares de los niños.

- no sustituye la planificación diaria, semanal o mensual del maestro.

- no está diseñado sobre la base de áreas de contenido o de materias escolares, sino de áreas de importancia relacionadas con el desarrollo físico, social, emocional y cognoscitivo.

En nuestra tradición pedagógica, anclada en marcos teóricos maduracionistas y conductistas, la noción de currículo que ha prevalecido se caracteriza por la organización de las actividades en secuencia jerárquica. Las actividades se estructuran comenzando por las más simples hasta concluir con las más complejas. Este acercamiento al currículo se fundamenta en la idea de que todos los niños se desarrollan de manera lineal y en forma similar, ya que la maduración es el factor fundamental. Esto implica, por ejemplo, que, antes de ser capaces de sostener el creyón correctamente, tendrán que ensartar cuentas grandes; y antes de poder recortar, tendrán que rasgar papel. La idea es que las destrezas maduran en una secuencia particular y las actividades educativas deben reflejar esta secuencia. Esta visión curricular aísla y fragmenta los diversos componentes del desarrollo, así como las destrezas. Esto ocurre porque el currículo tradicional establece que hasta tanto que el niño haya adquirido una destreza, no es posible proveer actividades para otra destreza, perdiendo de vista que el niño se desarrolla integral y simultáneamente en un sinnúmero de áreas.

La perspectiva curricular maduracionista también soslaya la noción —ampliamente fundamentada por las investigaciones más recientes— que sostiene que cada niño se desarrolla de manera única. Para un niño de tres años, por ejemplo, la destreza de ensartar cuentas puede ser altamente compleja, pero para otro, puede ser una destreza dominada desde el año y medio.

El presente currículo se aparta sustancialmente de las ideas tradicionales asociadas al concepto de currículo en Puerto Rico. La diferencia radica en que este currículo:

---

* Para facilitar la preparación del currículo, se optó por usar los términos "niño" y "maestro" en su forma genérica, para referirse a ambos géneros. El término no se utiliza ni debe entenderse de manera sexista.

- se basa en un marco filosófico y teórico explícito y coherente, sobre el desarrollo y la educación del niño, que fundamenta las áreas de mayor importancia, los objetivos y las actividades.

- es susceptible a ser usado por el maestro con la mayor flexibilidad posible, lo que implica que el maestro puede usarlo para organizar su programa a base de temas o de las áreas de desarrollo de los niños que emergen del currículo.

- provee al maestro información básica esencial sobre conceptos, destrezas e ideas fundamentales implícitas en la actividad. Esta información es para uso del maestro y NO para "enseñársela" a los niños.

- se enmarca en las cuatro áreas del desarrollo integral —físico, social, emocional y cognoscitivo— a la luz de las teorías de Jean Piaget y de Erik Erikson.

- incluye un formulario modelo para facilitar la planificación diaria (ver apéndice 2).

La meta del presente currículo es fomentar el desarrollo integral de los niños a través de dos vertientes principales: por un lado, estimular el desarrollo de una personalidad balanceada y sana en el ámbito social inmediato que constituye la familia y en el ámbito social más amplio que es la comunidad; por otro lado, fomentar el desarrollo de la capacidad cognoscitiva. Por capacidad cognoscitiva se entenderá inteligencia, definida como un fenómeno dinámico de transacciones recíprocas entre el individuo y el medioambiente. En estos términos, la inteligencia se traduce en la capacidad del individuo para adaptarse al ambiente y adaptar el ambiente a sí mismo mediante interacciones significativas con los objetos y las personas que le rodean. Estos dos aspectos principales se ubican en el currículo en armonía con la importancia que tiene el desarrollo físico y emocional de los niños preescolares.

Enfoque filosófico del currículo

El presente modelo curricular está basado en la filosofía pragmática de John Dewey (1938). Esta filosofía educativa propone una visión dinámica del ser humano, en la que el individuo es hacedor de sí mismo y de las cosas que le rodean. La Filosofía Pragmática sostiene que el proceso educativo debe enriquecer la interacción natural del niño con su medio ambiente (Broman, 1982; Dewey, 1938; Kohlberg y Mayer, 1978). A continuación se resumen algunos de los aspectos más importantes de la Filosofía Pragmática:

- El niño aprende "haciendo".

- El desarrollo del niño se define como el progreso sistemático a través de una serie de etapas que se suceden en un orden determinado.

- La educación individualizada es el mejor medio para satisfacer las necesidades del niño.

- La meta educativa es lograr el más alto nivel o etapa de desarrollo.

- El logro de los objetivos educativos requiere un ambiente que presente conflictos cognoscitivos que sean solucionables por el niño.

- El niño es un ser intelectualmente activo que se estimula con los conflictos cognoscitivos, que organiza y canaliza la experiencia, tanto en el aspecto cognoscitivo como en el aspecto emocional.

- El conocimiento es el producto de un proceso activo de cambio en los patrones de pensamiento que ocurre como resultado de la interacción y experiencia al solucionar conflictos cognoscitivos.

- Existe una relación estrecha entre el desarrollo cognoscitivo y el desarrollo moral, ya que este último es resultado de la interacción social en situaciones de conflicto.

Las premisas filosóficas anteriores permean todas las actividades que componen el currículo.

Sin embargo, esto, en sí mismo, no es suficiente. El maestro deberá integrarlas en su marco teórico y hacerlas suyas, para que se reflejen en su interacción con los niños.

ENFOQUE PSICOLÓGICO DEL CURRÍCULO

El enfoque psicológico del currículo se fundamenta en dos teorías. Por un lado, la teoría de desarrollo cognoscitivo de Jean Piaget y, por otro, la teoría de desarrollo psicosocial de Erik Erikson. La teoría de Piaget provee las bases para fomentar el desarrollo de la inteligencia a través de la selección de materiales educativos apropiados para el nivel de desarrollo de los niños, la organización del ambiente educativo, las estrategias de interacción que utilizará el maestro y la implantación de actividades educativas espontáneas y estructuradas. Por otro lado, la teoría de desarrollo psicosocial de Erik Erikson orientará los esfuerzos del maestro, del supervisor y de otros profesionales de ayuda, tanto como de los padres, para ayudar a los niños a desarrollar una personalidad saludable y balanceada.

LA TEORÍA DE JEAN PIAGET

La teoría de desarrollo cognoscitivo de Jean Piaget se fundamenta en cuatro supuestos básicos:

1. El niño es un organismo que construye conocimiento activamente.
2. El intelecto del niño tiene una calidad distinta al intelecto del adulto.
3. El niño construye y reconstruye la realidad y sus estructuras intelectuales al interactuar con el ambiente físico y social retador.
4. La interacción es la clave del desarrollo de la inteligencia en los niños.

Estructura de la teoría. La teoría de Piaget contiene dos componentes: el modelo de las etapas de desarrollo cognoscitivo y el modelo en torno al origen del conocimiento.

Piaget propuso que el desarrollo del potencial cognoscitivo ocurre en etapas sucesivas. En su momento, cada etapa se reorganiza y cambia de calidad para dar paso a la próxima. Esta noción de las etapas del desarrollo es distinta a la noción basada en un modelo de desarrollo humano maduracionista. En este último, tanto la calidad de las etapas, como los cambios conductuales, aptitudinales y físicos que caracterizan cada etapa, así como la secuencia y el momento en el que aparecerán, están controlados por la genética. En la visión maduracionista, el concepto etapa está estrechamente ligado a la edad del individuo. Sin embargo, en el modelo piagetiano, el aspecto más importante en la sucesión y en la reorganización de las etapas no es la edad, sino la interacción con un ambiente retador. Cuando el niño establece interacciones con un ambiente lo suficientemente interesante se genera desequilibrio en el intelecto; desequilibrio que resuelve inmediatamente, produciéndose, pues, la modificación de la estructura intelectual y la construcción de conocimiento.

A continuación se presenta un resumen de las cuatro etapas del desarrollo cognoscitivo según Piaget (Wadsworth, 1979):

Etapa sensoriomotora — incluye el período comprendido entre el nacimiento hasta el primer año y medio de vida. En esta etapa se sientan las bases para el desarrollo de la inteligencia a través de la construcción de estructuras cognoscitivas que tienen origen sensorial y motor. Las funciones cognoscitivas no son todavía ni simbólicas ni abstractas, sino concretas. Esto es, la inteligencia del infante es la inteligencia de la acción; el bebé no puede conocer aquello que no puede ver, oler, gustar, escuchar o tocar.

Los logros cognoscitivos más importantes de esta etapa son (Schwartz y Robinson, 1982, p. 52):

- El desarrollo del concepto de la permanencia de los objetos, a través del cual el bebé llega a saber que los objetos continúan existiendo aunque él no los vea, toque o escuche.

- La comprensión de relaciones simples de causa y efecto; por ejemplo, el bebé llega a saber que sentarlo en la silla de comer significa que será alimentado.

- El establecimiento de la auto-identidad o la distinción conceptual entre el yo del bebé y la madre, otras personas y el ambiente físico.

- El desarrollo del sentido de la intención mediante el cual el bebé comienza a ejercitar su voluntad, la intención y propósito de hacer cosas por sí mismo.

- El desarrollo de la imitación diferida que permite al infante recrear con su cuerpo acciones observadas previamente y que al momento no están en su presencia o su presente.

Etapa preoperacional — se extiende aproximadamente desde el primer año y medio o dos años hasta los siete años de edad. La característica principal es el rápido desarrollo de la función simbólica. La función simbólica, o la capacidad para crear, manejar y entender símbolos, se refleja en el desarrollo del lenguaje oral y, más tarde, escrito; en la expresión gráfico-artística, en el juego dramático-simbólico, en las construcciones con bloques y otros objetos similares; y en la expresión musical, entre otras. Sin embargo, esta capacidad incipiente para crear y manejar símbolos todavía no implica que el niño puede realizar operaciones mentales o transcender las características perceptualmente llamativas de los objetos, que muchas veces parecen confundir a los niños. Por el contrario, son precisamente las características llamativas de los objetos y sucesos los factores que influyen en los procesos de pensamiento de los niños en etapa preoperacional.

Los logros cognoscitivos más importantes de esta etapa son (Schwartz y Robinson, 1982, p. 53):

- El rápido desarrollo de lenguaje.

- El desarrollo del pensamiento simbólico.

- La conceptualización intuitiva, pero no lógica o racional.

- La centración o el hecho de que el pensamiento está condicionado por los aspectos perceptuales más llamativos de los objetos o sucesos.

- El egocentrismo que impide al niño entender que existen otros puntos de vista distintos al propio.

- La clasificación simple o el sorteo que permite al niño establecer categorías a base de una sola característica simultáneamente, por ejemplo, forma, color o tamaño.

- El pensamiento transductivo, que va de lo particular a lo particular, e impide el pensamiento lógico inductivo o deductivo.

- El animismo, que es pensar que los objetos inanimados tienen vida.

- El realismo, que es pensar que los sueños y las fantasías tienen una existencia real fuera de la mente.

- El concepto del número, que empieza a desarrollarse, primero basado en relaciones concretas con objetos y, más tarde, en relaciones simbólicas y abstractas.

Etapa operacional concreta — en esta etapa, que comprende el período entre los siete y los doce años de edad, emerge la capacidad para las operaciones mentales sencillas como la reversibilidad. Una operación mental es reversible, cuando puede ser convertida en su opuesto rápida y fácilmente (Thomas, 1992).

También emerge el concepto de conservación, que se define como la capacidad para comprender que la identidad y la constancia de un objeto en calidad y cantidad, permanecen aunque se le someta a transformaciones físicas. Un pedazo de arcilla, por ejemplo, puede ser alargado o dividido en dos pedazos más pequeños sin que esto varíe su identidad o la cantidad de barro que había originalmente. Si ambos pedazos vuelven a juntarse, tendremos nuevamente la misma cantidad que al principio. Sin embargo, en esta etapa, todavía no se pueden realizar las operaciones mentales sin ayudas concretas provistas por su interacción con el medio ambiente.

Etapa operacional formal — según Piaget, ésta es la última etapa del desarrollo cognoscitivo y se extiende desde aproximadamente los doce años hasta la adultez. En esta etapa el pensamiento se torna lógico; esto es, totalmente abstracto, simbólico, inductivo y deductivo. Además, la capacidad para realizar operaciones cognoscitivas se independiza de los aspectos concretos de la interacción.

Las constantes funcionales. A lo largo de todas las etapas, hay dos procesos responsables de la creación de las estructuras cognoscitivas o esquemas. Éstos son la asimilación y la acomodación. La asimilación se define como el proceso de enriquecimiento de esquemas mentales que se han elaborado previamente. La acomodación, por otro lado, es el proceso de creación de un esquema nuevo o la modificación de un esquema viejo que no armoniza con los aspectos novedosos de una interacción dada. En estos términos, la asimilación y la acomodación son responsables de la capacidad para adaptarse al ambiente, construir y organizar el conocimiento.

El conocimiento según Piaget. La teoría de desarrollo de Jean Piaget se fundamenta en la idea de que el conocimiento es un fenómeno construido mediante la interacción con el ambiente físico y social. Según este modelo, el conocimiento no existe fuera del individuo en forma objetiva como sostiene la filosofía positivista (Kneller, 1984). Por el contrario, para Piaget conocer es actuar física e intelectualmente sobre las cosas, las imágenes y los símbolos que nos rodean. En estos términos, el conocimiento no es la mera acumulación de datos o de información, sino una construcción que depende de las acciones del individuo.

Un análisis del conocimiento que se construye en las diversas etapas indica que éste refleja las características de cada una de ellas (Molina Iturrondo, 1982b). En la etapa sensoriomotora, el conocimiento es sensorial y motor, dependiendo de interacciones sensoriomotoras. Por lo tanto, en esta primera etapa del desarrollo cognoscitivo, el conocimiento no es ni simbólico ni abstracto, sino altamente concreto y condicionado por el "ahora" y el "aquí". En la etapa preoperacional, el conocimiento comienza a tornarse semisimbólico y semiabstracto, pero depende de las interacciones directas con las personas y con las cosas. En la etapa operacional concreta el conocimiento es mucho más abstracto y flexible, ya que refleja el desarrollo acelerado de la capacidad para crear y usar símbolos en forma abstracta. Finalmente, el conocimiento que se construye en la etapa operacional formal es altamente simbólico, abstracto y resulta de los procesos de pensamiento lógico (Molina Iturrondo, 1982a).

El modelo de conocimiento de Jean Piaget (Kamii, 1976; Molina Iturrondo, 1983) postula tres tipos de conocimiento, cuyos procesos de construcción son distintos:

Conocimiento físico — depende de interacciones con el mundo físico y de experiencias perceptuales, pero no es conocimiento empírico.

Conocimiento social — es arbitrario y está basado en la cultura en la cual se desenvuelve el individuo; se construye a través de la socialización. El lenguaje y las normas de comportamiento son ejemplos de conocimiento social.

Conocimiento lógico-matemático — es altamente abstracto y no depende de objetos o hechos concretos del medio ambiente; se construye al trascender las caraterísticas físicas de los objetos para establecer relaciones cuantitativas nuevas entre ellos, que sólo existen en el intelecto. En el origen del conocimiento lógico-matemático en los años preescolares, los conceptos de orden y clase son fundamentales.

LA TEORÍA DE ERIKSON

La teoría de desarrollo psicosocial de Erik Erikson se fundamenta en tres supuestos básicos (Thomas, 1992):

1. El desarrollo de la personalidad saludable es fundamental en el proceso de desarrollo humano.

2. El logro de la personalidad balanceada depende del proceso de socialización del individuo en determinada cultura, a lo largo de una serie de etapas de desarrollo psicosocial que comprenden todo el proceso de la vida humana.

3. La tarea individual de alcanzar la identidad personal o del ego se logra al solucionar las crisis de identidad que se presentan en cada una de la etapas de desarrollo psicosocial.

Estructura de la teoría de Erikson. Erik Erikson elaboró su teoría a partir de la teoría de desarrollo psicosexual de Freud. Sin embargo, aportó una visión novedosa del desarrollo humano al recalcar la importancia de la cultura en el desarrollo del individuo y restar importancia a la influencia de los aspectos sexuales de la personalidad. Según Erikson (Erikson, 1963), el ser humano pasa por ocho etapas de desarrollo psicosocial. En cada etapa, el individuo se confronta con una crisis de identidad que debe resolver con éxito. De estas resoluciones sucesivas dependerá el logro de la identidad personal o del ego.

A continuación se presentan dichas etapas (Erikson, 1963; Mead, 1976; Thomas, 1992):

I Confianza vs. Desconfianza.
   Cero - un año de edad.
   Relación más significativa: la madre.
   Modalidades psicosociales: dar / recibir a cambio.

II Autonomía vs. Duda.
    Dos a tres años de edad.
    Relación más significativa: los padres.
    Modalidades psicosociales: retener para sí / compartir, dejar ir.

III Iniciativa vs. Culpa.
     Tres a seis años de edad.
     Relación más significativa: la familia.
     Modalidades psicosociales: hacer / pretender ("hacer como").

IV Industriosidad vs. Inferioridad.
    Siete a doce años de edad.
    Relación más significativa: la escuela y el vecindario.
    Modalidades psicosociales: hacer cosas para completarlas / hacer cosas juntos.

V Identidad-Repudio vs. Identidad-Difusión.
   Doce a dieciocho años.
   Relación más significativa: los pares y los líderes admirados.
   Modalidades psicosociales: ser o no ser uno mismo / compartir lo que uno es.

VI Intimidad-Solidaridad vs. Aislamiento.
    Década de los veinte años.
    Relación más significativa: parejas en la amistad, sexo, competencia, cooperación.
    Modalidades psicosociales: perder y encontrar el ser en otro.

VII Generatividad vs. Autoabsorción.
     Treinta a cincuenta años de edad.
     Relación más significativa: hogar y labores compartidas.
     Modalidades psicosociales: hacer para ser / cuidar a...

VIII Integridad vs. Desaliento.
      Cincuenta años en adelante.
      Relación más significativa: la humanidad / ser humano.
      Modalidades psicosociales: ser habiendo sido / confrontar el no ser.

Desarrollo psicosocial en los años preescolares. Las tres primeras etapas del desarrollo psicosocial, según Erikson, señalan cuáles son las tres crisis de identidad que se confrontan en la niñez: la confianza frente a la desconfianza; la autonomía frente a la vergüenza y la duda; y la iniciativa frente a la culpa.

Según Erikson, la base de la confianza en otros seres humanos se desarrolla durante el primer año de vida. Esta confianza dependerá de la calidad de la relación de la madre con el bebé. Entre otras cosas, en esta etapa es fundamental la presteza y la diligencia con la que la madre o cuidador satisfagan las necesidades básicas del infante, tanto físicas como afectivas. Si el infante no puede depender de su madre o del cuidador para la satisfacción de sus necesidades básicas, desarrollará desconfianza. Este sentimiento de desconfianza le impedirá, en el futuro, confrontar y resolver con éxito las demás crisis de identidad con las que tendrá que lidiar a lo largo de su vida.

Durante el segundo y tercer año de vida, se comienza a experimentar el sentimiento de autonomía que provoca saber que se controla el cuerpo y que éste es distinto al de los demás seres que le rodean (Schwartz y Robinson, 1982). Este es el momento en que la mayoría de los niños pueden controlar el movimiento de los intestinos y de la vejiga. Los adultos tienen la responsabilidad de establecer un balance delicado entre el control disciplinario y la flexibilidad para permitir que el niño ejercite el recién inaugurado sentimiento de autonomía (Thomas, 1992).

Entre los cuatro y los cinco años de edad se comienza a incursionar en proyectos y actividades novedosas. Esta es la etapa de la exploración intensa, del descubrimiento, de la búsqueda y de la inventiva, que ponen de manifiesto una iniciativa inusitada. En este momento los adultos deben estar en alerta para no inhibir estas expresiones de iniciativa. De otra manera se desarrollarán sentimientos de culpa debido a que el sentido de iniciativa es sancionado por los adultos.

IMPLICACIONES CURRICULARES

La filosofía progresista de Dewey, la teoría de desarrollo cognoscitivo de Jean Piaget, su modelo sobre el conocimiento y la teoría de desarrollo psicosocial de Erikson, tienen implicaciones definitivas para el presente currículo.

A continuación se desglosan las implicaciones de la teoría de Jean Piaget y de su modelo sobre el conocimiento:

- El currículo debe fomentar una interacción abierta, flexible y espontánea con el ambiente educativo y social del centro.
- El juego y la exploración son los medios más efectivos para estimular el desarrollo cognoscitivo y, por ende, la inteligencia durante la niñez.
- Las actividades educativas que son parte del currículo deben proveer de oportunidades para que los niños inicien y mantengan la interacción con materiales y personas interesantes y seleccionen los materiales con los que deseen trabajar.
- Las actividades curriculares serán lo suficientemente flexibles como para permitir que cada niño se ajuste a ellas partiendo del nivel de complejidad de sus estructuras cognoscitivas.
- Las actividades curriculares se basarán en temas que sean relevantes y del interés de los niños.
- El contenido curricular debe organizarse conceptualmente a partir de lo que sabemos sobre el proceso de desarrollo de los niños y no de lo simple a lo complejo.
- El currículo fomentará un balance entre las interacciones en actividades espontáneas y actividades estructuradas.
- Las actividades curriculares proveerán para que padres y otros voluntarios de la comunidad, participen si así lo desean.
- El proceso de interacción que se establecerá en el centro al implantar el currículo, fomentará

la construcción de conocimiento físico, social y lógico-matemático de la forma más natural y concreta posible.

- La motivación de los niños para participar en las actividades del currículo y el refuerzo, serán intrínsecos a la interacción.

- El currículo debe fomentar las discrepancias entre el nivel de complejidad de las actividades educativas y las estructuras intelectuales, con el fin de provocar el desequilibrio, que es la base del desarrollo cognoscitivo.

- El desequilibrio intelectual provocado al interactuar con materiales y personas interesantes y retadoras, provocará la creación de nuevas estructuras intelectuales o la modificación de estructuras preexistentes para que se ajusten a lo novedoso de la experiencia.

Las implicaciones anteriores resumen la noción del "aprendizaje activo" propuesta por Hohmann, Banet y Weikart (1984), basada en la teoría de desarrollo cognoscitivo de Piaget. El aprendizaje activo está basado en las acciones y actividades que inicia y mantiene el niño con el medioambiente físico y social que le rodea. Es, pues, un aprendizaje basado en la acción y en el descubrimiento y no en la memorización de información o en la repetición.

A continuación se desglosan las implicaciones curriculares de la teoría de desarrollo psicosocial de Erikson:

- El currículo debe fomentar el desarrollo de una personalidad saludable.

- El desarrollo de la personalidad saludable se logra mediante el proceso de socialización y la capacidad para activamente interactuar y dominar el ambiente que le rodea.

- El currículo deberá estimular la interacción con el ambiente mediante actividades que permitan tener éxito y sentir que se es capaz de dominar el ambiente.

- Las actividades curriculares orientadas al proceso de socialización deben basarse en la noción de que este proceso está determinado por etapas de desarrollo psicosocial.

- El currículo deberá proveer actividades que permitan desarrollar mecanismos para resolver las diversas crisis psicosociales que se confrontan en el proceso de desarrollo.

- Una relación de confianza entre el maestro y el niño es esencial en el proceso de desarrollo de una personalidad saludable.

- Las actividades curriculares deben estimular el desarrollo de la autoconfianza, de una autoestima alta y de una cognición correcta del yo.

- El currículo deberá fomentar que el niño se acepte a sí mismo como persona que comparte ideales y patrones de conducta, que son dados por la cultura, con muchas otras personas.

- Las actividades curriculares estimularán el desarrollo de valores en consonancia con el ambiente cultural de la familia y la comunidad, que les permita al niño realizar juicios morales que armonicen con los valores propios, de su familia y de su comunidad.

- El currículo deberá fomentar el cultivo del sentido de la voluntad o de la capacidad para tomar decisiones tanto como del sentido de propósito para aspirar a lograr metas y deseos.

CARACTERÍSTICAS DEL CURRÍCULO

El *Currículo para el desarrollo integral en los años preescolares* posee las seis características fundamentales identificadas en el estudio de veinte programas preescolares de Follow Through (Evans, 1975; Schwartz y Robinson, 1982, p.23):

- El currículo es lo suficientemente flexible y de alcance amplio para comenzar a ser implantado a tenor con el nivel de desarrollo de cada niño. Por lo tanto, el maestro debe hacer una evaluación inicial para conocer el punto en el que se encuentran en su proceso de desarrollo, con el fin de seleccionar y adaptar las actividades curriculares,

- recomienda actividades educativas individualizadas y de grupo pequeño,

- depende de la selección y adaptación adecuada de las actividades y de los materiales educativos que se han de utilizar en cada una,

- establece metas y objetivos claros que serán la base para la planificación diaria,

- recomienda actividades que fomentan el desarrollo de actitudes y patrones de interacción, como, por ejemplo, la concentración, el interés, la curiosidad y la motivación, que son esenciales para construir conocimiento,

- aspira a que los niños se sientan satisfechos con sus experiencias educativas en el centro.

El presente currículo está en consonancia con las guías para el desarrollo de currículo que ha establecido la National Association for the Education of Young Children (NAEYC) y que se resumen de la siguiente manera (NAEYC, 1986):

- El currículo debe ser apropiado para el nivel de desarrollo de los niños en todas las áreas del desarrollo —físico, social, emocional y cognoscitivo— mediante un enfoque integrado.

- La planificación de las actividades se basará en la noción que sostiene que el aprendizaje es un proceso recíproco de interacción con el ambiente. El maestro organizará el ambiente educativo de manera que estimule a los niños a explorarlo activamente y a establecer interacciones significativas con los adultos y con los pares.

- Las actividades educativas y los materiales serán preferiblemente concretos, reales y pertinentes a los intereses y a la vida de los niños.

- El currículo proveerá actividades variadas que interesen a la mayoría de los niños partiendo del criterio cronológico, pero también proveerá para niños que muestren intereses fuera de lo común para su nivel de desarrollo.

- El maestro planificará actividades educativas variadas, cuyo grado de complejidad y reto aumentará a medida que se desarrollen las destrezas y los conocimientos para trabajar con materiales y actividades más avanzadas.

Según la National Association for the Education of Young Children (1986, pp. 8-9), un currículo para niños de tres años de edad debe recalcar el desarrollo del lenguaje oral, el desarrollo de los músculos gruesos, el juego dramático, el uso de materiales manipulativos como rompecabezas sencillos y bloques, así como oportunidades para escuchar narraciones y participar en sesiones —individualizadas o de grupo pequeño— de lectura de cuentos sencillos. Para niños de cuatro y cinco años, el currículo debe recalcar una mayor variedad de experiencias de movimiento físico vigoroso, tanto como más variedad de actividades para el desarrollo de músculos finos, como cortar con tijeras, pegar, ensartar cuentas de varios tamaños, cocinar, explorar la escritura y el dibujo con todo tipo de marcadores y lápices, participar en sesiones de lectura individualizada de cuentos más complejos, construir con bloques más grandes y participar en juegos dramáticos. En esta etapa, las actividades deben fomentar el desarrollo de la capacidad para observar, recordar y reconocer detalles, formas, tamaños, colores y orden. Es también importante, que las actividades estimulen el reconocimiento y la escritura de nombres, tanto como otras palabras que sean significativas para los niños. Esto, sin embargo, no significa que se va a enseñar a leer usando el método fonético o que se espera que se aprendan el alfabeto en aislamiento. Por el contrario, lo que implica es que hay que proveer un ambiente rico en lenguaje impreso, con el cual los niños establecerán interacciones que les facilitarán aprender "naturalmente" sobre los procesos de lectura y escritura.

En resumen, la característica principal del currículo es su orientación hacia la estimulación del desarrollo integral y no el privilegiar los contenidos académicos, tan común en muchos currículos para el nivel preescolar.

METAS Y OBJETIVOS DEL CURRÍCULO

La meta del currículo es fomentar el desarrollo integral mediante actividades diversas dirigidas a estimular el aprendizaje activo y el desarrollo de una personalidad saludable en el ambiente educativo del centro, tomando en consideración el contexto familiar y comunitario.

Los objetivos generales del currículo son los siguientes:

A través y como resultado de las estrategias curriculares, los niños:

1. tendrán oportunidades para desarrollarse en el aspecto físico, a través de actividades variadas dentro y fuera del centro, que fomenten el conocimiento y coordinación general del cuerpo, el ejercicio de los músculos gruesos, el balance, el vigor físico, el desarrollo de músculos finos, la coordinación visomotora fina, la percepción y el uso de los sentidos.

2. tendrán oportunidades para construir conocimiento social y desarrollar destrezas de interacción social, mediante actividades que fomenten el conocimiento del yo y de la familia, la interacción prosocial, los buenos modales y la cortesía, el sentido de la solidaridad, la cooperación y la empatía, la moral y los valores, papeles y actitudes sociales no sexistas asociadas al género, y el aprecio por la comunidad donde viven.

3. tendrán oportunidades para desarrollar una personalidad y hechura emocional saludable mediante actividades que les permitan desarrollar autoestima y confianza en sus propias habilidades, adquirir autocontrol y autonomía personal, así como comprender y manejar sus sentimientos y emociones.

4. tendrán oportunidades para desarrollar sus capacidades cognoscitivas y ejercitar la función simbólica a través de actividades que fomenten la construcción de conocimiento físico-científico, lógico-matemático, el lenguaje oral y la construcción de conocimientos y destrezas para manejar el lenguaje impreso, y la función simbólico-artística mediante las artes plásticas y la música.

COMPONENTES DEL CURRÍCULO

El currículo se basa en los trabajos teóricos e investigaciones de un sinnúmero de autores. Entre ellos se destacan Broman (1982), González de Flores (1982), Hohmann, Banet y Weikart (1984), Kamii (1985), Kamii y DeVries (1976, 1977, 1979), Maccoby, (1980), Molina Iturrondo (1984), Picó de Hernández (1976), Robinson (1983), Schickedanz (1977, 1979), Schwartz y Robinson (1982), Sigel at al (1973), Spodeck (1978), Weikart, Rogers, Adcock y McClelland (1974), entre otros (véanse oportunamente las secciones tituladas **Referencias**, al final de cada capítulo).

Como currículo integrado, el presente trabajo armoniza dos enfoques básicos: el más elevado interés centrado en el desarrollo integral y en las áreas temáticas que desarrollan actividades educativas integradas. Esto implica que el currículo se organiza alrededor de cuatro unidades con objetivos educativos y actividades dirigidas al desarrollo físico, social, emocional, cognoscitivo en los años preescolares.

Los componentes del currículo son los siguientes:

I. Unidad para fomentar el desarrollo físico con actividades para estimular el ejercicio de:
— músculos gruesos
— músculos finos
— coordinación de músculos gruesos o general
— la imagen del cuerpo
— coordinación visomotora fina
— destrezas auditivas
— destrezas visuales-perceptuales

— destrezas de percepción táctil

— el gusto y el olfato

— balance y vigor físico.

II. Unidad para fomentar la construcción de conocimiento social y el desarrollo de destrezas de interacción social para estimular:

— el conocimiento del yo y de la familia

— la interacción prosocial entre los niños, y entre los niños y los adultos

— sentido de solidaridad de grupo y de cooperación

— el desarrollo de la moral y valores a tono con el medio socio-cultural puertorriqueño y los niveles de desarrollo de los niños

— el sentido de empatía

— la clarificación de papeles y actitudes sociales no sexistas asociadas al género

— el conocimiento y aprecio por la comunidad donde viven.

III. Unidad para fomentar el desarrollo emocional y una personalidad saludable, con actividades para estimular:

— autoestima y confianza en las propias habilidades

— autocontrol y autonomía personal

— la comprensión y el manejo de emociones y sentimientos.

IV. Unidad para fomentar el desarrollo cognoscitivo con actividades para estimular el ejercicio de la función simbólica:

— el desarrollo de conocimiento físico-científico

• destrezas científicas simples

observar

describir

experimentar

• conceptos simples de biología

plantas

animales

el cuerpo humano

• conceptos simples de química

características de las substancias

transformaciones físicas (químicas)

• conceptos simples de física

luz y color

calor y energía

sonido

movimiento

— la construcción de conocimiento lógico-matemático

• concepto del número y de numeración

• correspondencia biunívoca

- sorteo y clasificación
- seriación y orden

    de tamaño

    calidad

— la construcción de conceptos elementales de medición
- longitud
- área

— la construcción de conceptos básicos sobre geometría
- figuras geométricas

    círculo

    triángulo

    cuadrado

    rectángulo

— la construcción de conceptos matemáticos y sociales sobre el dinero

— el desarrollo del lenguaje oral y la construcción de conocimientos y destrezas en la exploración del lenguaje impreso y el ejercicio de las artes del lenguaje en general
- escuchar
- hablar
- leer
- escribir

— el desarrollo de la función simbólico-artística
- artes plásticas

    pintura

    modelado

    dibujo

    collages

- música

ORGANIZACIÓN DEL AMBIENTE EDUCATIVO DEL CENTRO

El centro de desarrollo del niño debe organizarse en áreas de interés que respondan al currículo y permitan su implantación. La lista de materiales educativos que deben incluirse en cada área es sólo un ejemplo. Por lo tanto, no es exhaustiva:

— Área del hogar
- sala, comedor, cocina equipada con utensilios y equipos del tamaño de los niños, muñecas de diversos tipos y razas, cochecitos y otros.

— Área de bloques
- colección de bloques (unidades de madera)
- alfombra pequeña
- materiales suplementarios para las construcciones tales como camiones, carritos, rótulos de tránsito, animales de la finca y otros.

— Área de biblioteca
- colección de libros para el uso de los niños (15 ó 20 libros)
  - sobre la familia
  - animales
  - cuentos de fantasía
  - el vecindario
  - de la naturaleza y otros
- dos sillas cómodas
- alfombrita
- grabadora
- libros y casete de cuentos.

— Área de escritura
- mesa
- dos sillas
- papeles de diversas clases: de libreta, de colores, libretas de recibo, papel de computadora, con rayas, de maquinilla y otros
- lápices, marcadores de colores, bolígrafos y otros
- tres alfabetos plásticos desmontables
- pizarra pequeña y tiza (para el uso de los niños)
- franjas de cartulina y tarjetas 3" X 5".

— Área de juegos manipulativos
- rompecabezas de una a diez piezas
  - de personas
  - de animales
  - de frutas
  - de medios de transportación
  - de edificios
  - de figuras geométricas y otros
- bloques pequeños
- cuentas grandes para ensartar
- tablas de clavijas
- *legos* de diversos tamaños
- cajas de diversos tamaños para insertar unas y otras (*nesting boxes*).

— Área de Ciencias y Matemáticas
- semillas
- algodón
- termómetro irrompible
- caracoles
- cinta métrica
- figuras geométricas

- dos colecciones de numerales desmontables de sus bases, del 0 al 9
- objetos sueltos para contar
- dinero de juguete
- reloj
- vasos plásticos
- imán
- picadura de hierro.

— Área de Arte
- caballete
- témpera
- pinceles gruesos
- tijeras
- papel de construcción a colores de 12" x 18"
- revistas para recortar
- pega
- plasticina
- creyones finos y gruesos
- libretas de papel reciclado de 18" x 24"
- pintura dactilar
- papel encerado para pintura dactilar.

— Área de Música
- tocadiscos
- discos con canciones para niños
- banda rítmica
- audífonos.

Además, se deberá proveer un espacio donde los niños puedan descansar después del almuerzo y área de patio donde los niños puedan participar en actividades vigorosas, ya sean espontáneas o estructuradas. Si hubiera suficiente espacio en el centro, se recomienda que se organice un área de agua y arena, y de carpintería.

SUGERENCIAS PARA EL MAESTRO SOBRE LA IMPLANTACIÓN DEL CURRÍCULO

El papel que desempeña el maestro en la implantación del currículo es fundamental para el éxito del mismo. El maestro debe conocer los marcos teóricos que constituyen la base del currículo, tanto como las actividades que se proponen.

Es importante que el maestro comprenda por qué se recomiendan estas actividades. De la misma manera, debe entender por qué el currículo se organiza conceptualmente, a base de lo que sabemos sobre el desarrollo cognoscitivo y psicosocial en la niñez temprana. Por lo tanto, no sigue un orden cronológico, ni de lo simple a lo complejo, como lo hacen la mayoría de los currículos tradicionales. Esto es debido a que se fundamenta en la teoría de Piaget y en un enfoque cognoscitivo-interaccionista que postula que las actividades educativas deben ser lo suficientemente flexibles y de enfoque amplio como para que los niños se ajusten a ellas de acuerdo al nivel de complejidad de su intelecto. Sin embargo, casi todas las actividades que se recomiendan son concretas, altamente creativas y son ideales para la individualización. Se recomienda el uso de materiales concretos, pertinentes a los intereses de los niños. Sin embargo, para fines del desarrollo de la coordinación visomotora fina, también se recomiendan algunos ejercicios icónicos de papel y lápiz. Éstos se usarán de manera individualizada, en función del nivel de desarrollo de cada niño.

El papel del maestro será de facilitador y de guía del desarrollo. A tales fines, el maestro debe ofrecer oportunidades para que se explore, se curiosee y se busquen las respuestas y las soluciones a los problemas que se plantean. El maestro también se asegurará de planificar actividades estructuradas e integradas que faciliten la interacción con determinados materiales educativos. Estas actividades respetarán la necesidad del niño preescolar por la espontaneidad y el juego; el maestro intervendrá en ellas incidentalmente. En estas intervenciones incidentales, el uso de la pregunta abierta es un recurso magnífico para ayudar a los niños a "aprender a aprender", a descubrir, a encontrar ángulos insospechados en sus juegos.

El maestro no puede perder de vista que durante los años preescolares, el juego es el mejor vehículo de desarrollo y de aprendizaje. Por lo tanto, todas la actividades, ya sean estructuradas o espontáneas, deberán caracterizarse por el juego. El juego se define como una actividad placentera y voluntaria, un ejercicio recreativo sometido a ciertas reglas convencionales, pero sin ningún fin práctico excepto el disfrute del mismo. Por otro lado, el juego requiere la participación activa del sujeto que juega (Garvey, 1977). A través del juego, se descubren las características y usos de los objetos, además de establecer relaciones entre ellos y ejercitar la creatividad y la función simbólica.

Es recomendable que el maestro organice actividades de grupo pequeño o individualizadas, en las que cada niño desempeñe un papel activo. Se debe evitar planificar actividades de grupo grande basadas en hojas mimeografiadas, *dittos* o patrones pre-hechos en los que todos los niños terminan con el mismo producto final. Es responsabilidad del maestro fomentar el pensamiento creativo y la solución de problemas en forma individual e innovadora.

Como facilitador del desarrollo integral, el maestro será también un observador cuidadoso del progreso del niño. A tal efecto debe anotar los aspectos significativos de sus observaciones del niño al entablar interacciones con sus pares, con los materiales educativos y con los adultos del centro. Esta información es de suma importancia a la hora de planificar las actividades educativas y de evaluar cuánto han progresado los niños en su desarrollo.

Sin embargo, el maestro no sólo tendrá que fomentar el desarrollo intelectual y creativo, sino también el ajuste psicológico y una personalidad saludable. Para lograr este objetivo, el maestro tiene que establecer una relación de confianza con cada uno de los niños, conocerlos personalmente, estimular sus pequeñas hazañas y logros tanto como alimentar su autoestima y su confianza en sus habilidades. En otros términos, el maestro tiene que adquirir sensibilidad hacia las necesidades emocionales de los niños y ser capaz de satisfacerlas. Asimismo, el trabajo con los padres es esencial para que éstos desarrollen estrategias adecuadas para bregar con sus niños en el hogar, de manera que en el proceso de educarlos y disciplinarlos no se les lacere la psique o se les maltrate física o psicológicamente.

EL PAPEL DE LOS PADRES EN LAS ACTIVIDADES DEL CENTRO DE DESARROLLO DEL NIÑO

Los padres desempeñan un papel fundamental en el desarrollo de sus hijos. Esto se debe, en parte, a la intensidad de la relación que se establece entre padres e hijos (Shaffer, 1972). El hecho de que los padres tengan que delegar la educación y el cuidado de sus hijos en terceras personas o en centros de desarrollo del niño, no significa que la responsabilidad fundamental que han contraído con sus hijos se vea disminuida de alguna manera. Por esta razón la participación de los padres en las actividades del centro es necesaria para el sano desarrollo de los hijos.

Es cierto que los padres delegan en el centro la tarea de velar y educar a sus niños porque trabajan fuera del hogar. Sin embargo, esto no debe ser impedimento para que estén atentos a las necesidades de los hijos tanto como a las del centro. El programa educativo del centro tiene que ayudar a los padres a tomar conciencia de la importancia de que asistan a las reuniones a las que se les invita, a las actividades sociales en las cuales tendrán oportunidades de compartir con sus niños y a las reuniones individuales con el maestro en las que se conversará sobre el progreso de su hijo o hija.

Por otro lado, el maestro tiene la responsabilidad de mantener a los padres informados de las actividades educativas que se llevan a cabo en el centro. También deberá hacer sugerencias sobre aquellas actividades que los padres pueden realizar con sus hijos en el hogar y que darán continuidad a las actividades del centro.

En resumen, sin la participación de los padres, sin el conocimiento por parte del maestro, de cada familia cuyos hijos asisten al centro y sin la buena comunicación entre padres y maestros, es muy difícil que un programa educativo o un currículo tenga éxito.

REFERENCIAS

Broman, B.L. (1982). *The Early Years in Childhood Education.* Boston: Houghton Mifflin Company.

Cowles, M. (1973). Four Views of Learning and Development. En J.L. Frost (Ed.), *Revisiting Early Childhood Education.* New York: Holt, Rinehart and Winston.

Dewey, J. (1938). *Experience and Education.* New York: Collier.

Erikson, E. (1963). *Childhood and Society.* New York: Norton.

Evans, E.D. (1971). *Contemporary Influences in Early Childhood Education.* New York: Holt, Rinehart and Winston.

Garvey, C. (1977). *Play.* Cambridge, Ma: Harvard University Press.

González de Flores, E. (1982). *Educar el movimiento.* Río Piedras: Editorial Flores.

Hohmann, M., B. Banet y D.P. Weikart (1984). *Niños pequeños en acción.* México: Editorial Trillas.

Hunt, McV. (1961). *Intelligence and Experience.* New York: Ronald Press.

Kamii, C. (1985). *Young Children Reinvent Arithmetic.* New York: Teachers College Press.

_____ . (1976). *Piaget, Children and Number.* Washington, D.C.: National Association for the Education of Young Children.

Kamii, C. y R. DeVries (1978). *Physical Knowledge in Preschool Education: Implications of Piaget Theory.* Englewoods Cliffs, N.J.: Prentice-Hall.

_____ . (1977). Piaget for Early Childhood Education. En M.C. Day and R.K. Parker (Eds.), *The Preschool Action.* Boston: Allyn and Bacon.

Kamii, C. y N. Radin (1970). Framework for Preschool Curriculum Based on Some Piagetian Concepts. En I.J. Athey and D.O. Rubadeall (Eds.), *Educational Implications of Piaget Theory.* Waltham, Ma: Xerox College Publishers.

Kneller, G.F. (1984). *Movements of Thought in Modern Education.* New York: John Wiley and Sons.

Kohlberg, L. y R. Mayer (1972). Development as the Aim of Education. *Harvard Educational Review, 42,* (4), 449-496.

Maccoby, E.E. (1980). *Social Development.* New York: Harcourt Brace Jovanovich, Inc.

Mead, D.E. (1976). *Six Approaches to Child Rearing.* Utah: Brigham Young Press.

Molina Iturrondo, A. (1985). Las metáforas del desarrollo y la educación del niño en Puerto Rico. *Revista Cupey,* enero-junio, 49-62.

_____ . (1984). *Matemática preescolar, ejercicios para el niño y guía para el maestro.* Caguas: Camera Mundi Inc.

_____ . (1982a). *The Cognitive Construction and Modification of Self-knowledge in Children Aged Four to Ten.* Unpublished doctoral dissertation, Boston University.

_____ . (1982b). Los niños preescolares y el conocimiento lógico-matemático. *El Sol.* Año XXVI, núm. 4.

National Association for the Education of Young Children. (1986). *Position Statement on Developmentally Appropriate Practice in Early Childhood Programs Serving Children From Birth to Age 8.* Washington, D.C.: NAEYC.

Piaget, J. (1981). *The Psychology of Intelligence.* Totowa, New Jersey: Littlefield, Adam & Company.

_____ . (1970). *Genetic Epistemology.* New York: W.W. Norton & Company.

_____ . (1970). *Psychology and Epistemology.* New York: Viking Press.

_____ . (1981). *Six Psychological Studies.* New York: Vintage Books.

Picó de Hernández, I. (1976). *¿Qué hacer? Guía de actividades para el maestro de escuela elemental.* P.R.: Comisión para el Mejoramiento de la Mujer.

Riley, M., K.R. Barrett, T.J. Martinek y M.A. Robertson (1981). *Los niños y jóvenes en acción: Actividades físicas y deportes.* Washington D.C.: U.S. Department of Health and Human Services.

Robinson, H.F. (1983). *Exploring Teaching in Early Childhood Education.* Boston: Allyn and Bacon Inc.

Rooparine, J. (1987). *Approaches to Early Childhood Education*. Columbus, Ohio: Merrill Publishing Company.

Schaffer, E.S. (1972). Parents as Educators: Evidence From Cross Sectional Longitudinal and Intervention Research. *Young Children, 27*, (4), 227-239.

Schickedanz, J.A. (1986). *More Than the ABCs, the Early Stages of Reading and Writing*. Washington D.C.: National Association for the Education of Young Children.

Schickedanz, J.A., M.E. York, I. Santos Stewart y D. White (1977). *Strategies for Teaching Young Children*. Englewood Cliffs, New Jersey: Prentice Hall.

Schwartz, S.L. y H.F. Robinson (1982). *Designing Curriculum for Early Childhood*. Boston: Allyn and Bacon Inc.

Sigel, I.E., R. Starr, A. Secriot, J.P. Jackson y E. Hill (1973). Social and Emotional Development in Young Children. In J.L. Frost (Ed.), *Revisiting Early Childhood Education*. New York: Holt, Rinehart and Winston.

Spodeck, B. (1978). *Teaching in the Early Years*. Englewood Cliffs, New Jersey: Prentice Hall.

———— . (1973). *Early Childhood Education*. Englewood Cliffs, New Jersey: Prentice Hall.

Thomas, R.M. (1992). *Comparing Theories of Child Development*. Belmont, Calif.: Wadsworth Publishing Company.

Wadsworth, B.J. (1979). *Piaget's Theory of Cognitive Development*. New York: Longman.

Weikart, D. y D. Lambie (1967). Preschool Intervention Through a Home Teaching Program. En J. Hellmuth (Ed.), *Disadvantaged Child*, 2. Seattle: Special Child Publication.

White, B. (1967). An Experimental Approach to the Effects of Experience on Early Human Development. En J. Hill (Ed.), *Minnesota Symposium on Child Development*. Minnesota: University of Minnesota Press.

Unidad para el desarrollo físico

INTRODUCCIÓN

El desarrollo físico es uno de los aspectos fundamentales del desarrollo integral en los años preescolares. Incluye el desarrollo de los músculos gruesos y finos, la coordinación general del cuerpo, la coordinación visomotora, el desarrollo de los sentidos y de la percepción, el desarrollo del balance, del vigor físico y de la imagen corporal. El desarrollo óptimo del cuerpo, de sus capacidades motoras y perceptuales, requiere de oportunidades para ejercitarlo y utilizarlo en diferentes tipos de actividades físicas. Asimismo, precisa de la capacidad de los adultos para entender que el movimiento físico durante los años preescolares es inevitable y enormemente saludable. Los preescolares están dotados de lo que parece ser una cantidad infinita de energía que los mantiene en movimiento casi constantemente. De hecho, el ser humano está intrínsecamente orientado al movimiento físico, a tal punto que de no movernos, nuestros músculos se atrofiarían (Murphy, 1958).

El movimiento físico es uno de los mecanismos de la naturaleza para fomentar el desarrollo del cuerpo durante los primeros años de la vida. Según González de Flores (1982), a través del movimiento del cuerpo y de las actividades físicas:

- se desarrolla la eficiencia física, que se define como la agilidad, la fuerza, la resistencia cardiovascular y muscular, la flexibilidad, la coordinación y el balance;

- se desarrolla el sistema neuromuscular, que se define como el crecimiento, la maduración y el desarrollo del sistema muscular y óseo;

- se establecen conexiones neurológicas que permiten que el niño desarrolle y ejercite las destrezas motoras;

- se refina la capacidad perceptual-motora, que se define como el desarrollo de los sentidos en relación a los movimientos del cuerpo;

- y por último, se fomenta el ajuste socio-emocional, ya que afina el concepto que el niño tiene de su cuerpo, mejora su auto-estima, estimula las relaciones interpersonales de cooperación con sus compañeros de juegos y desarrolla la capacidad para bregar con el fracaso y el triunfo.

Además del valor intrínseco del desarrollo físico en el proceso de desarrollo integral, el desarrollo de la coordinación y del control del cuerpo, tanto como del desarrollo de la percepción son aspectos que inciden posteriormente en las tareas académicas. Un niño con una coordinación visomotora pobre, tendrá dificultades para aprender a escribir, a colorear, a recortar o a pasar las páginas de los libros de una en una. Se ha encontrado, que muchos niños que sufren de diversos tipos de problemas de aprendizaje, muchas veces exhiben un desarrollo pobre de las destrezas perceptuales-motoras y de la coordinación del cuerpo (Irvin, 1970; Shurr, 1975). Por lo tanto, se ha sugerido que un programa adecuado para fomentar el desarrollo físico durante los primeros años de la vida, podría redundar en una mejor coordinación visomotora y desarrollo perceptual, lo que a su vez, puede evitar futuros problemas de aprendizaje relacionados con estas áreas (Irvin, 1970).

En vista de que el presente currículo tiene un enfoque integrado, las actividades propuestas para el desarrollo físico son un medio ideal para fomentar el desarrollo del intelecto, tanto como para estimular el desarrollo social y emocional. A tales fines, en todas las actividades se han identificado conceptos clave y destrezas relacionadas con los ejercicios físicos que se van a realizar. Asimismo, se incluyen las ideas fundamentales mínimas que se desprenden de cada actividad para que sirvan de marco de referencia al maestro.

Dada la naturaleza de las actividades, se estimula el desarrollo de valores relacionados con la cooperación, la solidaridad con los compañeros de juego y la confianza en las habilidades propias para controlar el cuerpo. El estímulo que brinde el maestro a los niños que intentan realizar actividades físicas que están un tanto por encima de sus capacidades, es esencial en este proceso. El apoyo emocional para atreverse a realizar movimientos físicos nunca antes hechos o para aceptar que no fue posible lograrlo en el momento, pero que hay que volver a tratar, redunda en un autoconcepto positivo, que, a su vez se traduce en el desarrollo de una personalidad saludable.

Es importante recordar que, al llevar a cabo actividades físicas con preescolares, debe evitarse centrarlas en la competencia. Poner a niños tan pequeños a competir los unos con los otros, no es lo más apropiado para esta etapa de la vida. Esto se debe a que, dependiendo del nivel de desarrollo, habrá niños que no podrán realizar con éxito ciertas actividades. Sin embargo, otros saldrán victoriosos siempre o la mayoría de las veces.

La teoría de desarrollo cognoscitivo de Piaget señala que, entre los dos y los cinco años, el pensamiento tanto como el lenguaje y el juego son egocéntricos. Esto significa que los niños no pueden entender que existen otras perspectivas distintas a la propia. Según Kamii y De Vries (1980), la etapa egocéntrica en los años preescolares, es una etapa de transición entre el juego solitario y el juego cooperativo. Para que un niño pueda participar en juegos cooperativos, se requiere que sea capaz de entender que otras personas piensan de manera distinta a la propia, así como coordinar distintos puntos de vista. Esta característica del pensamiento preescolar sugiere que el maestro debe estimular el juego cooperativo y no el juego competitivo, en una etapa que constituye la transición hacia las actividades compartidas.

La participación grupal de los preescolares en actividades físicas brinda la oportunidad de aprender a compartir con los compañeros. Inicialmente, los niños de tres, cuatro y cinco años tienden a jugar en actividades vigorosas de grupo pequeño, paralelamente y luego cooperativamente, con uno o dos niños. Sin embargo, paulatinamente, aprenden a participar en grupos más grandes, desarrollando la paciencia necesaria para esperar su turno (Broman, 1982).

NECESIDADES DE DESARROLLO FÍSICO DE LOS NIÑOS PREESCOLARES Y SUS IMPLICACIONES PARA LAS ACTIVIDADES DE DESARROLLO FÍSICO

En su libro *Movement Experience for Children*, Evelyn E. Schurr (1975, p. 23), presenta una tabla sobre las necesidades de desarrollo físico de los preescolares y sus implicaciones para las actividades que deben realizarse en el centro preescolar o en el kindergarten. Es la que ofrecemos a continuación:

CARACTERÍSTICAS	NECESIDADES	EXPERIENCIAS
1. Crecimiento rápido de los músculos gruesos.	1. Ejercicio vigoroso que requiera el uso de músculos gruesos.	1. Correr, perseguir, juegos de persecución, colgarse y trepar.
2. Movimientos amplios que se refinan.	2. Exploración y variación de los movimientos amplios; oportunidades para refinar destrezas.	2. Actividades para probar la capacidad para movimientos amplios y baile.

3. Destrezas manipulativas poco refinadas pero mejorando; agarra la bola con los brazos y el cuerpo más que con las manos.

3. Oportunidades para manipular objetos grandes y medianos; lanzarle bolas pequeñas.

3. Lanzarle bolas pequeñas; jugar con bolsas de habichuelas (*bean bags*), aros; progresar de objetos grandes a pequeños.

4. Imaginativo, imitativo y curioso.

4. Oportunidades para expresar ideas y usar el cuerpo.

4. Baile creativo, dramatización, vueltas de carnero, ejercicios en el piso, exploración del cuerpo usando destrezas básicas de movimiento.

5. Activo; posee una gran cantidad de energía.

5. Oportunidades para juegos vigorosos seguidos de períodos para descansar.

5. Correr, juegos activos, saltos, vueltas de carnero, actividades en equipo de patio.

6. Lapso de atención corto.

6. Actividades que requieran pocas instrucciones, cambios frecuentes de actividades.

6. Juegos sencillos, organizaciones grupales simples que puedan cambiarse fácilmente.

7. Individualista y egocéntrico.

7. Requiere experiencias que le enseñen a compartir y a interesarse en los demás; participa en juegos paralelos cerca de otros niños pero no con otros niños.

7. Actividades en grupos pequeños, para probarse a sí mismos, exploración del movimiento.

A tenor con lo anterior, este capítulo se enmarca en las actividades educativas básicas que deben llevarse a cabo en el centro de desarrollo del niño con el fin de fomentar el desarrollo físico de los niños preescolares. Las actividades que se recogen en este capítulo no están organizadas en secuencia o de lo simple a lo complejo, como en muchos currículos tradicionales. Estas actividades se organizan conceptualmente a base de las necesidades generales del desarrollo en los años preescolares. Esto implica que el maestro podrá seleccionar libremente aquellas que respondan mejor a sus niños. Por lo tanto, podrá realizarlas en el orden y la secuencia que crea más conveniente.

Por otro lado, estas actividades tienen la característica de ser dirigidas por el maestro. Por lo tanto, deberán llevarse a cabo en el período de actividades dirigidas. Sin embargo, en la mayoría de éstas, se incluye una sección, titulada "Observaciones", que provee de sugerencias para modificarlas y flexibilizarlas, de acuerdo con las fortalezas de los niños. También se proveen recomendaciones sobre cómo llevar a cabo actividades similares, pero más espontáneas, al aprovechar situaciones imprevistas en el salón. No podemos perder de vista que hay una amplia variedad de actividades espontáneas que se pueden realizar y que propenden al desarrollo físico. A continuación se presenta un desglose de estas actividades:

- Músculos gruesos, coordinación general del cuerpo, balance y vigor físico
  — correr
  — brincar con ambos pies
  — brincar con un solo pie
  — saltar

- perseguir corriendo
- caminar rápido
- caminar despacio
- lanzar bolas grandes
- atrapar bolas grandes
- lanzarse por la chorrera
- columpiarse
- cruzar de un lado a otro de un tubo a cinco pies del piso usando sólo los brazos.

- Músculos finos y coordinación visomotora fina
    - recortar
    - rasgar papel
    - colorear con creyones gruesos y finos
    - garabatear espontáneamente con lápices, marcadores y creyones
    - pintar con pinceles gruesos
    - pegar papel
    - manipular plasticina
    - hacer rompecabezas
    - construir con bloques pequeños
    - usar la tabla de clavijas
    - amarrar y desamarrar
    - ensartar
    - insertar objetos pequeños en objetos más grandes
    - usar pintura dactilar
    - jugar con arena
    - jugar con agua
    - usar herramientas de carpintería.

Objetivos en torno al desarrollo físico en los años preescolares

A continuación se presenta el objetivo general y los objetivos particulares de la unidad:

Objetivo general

A través y como resultado de las actividades curriculares, los niños tendrán oportunidades para desarrollarse en el aspecto físico, mediante actividades variadas dentro y fuera del centro, que fomenten el conocimiento y la coordinación general del cuerpo, el ejercicio de los músculos gruesos, el balance, el vigor físico, el desarrollo de los músculos finos, la coordinación visomotora fina, la percepción y el uso de los sentidos.

Objetivos particulares

A. Objetivos para el desarrollo del conocimiento y la coordinación general del cuerpo, de los músculos gruesos, del balance y del vigor físico.

Por medio, y como resultado de las actividades educativas, el niño:

A1 • adquirirá conciencia de su cuerpo y de los movimientos que puede hacer;

A2 • adquirirá conciencia del espacio que ocupa su cuerpo;

A3 • identificará las partes de su cuerpo, tocándolas con ambas manos, a medida que el maestro las nombra;

A4 • brincará varias veces, manteniendo ambos pies juntos, a una distancia de no menos de seis pies;

A5 • saltará con un solo pie usando el pie derecho, a lo largo de una distancia de cinco pies y luego cambiará al pie izquierdo para saltar a lo largo de una distancia adicional de cinco pies;

A6 • se desplazará sobre el piso con flexibilidad, balance y coordinación general imitando el movimiento de varios animales, tales como el gato, el elefante y el lagartijo;

A7 • galopará al ritmo de la música, una distancia no menor de diez pies, imitando el trote de un caballo;

A8 • adoptará distintas posiciones con el cuerpo según se le indique;

A9 • brincará cuica con la coordinación necesaria en, al menos, dos ocasiones seguidas;

A10 • caminará sobre la cuica extendida en el piso, manteniendo la coordinación y el balance del cuerpo;

A11 • caminará hacia el frente con balance y coordinación, colocando cada pie, desde el talón hasta el dedo grueso, sobre la tabla de balance;

A12 • se impulsará corriendo y atravesará un aro de goma que encontrará en el trayecto;

A13 • se arrastrará por el piso, a lo largo de un trayecto de tres aros de goma;

A14 • realizará un movimiento continuo con todo su cuerpo, para estirarse, imitando el crecimiento de una planta;

A15 • realizará movimientos espontáneos con su cuerpo, manteniendo el balance y la coordinación;

A16 • agarrará la bola con las dos manos cuando le sea lanzada desde una distancia de seis pies;

A17 • imitará los movimientos corporales que realice el maestro;

A18 • participará en diversos juegos de grupo que se llevarán a cabo en el patio;

A19 • recorrerá un trayecto de obstáculos, sorteándolos sin tocarlos o tumbarlos;

A20 • lanzará cinco bolsas de habichuelas (*bean bags*) dentro de un blanco marcado en el piso a cuatro pies de distancia;

A21 • caminará sobre un conjunto de 20 cuadrados de colores organizados en patrones diversos.

B. Objetivos para el desarrollo de los músculos finos y de la coordinación visomotora fina

A través y como resultado de las actividades educativas, el niño:

B1 • ejercitará los músculos finos y la coordinación visomotora fina al coser con un pedazo de cordón en una cartulina gruesa con varias perforaciones;

B2 • ensartará macarrones en un cordón para crear un collar;

B3 • recortará un papel de construcción siguiendo una línea recta;

B4 • recortará formas geométricas dibujadas en un papel de construcción;

B5 • dibujará el contorno de una figura trazada con puntos sobre un pedazo de papel;

B6 • punteará dentro del contorno de un dibujo;

B7 • coloreará con un creyón utilizando un molde o estarcido, manteniéndose dentro del espacio del mismo;

B8 • recortará diversas láminas de revistas y las pegará sobre papel de construcción;

B9 • utilizará la tijera libre y espontáneamente para recortar a su gusto en papel de construcción a colores;

B10 • rasgará hojas de papel en pedazos grandes;

B11 • rasgará pedazos pequeños de papel de construcción a colores y los pegará libremente sobre un pedazo de cartulina gruesa;

B12 • doblará hojas de papel de maquinilla en varias partes y las coloreará usando creyones;

B13 • creará varios diseños usando la tabla de clavijas;

B14 • copiará varios diseños usando la tabla de clavijas;

B15 • formará rompecabezas;

B16 • construirá figuras diversas utilizando los bloques Lego;

B17 • hará garabatos controlados trazando líneas circulares, horizontales y verticales;

B18 • trazará la línea que completa un trayecto a medio hacer en una figura;

B19 • formará figuras tridimensionales con plasticina;

B20 • encontrará la salida de un laberinto dibujado en una hoja de papel, trazando el camino con un creyón;

B21 • ejercitará sus músculos finos al pintar con pintura dactilar.

C. Objetivos para el desarrollo de la percepción y el uso de los sentidos

A través y como resultado de las actividades educativas el niño:

C1 • identificará mediante análisis visual las figuras/objetos que son iguales;

C2 • identificará mediante análisis visual las figuras/objetos que son distintos;

C3 • encerrará en un círculo aquellas figuras que no miran para el mismo lado;

C4 • identificará visualmente los detalles que faltan en un conjunto de figuras y los dibujará;

C5 • pareará colores primarios;

C6 • coloreará dentro de los espacios señalados con el color que establece el modelo;

C7 • identificará objetos ocultos a la vista, mediante el uso del tacto;

C8 • identificará las texturas suave, áspera, dura y blanda por medio del tacto;

C9 • identificará objetos fríos y calientes al tacto;

C10 • clasificará las piedras de acuerdo con las impresiones del tacto;

C11 • identificará la cebolla, el ajo, un perfume y una rosa mediante el uso del sentido del olfato;

C12 • identificará los sabores dulce, amargo, salado y agrio al probar diversos alimentos;

C13 • identificará sonidos fuertes y suaves;

C14 • identificará el objeto al escuchar el sonido que produce;

C15 • identificará las voces de sus compañeros al escucharlas en una grabadora.

**Actividades para el desarrollo del conocimiento
y coordinación general del cuerpo,
de los músculos gruesos,
del balance y del vigor físico**

(Cherry, 1978;
Connor y Van Witsen, 1967;
González de Flores, 1982;
Irvin, 1970;
Porter,1969;
Riley, Barett, Martinek and Robertson, 1981)

Área: Desarrollo físico.
Subtema: Conocimiento del cuerpo.
Título: Este es mi cuerpo.

Objetivo: El niño adquirirá conciencia de su cuerpo y de los movimientos que puede hacer.

Conceptos: Del propio cuerpo.
De los movimientos que puede hacer el cuerpo.

Ideas fundamentales: Yo tengo un cuerpo.
Con mi cuerpo, yo puedo moverme a voluntad.
Puedo mover todas las partes de mi cuerpo si lo deseo.
Cada una de las partes de mi cuerpo tiene nombre.
Puedo mover las partes de mi cuerpo y nombrarlas.
Algunas partes de mi cuerpo son la cabeza, los brazos, las piernas y los pies.

Materiales: Ninguno.

Procedimiento: Reúna a los niños en un semicírculo, con suficiente espacio entre ellos para que puedan moverse cómodamente. Luego pregunte en voz alta:

¿Cuántos pueden mover una parte del cuerpo? ¡Muévanla!
¿Quién puede nombrar esa parte del cuerpo?
¿Cuántos pueden mover otra parte del cuerpo?
¿Quién puede nombrar esa parte del cuerpo?

Continúe con este procedimiento hasta que los niños hayan movido y nombrado todas las partes del cuerpo.

Observaciones: Esta actividad puede modificarse preguntando: "¿Quién puede esconder una parte del cuerpo? ¿Quién puede esconder dos partes del cuerpo?". Los niños pueden esconder las partes del cuerpo tapándolas con las manos, colocándolas detrás de la espalda o el tronco, o cubriéndolas con ropa. Otra manera de variar esta actividad es llevarla a cabo en grupos pequeños en los cuales un niño dé las instrucciones.

Área: Desarrollo físico.
Subtema: Conocimiento del cuerpo.
Título: Este es mi espacio personal.

Objetivo: El niño adquirirá conciencia del espacio que ocupa su cuerpo.

Conceptos: Del espacio personal que ocupa el propio cuerpo.
Del espacio general que no ocupan los cuerpos.
Del espacio personal que ocupan otros cuerpos.

Ideas fundamentales: Mi cuerpo ocupa un espacio especial, que sólo es mío.
Puedo mover mi cuerpo en el espacio general que me rodea.
El cuerpo de cada una de las personas que conozco, ocupa su espacio personal.

Materiales: Tiza para marcar el piso.

Procedimiento: Haga marcas en el piso formando un semicírculo para indicar a los niños dónde deben pararse. Asegúrese que entre las marcas haya suficiente espacio para que los niños puedan moverse cómodamente. Pregunte:

¿En qué dirección puedo mover mi cuerpo sin dejar de pisar la marca en el piso? ¡Muévanse!

Ahora, vamos a mover el cuerpo en otra dirección, otra vez, sin dejar de pisar la marca en el piso. ¡Muévanse!

Después que los niños se hayan movido, aclare que ese espacio donde cada uno se movió es su espacio personal. Luego, pregunte:

¿En que dirección puedo mover mi cuerpo, dejando de pisar la marca en el piso, pero sin chocar con mis compañeros? ¡Muévanse!

¿Cuántos pueden moverse hacia atrás? ¿Hacia adelante? ¿Hacia el lado? ¡Muévanse!

Aclare que éste es el espacio general donde cada uno de nosotros se mueve. Luego diga: "Ahora vamos a movernos en nuestro espacio personal" (los niños deben mover el cuerpo sin salirse del espacio que ocupan).

Después diga: "Vamos a movernos en el espacio general".

Observaciones: Si está realizando la actividad con niños de tres y cuatro años, no es necesario utilizar el término "espacio general".

Área: Desarrollo físico.
Subtema: Conocimiento del cuerpo.
Título: Yo conozco mi cuerpo.

OBJETIVO: El niño identificará las partes de su cuerpo, tocándolas con sus manos, a medida que el maestro las nombra.

CONCEPTOS: De las partes del cuerpo:

          hombro
          brazo
          rodilla
          frente
          codo
          nariz
          pie
          oreja
          cadera
          cuello
          tobillo.

DESTREZA: Tocarse las distintas partes del cuerpo a medida que el maestro las nombre

**IDEAS
FUNDAMENTALES:** Mi cuerpo tiene distintas partes.
Yo conozco las partes de mi cuerpo.
Algunas partes de mi cuerpo son los hombros, los brazos, las rodillas, la frente, los codos, la nariz, los pies, las orejas, las caderas, el cuello y los tobillos.

MATERIALES: Ninguno.

PROCEDIMIENTO: Coloque a los niños en un semicírculo frente a usted. Pídales que estén atentos a sus instrucciones. Dígales: "Voy a nombrar varias partes del cuerpo, y ustedes, a medida que yo nombre cada una, las van a tocar con sus manos". "Ahora,

     toquen sus hombros,
     toquen sus brazos,
     toquen sus rodillas,
     toquen su frente,
     toquen sus codos,
     toquen su nariz,
     toquen sus pies,
     toquen sus orejas,
     toquen sus caderas,
     toquen su cuello,
     toquen sus tobillos."

OBSERVACIONES: Para variar la actividad, puede usar el juego "Simón Dice". También, puede invertir la secuencia, tocando usted varias partes de su cuerpo, para que los niños las identifiquen verbalmente en alta voz, a coro. Se recomienda que antes de llevar a cabo la actividad, proceda con una sesión de diálogo en grupo pequeño. La conversación puede girar en torno al cuerpo humano y sus partes, con el fin de determinar si los niños las conocen por sus nombres. Para iniciar esta conversación puede usar preguntas como las que siguen a continuación:

¿Qué podemos hacer con nuestro cuerpo?

¿Con qué parte del cuerpo caminamos?

¿Cuántos de nosotros conocemos los nombres de las distintas partes del cuerpo?

Área: Desarrollo físico.
Subtema: Desarrollo de músculos gruesos, coordinación general, balance y vigor físico.
Título: A brincar como el sapo.

Objetivo: El niño brincará varias veces, manteniendo ambos pies juntos, (hasta completar una distancia no menor de seis pies).

Concepto: Brincar, elevarse tomando impulso con los dos pies y caer en ambos pies (González de Flores, 1982).

Destreza: Elevarse para tomar impulso con los dos pies y caer en ambos pies (brincar).

Idea fundamental: Puedo brincar.
Hay animales que también brincan.
El conejo, el coquí y el sapo brincan.

Materiales: Tiza para hacer una marca en el piso.

Procedimiento: Coloque una marca en el piso para indicar al niño hasta dónde debe brincar. Dígale que esa marca es la charca donde el sapito va a nadar. El niño debe pararse derecho, con ambos pies juntos y con los brazos extendidos sobre los costados del cuerpo.

Diga al niño: "Imagínate que eres un sapito que debe brincar para llegar a la charca, donde vas a nadar. Ahora, dobla las rodillas, impulsa el cuerpo suavemente hacia adelante, balancea tus brazos y ... brinca como un sapito con ambos pies juntos, tantas veces como sea necesario para llegar a la charca".

Observaciones: Si esta actividad se realiza con niños de tres años, la distancia a brincar no debe exceder de los tres pies; si se realiza con niños de cuatro o cinco años, la distancia no debe exceder de cuatro o cinco pies. La actividad puede variarse

usando un disco de música infantil para brincar al ritmo de la melodía;
haciendo previamente unas orejas de conejo en papel de construcción, colocándoselas en la cabeza al niño e imaginando que los brincos los da un conejo;
colocando en el camino una serie de bloques de dos pulgadas de alto sobre los cuales los niños brincarán.

Área: Desarrollo físico.
Subtema: Desarrollo de músculos gruesos, coordinación
                    general, balance y vigor físico.
Título: Saltemos en un solo pie.

Objetivo: El niño saltará en un solo pie usando su pie derecho, hasta completar una distancia de cinco pies y luego cambiará al pie izquierdo, para saltar a lo largo de una distancia adicional de cinco pies.

Concepto: Saltar, elevarse y caer en el mismo pie, transferir el peso de un pie al mismo pie (González de Flores, 1982).

Destreza: Elevarse y caer en el mismo pie, transferir el peso de un pie al mismo pie.

Idea
fundamental: Yo puedo saltar con mi cuerpo.

Materiales: Tiza para hacer marcas en el piso.

Procedimiento: Haga una marca en el piso para indicar las dos distancias que el niño debe recorrer en un solo pie.

Pida al niño que le observe, mientras usted le demuestra cómo saltar con un solo pie y luego cambia al otro.

Una vez demostrada la acción, diga al niño que debe prepararse para comenzar a saltar cuando usted comience a aplaudir. El niño debe saltar al ritmo de los aplausos. Sin dejar de aplaudir, usted debe decir al niño cuándo debe cambiar de pie para recorrer el tramo que le falte.

Observaciones: Si esta actividad se realiza con niños de tres años, la distancia a recorrer no debe exceder de dos pies; si se realiza con niños de cuatro o cinco años, la distancia no debe exceder de tres pies. Debe estar consciente que para los niños de tres años, puede resultar difícil cambiar de pie y continuar saltando, ya que carecen de la coordinación necesaria para realizar esta acción sin dificultades para mantener el balance. Esta actividad puede modificarse pidiéndole al niño que regrese al punto de partida saltando en un solo pie. Si se realiza con niños de cinco años que posean buena coordinación y balance, otra variación puede ser saltar con un pie agarrado a una pareja.

Área: Desarrollo físico.

Subtema: Desarrollo de músculos gruesos, coordinación general, balance y vigor físico.

Título: Caminemos como los animales.

Objetivo: El niño se desplazará sobre el piso, con flexibilidad, balance y coordinación general, imitando el movimiento de varios animales al caminar, tales como el gato, el caballo, el elefante y el lagartijo.

Concepto: Movimiento.
Despacio.
Silencioso.
Suave.
Rápido.
Quieto.
Correr.

Destreza: Moverse despacio.
Moverse silenciosamente.
Moverse suavemente.
Moverse rápidamente.
Quedarse quieto.
Moverse corriendo.

**Ideas
fundamentales:** Me puedo mover despacio.
Me puedo mover silenciosamente.
Me puedo mover suavemente.
Me puedo mover rápido.
Me puedo quedar quieto.
Me puedo mover lentamente.
Puedo correr.

Materiales: Una alfombra, toalla grande o sábana para poner en el piso.

Procedimiento: Converse con los niños en grupo grande sobre la manera de caminar de los animales. Pregunte quién ha observado cómo caminan los gatos y los lagartijos. Entre aquellos niños que indiquen que han observado a estos animales, pida que alguno demuestre con su cuerpo, la forma en que esos animales caminan. Luego, pregunte quién sabe cómo caminan los elefantes y los caballos. Entre aquellos niños que contesten, pídale a alguno que demuestre la forma de caminar de esos animales. Una vez terminado el diálogo, demuestre usted la manera de caminar de cada uno de estos animales, describiendo verbalmente los movimientos. Diga: "Los gatos caminan despacito y en silencio, muy suavemente (demuestre el movimiento con todo su cuerpo); los lagartijos a veces se mueven rápidamente sobre el piso o las paredes y a veces se quedan quietos, sin moverse por largo rato (demuestre estos movimientos con todo su cuerpo, acostado sobre la alfombra o sábana); los elefantes caminan lentamente, pesadamente, moviendo la trompa a medida que caminan (demuestre este movimiento usando uno de sus brazos como si fuera la trompa); y los caballos a veces no caminan sino que corren, levantando sus patas bien arriba (demuestre este movimiento). Después que realice la demostración, pida a los niños que uno a uno imiten los movimientos y la forma de caminar de cada uno de los animales.

Área: Desarrollo físico.
Subtema: Desarrollo de músculos gruesos, coordinación general, balance y vigor físico.
Título: A galopar como el caballo.

Objetivo: El niño galopará al ritmo de la música una distancia no menor de diez pies, imitando el trote de un caballo.

Concepto: Galopar, dar un paso al frente y el otro pie se junta rápidamente al del frente (González de Flores, 1982).

Destreza: Dar un paso al frente y juntar el otro pie rápidamente con el del frente.

Idea fundamental: Puedo galopar.
Los caballos galopan.

Materiales: Un tocadiscos o tocacintas, disco o cinta con música rápida, tiza para marcar el piso.

Procedimiento: Haga una marca en el piso para indicar la distancia que cada niño recorrerá trotando.

Converse con el grupo sobre cómo corren los caballos. Explíqueles que esto se llama galopar.

Pida a uno de los niños que demuestre cómo galoparía un caballo. El resto del grupo debe observar.

Luego, usted debe demostrar el movimiento, haciendo lo posible por imitar un caballo. Esto es, levantando una pierna, bajándola y subiendo la otra para dar un paso hacia adelante. A medida que el movimiento se acelera, el trote se ve más claramente.

Encienda el tocadiscos o tocacintas y pida a los niños que, de uno en uno, imiten el trote del caballo recorriendo la distancia marcada en el piso.

Observaciones: Los niños pueden galopar en parejas; pueden regresar al punto de partida galopando; o galopar alrededor de un círculo dibujado en el piso. Debe tomar en cuenta, que mientras más pequeños sean los niños, más dificultades tendrán para alternar el uso de las piernas en el movimiento y podrán recorrer distancias menores a diez pies.

Área: Desarrollo físico.
Subtema: Desarrollo de músculos gruesos, coordinación general, balance y vigor físico.
Título: Movimientos en el piso.

OBJETIVO: El niño adoptará distintas posiciones con el cuerpo, según se le indique.

CONCEPTOS: Arrastrar.
Estirar.
Enrollar.
Levantar.

DESTREZAS: Arrastrarse sobre el estómago.
Caminar sobre pies y manos, en "cuatro patas".
Estirarse acostados en el piso.
Enrollarse como si fueran una bolita de algodón.
Levantar las dos piernas.
Levantar los brazos.

IDEAS FUNDAMENTALES: Puedo arrastrarme sobre el estómago.
Puedo caminar sobre mis pies y manos, "en cuatro patas".
Puedo estirarme acostado en el piso.
Puedo enrollarme como si fuera una bolita de algodón.
Puedo levantar las dos piernas.
Puedo levantar los brazos.

MATERIALES: Una alfombra, toalla grande o sábana para poner en el piso.

PROCEDIMIENTO: Pida a los niños que se sienten en el piso, sobre la alfombra, formando un semicírculo. Asegúrese de que queda suficiente espacio entre ellos para que puedan moverse cómodamente. Es necesario que todos se quiten los zapatos y que vacíen sus bolsillos. Luego, comience a dar instrucciones sencillas:

"Ahora, nos vamos a arrastrar sobre nuestro estómago". Provea suficiente tiempo para que los niños se muevan.

"Vamos a caminar sobre los pies y las manos, en cuatro patas como si fuéramos perritos."

"Ahora, nos vamos a acostar de espaldas y vamos a estirar los brazos y las piernas, como si quisiéramos crecer para convertirnos en gigantes."

Déles cinco minutos de descanso. Luego diga:

"Ahora, nos vamos a poner de lado, para enrollarnos como si fuéramos una bolita de algodón, bien pequeña." Provea tiempo para que, después de este ejercicio, los niños se estiren.

"Ahora, nos volvemos a acostar de espaldas. Vamos a levantar las dos piernas al mismo tiempo; bájenlas."

"Ahora vamos a levantar los brazos; bájenlos."

OBSERVACIONES: Si la alfombra, sábana o toalla no es lo suficientemente grande para que todos o un grupo de los niños quepan en ella cómodamente, estas actividades deben realizarse en espacios individuales en los que se ubica una toalla para cada niño.

Área: Desarrollo físico.

Subtema: Desarrollo de músculos gruesos, coordinación general, balance y vigor físico.

Título: A brincar cuica.

OBJETIVO: El niño brincará cuica, con la coordinación necesaria, al menos en dos ocasiones seguidas.

CONCEPTO: Cuica.

DESTREZA: Brincar.

IDEA FUNDAMENTAL: Brinco la cuica con los dos pies, manteniendo el balance.

MATERIALES: Una cuerda gruesa de, por lo menos, siete pies de largo.

PROCEDIMIENTO: Sujete la cuerda fuertemente por uno de los extremos, mientras que uno de los niños sujeta el otro extremo.

Comience a dar vueltas a la cuerda suavemente, mientras el grupo observa. Pida a alguno de los adultos del centro que demuestre cómo se brinca la cuica.

Después de la demostración, los niños deben colocarse en fila y tratar de brincar la cuica, en, al menos, dos ocasiones seguidas.

OBSERVACIONES: Si los niños tienen mucha dificultad para brincar la cuica, varíe el ejercicio para facilitarlo. La cuerda debe estirarse lo más posible, mientras está separada a seis pulgadas del piso. De esta manera, queda tensa y hace la veces de un obstáculo. Pida a los niños, que de uno en uno, tomen impulso corriendo y brinquen la cuica. Primero, deben tratar de brincarla poniendo un pie adelante y luego el otro. Después que tengan suficiente experiencia con este ejercicio, deben tratar de brincarla con ambos pies juntos. En esta última variación, no es necesario que se impulsen corriendo; sino al contrario, que se paren delante de la cuerda para lograr un buen balance para luego brincar. Si la cuerda está muy separada del piso, puede bajarla una o dos pulgadas. Debe estar consciente, de que la mayoría de los niños preescolares de 3 a 5 años tendrán dificultad para brincar la cuica. Esto sin embargo, no debe ser motivo para no realizar la actividad con frecuencia, de forma tal, que los niños vayan desarrollando la coordinación necesaria para poder brincar la cuerda.

A10

Área: Desarrollo físico.
Subtema: Desarrollo de músculos gruesos, coordinación general, balance y vigor físico.
Título: Sobre la cuica.

Objetivo: El niño caminará sobre la cuica extendida en el piso, manteniendo la coordinación y el balance del cuerpo.

Concepto: Cuica.

Destreza: Caminar sobre la cuica.

Idea fundamental: Puedo caminar sobre la cuica extendida en el piso, sin caerme.

Materiales: Una cuica de, por lo menos, siete pies de largo.

Procedimiento: Extienda la cuica sobre el piso formando un triángulo.
Asegúrese de que los niños se quiten los zapatos y las medias, de manera que no resbalen.

Luego, pregunte cuántos niños podrían caminar sobre la cuica, manteniendo la coordinación y el balance.

Invite a un voluntario a demostrar la acción de manera que los demás niños observen.

Permita que los niños individualmente caminen sobre la cuica.

Observaciones: La cuica puede extenderse en línea recta, o en forma circular o rectangular. Los niños pueden caminar de espaldas y de lado. Otra forma de variar la actividad es permitiendo que los niños coloquen la cuica de la manera que deseen para luego caminar sobre ella.

A11

Área: Desarrollo físico.
Subtema: Desarrollo de músculos gruesos, coordinación general, balance y vigor físico.
Título: A caminar derechitos.

OBJETIVO: El niño caminará hacia el frente, con balance y coordinación, colocando cada pie, desde el talón hasta el dedo grueso, sobre la tabla de balance.

DESTREZA: Caminar sobre la tabla de balance.

IDEA FUNDAMENTAL: Al caminar sobre la tabla de balance, hay que hacerlo con concentración y cuidado para no perder el balance y caerse.

MATERIALES: Una tabla de balance de cuatro pulgadas de alto.

PROCEDIMIENTO: Pida a los niños que formen un semicírculo alrededor de la tabla de balance para que observen la demostración.

Solicite que uno de los niños se preste de voluntario para demostrar cómo se camina en la tabla de balance. Sujételo mientras se desplaza lentamente sobre la tabla. Luego, invítelo a caminar por la tabla sin ayuda. Al principio, el niño debe mirar por dónde camina. Sin embargo, después de haber caminado por la tabla varias veces, deberá caminar manteniendo sus ojos fijos en un punto en frente de él —que puede ser una lámina, un árbol o cualquier otra cosa— y no mirar al piso.

Después de terminar con la demostración, permita que los demás niños caminen por la tabla de balance individualmente.

OBSERVACIONES: Si los niños tienen dificultad para caminar sobre la tabla de balance, modifique la actividad, trazando una línea recta en el piso con cinta adhesiva de color de dos pulgadas de ancho. Repita el procedimiento anterior pero sustituyendo la tabla de balance por la cinta adhesiva pegada en el piso. Una vez que usted observe que los niños pueden caminar con coordinación y balance sobre la cinta adhesiva, introduzca nuevamente la tabla de balance. Después que los niños hayan tenido suficiente experiencia con la tabla de balance, varíe la actividad de la siguiente manera:

    caminar hacia adelante con los ojos cerrados;
    caminar hacia adelante cargando un bloque de madera (no muy pesado) en una mano; en ambas manos;
    caminar de lado, de derecha a izquierda, con los ojos abiertos, cerrados;
    caminar de lado, de izquierda a derecha, con los ojos abiertos, cerrados;
    caminar hacia atrás, con los ojos abiertos, cerrados;
    caminar al ritmo de la música.

A12

Área: Desarrollo físico.
Subtema: Desarrollo de músculos gruesos, coordinación general, balance y vigor físico.
Título: Atravesemos el aro de goma.

Objetivo: El niño se impulsará corriendo y atravesará un aro de goma (*hula-hoop*) que encontrará en el trayecto.

Destreza: Impulsarse corriendo.
Atravesar corriendo el aro de goma.

Idea fundamental: Para pasar a través del aro de goma, es necesario tomar impulso corriendo.

Materiales: Un aro de goma (*hula-hoop*).

Procedimiento: Coloque a los niños en una sola fila. Explíqueles que el propósito del juego es impulsarse corriendo para atravesar un aro de goma que estará en el trayecto.

Otro adulto debe sujetar el aro en el trayecto de la carrera, asegurándose que quede apoyado en el piso. Muéstreles el aro y la forma en que el otro adulto lo colocará.

Pida a uno de los niños que demuestre al grupo el movimiento. Luego, invite a los niños a que, individualmente, realicen el ejercicio.

Observaciones: Esta actividad puede variarse utilizando dos o tres aros en el trayecto. Si la actividad se realiza con niños de tres años, se aconseja usar sólo un aro. Con niños de cuatro y cinco años, puede utilizar dos o tres aros, dependiendo del grado de coordinación y balance que tengan los niños.

Área: Desarrollo físico.
Subtema: Desarrollo de músculos gruesos, coordinación general, balance y vigor físico.
Título: A arrastrarnos a través de los aros.

OBJETIVO: El niño se arrastrará por el piso, a lo largo de un trayecto de tres aros de goma.

CONCEPTOS: Arrastrarse.
Atravesar.

DESTREZA: Arrastrarse por el piso.
Atravesar tres aros de goma.

IDEA FUNDAMENTAL: Me arrastro como un gusanito para atravesar tres aros de goma.

MATERIALES: Tres aros de goma, una alfombra, toalla grande o sábana para poner en el piso.

PROCEDIMIENTO: Coloque a los niños en un semicírculo en torno al área donde colocó la alfombra o toalla grande, de manera que puedan observar.

Pida a tres de los niños que sujeten los aros de goma sobre la alfombra, dejando una separación de dos pies entre cada aro.

Explique que el propósito del juego es que, arrastrándose sobre el suelo como si fueran gusanitos, pasen a través de los aros de goma.

Solicite un voluntario para que demuestre el movimiento. Luego, invite a cada niño individualmente a realizar la actividad. Asegúrese de alternar los niños que sujetan los aros, de manera que también tengan oportunidad de realizar el ejercicio.

A14

Área: Desarrollo físico.
Subtema: Desarrollo de músculos gruesos, coordinación general, balance y vigor físico.
Título: Crezcamos como una planta.

OBJETIVO: El niño realizará un movimiento continuo con todo su cuerpo para estirarse, imitando el crecimiento de una planta.

CONCEPTO: Crecer.
Semilla.
Planta.

DESTREZA: Estirar todo el cuerpo.

IDEA FUNDAMENTAL: Al imitar el crecimiento de una planta, debemos encogernos para luego, poco a poco, estirar nuestro cuerpo en un movimiento continuo.

MATERIALES: Una alfombra, toalla grande o sábana para poner en el piso.

PROCEDIMIENTO: Pida a los niños que se sienten en el suelo, formando un semicírculo sobre la alfombra, toalla o sábana. Converse con ellos sobre cómo crecen las plantas. Pregunte: "¿Alguno de ustedes sabe cómo crecen las plantas?". Estimule un diálogo al efecto. Luego, resuma explicando que la mayoría de las plantas crecen de semillas: "¿Cómo son las semillas?". Los niños le dirán que son pequeñas; algunos le demostrarán con gestos sus conceptos de una semilla.

Concluida esta primera etapa de la conversación, pida a los niños que se pongan de pie, dejando suficiente espacio entre ellos para moverse con comodidad. Ahora, pídales que con su cuerpo se conviertan en una semilla (los niños deben hacerse un ovillo en el piso). Explique que, cuando las semillas se siembran y tienen suficiente agua y sol, comienzan a echar un pequeño tallo, y que este tallo empieza a crecer. Luego diga: "Ahora vamos a crecer como el tallo que sale de la semilla" (los niños deben comenzar a estirarse lentamente, para incorporarse, pero todavía con los brazos pegados al cuerpo). Continúe diciendo: "Pero un día, después que el tallo ha crecido lo suficiente, comienzan a crecer las hojas" (en este punto, los niños deben comenzar a mover los brazos en un movimiento ascendente, imitando el crecimiento de las hojas). "Finalmente, la planta ha crecido y florece" (ya los niños deben haber estirado su cuerpo completamente).

A15

Área: Desarrollo físico.
Subtema: Desarrollo de músculos gruesos, coordinación general, balance y vigor físico.
Título: Movimientos espontáneos.

OBJETIVO: Al compás de la música, el niño realizará movimientos espontáneos con su cuerpo, manteniendo el balance y la coordinación.

CONCEPTO: Movimientos espontáneos.

DESTREZA: Realizar movimientos espontáneos con el cuerpo.

IDEA FUNDAMENTAL: Al compás de la música, muevo mi cuerpo, libre y espontáneamente.

MATERIALES: Tocadiscos o tocacintas, un disco de música instrumental movida para niños, cintas de colores de 1 yarda de largo.

PROCEDIMIENTO: Asegúrese que los niños tienen suficiente espacio para moverse. Provea una o dos cintas a cada niño.

Dígales que, al escuchar la música, muevan las cintas vigorosamente a medida que mueven su cuerpo libremente.

Prenda el tocadiscos o tocacintas e invite a los niños a moverse. Los niños deben moverse rápidamente si la música es más rápida, o lentamente, si la música es más lenta.

A16

Área: Desarrollo físico.

Subtema: Desarrollo de músculos gruesos, coordinación general, balance y vigor físico.

Título: Jugar con la bola.

OBJETIVO: El niño agarrará la bola con las dos manos cuando le sea lanzada desde una distancia de seis pies.

CONCEPTO: Agarrar.

DESTREZA: Agarrar la bola con las dos manos.

IDEA FUNDAMENTAL: Cuando me lancen la bola, la agarraré con las dos manos.

MATERIALES: Una bola suave y grande.

PROCEDIMIENTO: Organice varios grupos pequeños, colocando a los niños en semicírculo.

En cada subgrupo debe haber un adulto y una bola. El adulto debe estar, por lo menos a seis pies de distancia de cada niño.

Sostenga la bola con las dos manos y láncela hacia cada uno de los niños, tratando de que rebote una vez antes de que el niño la agarre.

Cuando los niños hayan tenido suficiente experiencia agarrando la bola después de un rebote, trate de que el niño la agarre sin que la bola rebote.

A17

Área: Desarrollo físico.
Subtema: Desarrollo de músculos gruesos, coordinación general, balance y vigor físico.
Título: Imitar los movimientos del maestro.

OBJETIVO: El niño imitará los movimientos corporales que realice el maestro.

CONCEPTO: Imitar.

DESTREZA: Imitar movimientos corporales.

IDEA FUNDAMENTAL: El maestro se mueve y yo imito sus movimientos.

PROCEDIMIENTO: Organice los niños en un semicírculo de tal manera que todos puedan ver sus movimientos. Pida a los niños que observen cada uno de los movimientos que usted realizará, y que, sin hablar, los imiten inmediatamente después que usted realice cada uno de ellos:

> pie derecho adelante;
> pie derecho atrás;
> pie izquierdo adelante;
> pie izquierdo atrás;
> brazo izquierdo adelante;
> brazo izquierdo atrás;
> ambos brazos arriba;
> ambos brazos abajo;
> pie derecho y brazo izquierdo adelante;
> pie izquierdo y brazo derecho adelante;
> ambos brazos hacia los lados.

OBSERVACIONES: Los niños pueden observar cada movimiento, cerrar los ojos e imitar el movimiento de memoria.

Área: Desarrollo físico.

Subtema: Desarrollo de músculos gruesos, coordinación general, balance y vigor físico.

Título: Juegos grupales variados.

Objetivo: El niño participará en diversos juegos de grupo que se llevarán a cabo en el patio.

Concepto: Juegos grupales y cooperativos.

Destreza: Participar en juegos grupales y cooperativos.

Idea fundamental: En los juegos grupales, todos participamos cooperativamente.

Procedimiento: Los juegos que se describen a continuación deben practicarse en grupo, en el patio o en un área grande y abierta.

- "Uno, Dos, Tres, Pescado"

En este juego, uno de los niños o un adulto se para de espaldas al grupo de participantes, que a su vez se paran formando una hilera horizontal al líder. El objetivo del juego es que los participantes caminen hacia el líder mientras éste se mantiene de espaldas y, por ende, no puede verlos. El líder debe darse vuelta hacia el grupo en forma sorpresiva. Aquellos participantes que el líder vea moverse, se quedarán "congelados" en sus lugares, hasta que el líder diga. Luego, pueden volver a entrar al juego.

- "Chequi - Molina - Chequi"

Para participar en este juego, los niños se pararán formando un cerco amplio. Un líder se colocará en el medio del cerco y bailará con las manos colocadas en la cintura a medida que los demás niños cantan:

> Chequi - molina - chequi,
> chequi-molina-jue,
> a dónde va ese ritmo,
> caramba,
> del merecumbé,
> Jue!
> Un pasito 'alante',
> un pasito atrás,
> y dando la vuelta,
> dando la vuelta,
> ¿Quién se quedará?

Cuando los niños canten los versos "un pasito alante, un pasito atrás", darán un paso para adelante y otro para atrás. Asimismo, cuando canten "y dando la vuelta, dando la vuelta, quién se quedará?", el líder cerrará los ojos, levantará el brazo con el dedo índice extendido como si fuera a señalar y dará vueltas hasta detenerse frente a alguno de los niños. El niño que sea señalado, entra al centro del cerco como líder y el líder sale a formar parte del grupo.

- "Chico Paralizado"

En este juego, los niños seleccionan un líder que les perseguirá, mientras los jugadores tratan de escapar de él. Aquel niño que el líder toque, queda "paralizado", o sea, que tiene que permanecer quieto sin moverse hasta que el líder vuelva a tocarlo.

- "Doña Ana no está aquí"

Los niños formarán un círculo alrededor de un líder, que debe pararse en el centro. Se sujetan las manos y comienzan a dar vueltas alrededor del líder mientras cantan:

> Doña Ana no está aquí,
> que está en su vergel,
> abriendo la rosa
> y cerrando el clavel.

Al concluir, todos preguntan a coro al líder:

> ¿Dónde está doña Ana?

El líder contesta:

> Doña Ana no está aquí,
> que está en su vergel,
> abriendo la rosa
> y cerrando el clavel.

Los niños vuelven a dar la vuelta alrededor del líder, entonando la misma canción.

- "Peregrina"

Para practicar este juego, se requiere un piso de cemento donde se puedan hacer marcas con tiza siguiendo el patrón que se presenta a la derecha.

Los niños deben saltar de cuadro en cuadro, usando un solo pie y alternándolo con el otro. Aquellos niños de tres y cuatro años que tengan dificultad para mantener el balance y la coordinación, deben recorrer el trayecto usando ambos pies.

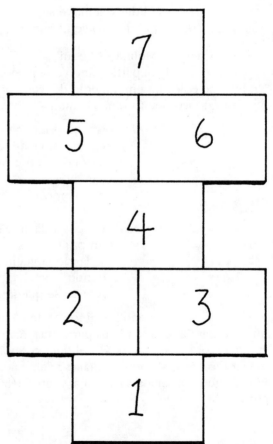

Área: Desarrollo físico.
Subtema: Desarrollo de músculos gruesos, coordinación general, balance y vigor físico.
Título: Un camino lleno de obstáculos.

OBJETIVO: El niño recorrerá un trayecto de obstáculos, salvándolos sin tocarlos o tumbarlos.

CONCEPTO: Trayecto.
Obstáculo.

DESTREZA: Recorrer un trayecto de obstáculos.

IDEA FUNDAMENTAL: En un trayecto de obstáculos, hay que evitar chocar con los objetos que están colocados en el camino, moviendo el cuerpo con flexibilidad y coordinación para no tocarlos.

MATERIALES: Cinco bloques de madera de una unidad cada uno, una caja de cartón grande (de nevera o estufa) a través de la cual pueda pasar un niño, una caja mediana de aproximadamente 1' x 3' x 1', dos sillas y una tabla de aproximadamente cinco pies de largo (puede usar la tabla de balance).

PROCEDIMIENTO: Organice un trayecto de obstáculos colocando los objetos que se mencionaron anteriormente de la siguiente manera:

coloque los cinco bloques uno encima de otro y póngalos al principio del trayecto;
abra la caja grande por los extremos superior e inferior y colóquela a tres pies de los bloques, en forma horizontal con referencia a éstos;
ponga las dos sillas una frente a la otra a cuatro pies de distancia de la caja y coloque la tabla sobre éstas en forma de puente;
coloque la caja pequeña al final del trayecto.

Explique al grupo que el objetivo de la actividad es recorrer el camino de obstáculos, pasando alrededor de los bloques, atravesando por la parte interior de la caja grande, sin tocar los laterales, pasando por debajo de la tabla y brincando por encima de la caja pequeña. Dé la oportunidad a cada niño para que recorra el trayecto.

A20

Área: Desarrollo físico.

Subtema: Desarrollo de músculos gruesos, coordinación general, balance y vigor físico.

Título: Bolsas de habichuelas (*bean bags*).

OBJETIVO: El niño lanzará cinco bolsas de habichuelas, a cuatro pies de distancia, dentro de un blanco marcado en el piso.

CONCEPTO: Lanzar.

DESTREZA: Lanzar las bolsas de habichuelas dentro de un blanco.

IDEA FUNDAMENTAL: Para dar en el blanco al lanzar la bolsa de habichuelas, hay que concentrarse y coordinar la vista con el movimiento de los músculos del brazo.

MATERIALES: Cinco bolsas de habichuelas (puede conseguirlas comercialmente o hacerlas), tiza.

PROCEDIMIENTO: Haga una marca circular en el piso de aproximadamente seis pulgadas de diámetro.

Asegúrese de que es lo suficientemente grande para que el niño pueda lanzar la bolsa de habichuelas dentro de ella. El niño debe pararse a cuatro pies de distancia de la marca.

Facilítele las cinco bolsas de habichuelas e invítelo a lanzar cada una en el centro del blanco.

OBSERVACIONES: Prepare un blanco que se mantenga erecto. Éste puede ser una caja de cartón de 4' x 4' en la cual se ha abierto una abertura de seis pulgadas de diámetro en la parte de arriba. En esta variación, el niño debe tratar de que las bolsas de habichuelas caigan dentro de la caja. También puede usar blancos preparados comercialmente.

Área: Desarrollo físico.

Subtema: Desarrollo de músculos gruesos, coordinación general, balance y vigor físico.

Título: De piedra en piedra sobre el río. (Irvin, 1970)

OBJETIVO: El niño caminará sobre un conjunto de 20 cuadrados de colores organizados en patrones diversos.

CONCEPTOS: Dirección.
Lateralidad.
Izquierda.
Derecha.

DESTREZA: Mover coordinadamente los pies con la vista.

IDEA FUNDAMENTAL: Caminar sobre los cuadrados de colores me lleva en una determinada dirección.
Camino sobre los cuadrados rojos con el pie derecho.
Camino sobre los cuadrados blancos con el pie izquierdo.

MATERIALES: Cartulina gruesa de color blanco y de color rojo, tijeras, regla, cinta adhesiva de hacer paquetes de correo, cinta blanca y roja.

PROCEDIMIENTO: Corte 20 cuadrados de 6" x 6", diez en rojo y diez en blanco. Péguelos en el piso utilizando el patrón que sigue a continuación:

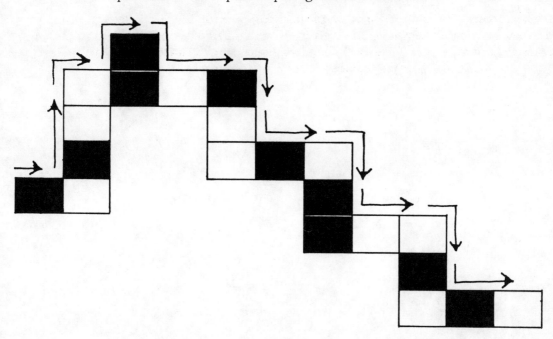

Los niños deben pisar los cuadrados rojos con el pie derecho y los cuadrados blancos con el pie izquierdo. Para evitar confusión en los niños, pídales que se quiten los zapatos y amarre un pequeño lazo rojo alrededor del tobillo derecho de cada niño y uno blanco alrededor del tobillo izquierdo. Explíqueles que sólo pueden pisar los cuadrados rojos con el pie derecho donde se les amarró el lazo rojo; y los cuadrados blancos con el pie izquierdo, donde se les amarró un lazo blanco.

Diga a los niños: "Los cuadrados de colores son las piedras de un río. Cada uno de nosotros tiene que cruzar el río, pero como no hay un puente, es preciso caminar sobre las piedras. Sin embargo, debemos tener cuidado de no caer al agua o de no pisar la piedra equivocada con el pie que no corresponde". Permita que cada niño cruce el tramo individualmente, asegurándose de que es capaz de alternar los pies correctamente.

OBSERVACIONES: Cambie el patrón de la organización de los cuadrados en el piso. Cuando los niños tengan suficiente experiencia en la realización de este ejercicio, prescinda de los lazos en los tobillos. De esta manera, se verán obligados a recordar cuál es el pie izquierdo y cuál es el pie derecho. Los niños de tres años podrían tener dificultad para realizar esta actividad como se describe. En ese caso, reduzca el número de cuadrados. Una forma amena y espontánea de comenzar la actividad es la de invitar a los niños a que inicialmente caminen libremente sobre los cuadrados.

B

Actividades para el desarrollo de los músculos finos y de la coordinación visomotora fina

(Connor y Van Witsen, 1973;
De Ferrari y De Lagomarsino, 1971;
Irvin, 1970).

Área: Desarrollo físico.
Subtema: Desarrollo de músculos finos y coordinación
                visomotora fina.
Título: La costura.

OBJETIVO: El niño ejercitará los músculos finos y la coordinación visomotora fina al "coser" con un pedazo de cordón en una cartulina gruesa con varias perforaciones.

CONCEPTO: Coser.

DESTREZA: Coser a través de perforaciones en un pedazo de cartulina.

**IDEA
FUNDAMENTAL:**   Coser es divertido.
    Al coser, debo meter el cordón por cada uno de los huecos del cartón.

MATERIALES: Un pedazo de cordón de dos pies de largo, un pedazo de cartulina dura o cartón grueso de 9" x 5" con 20 huecos, al menos, hechos con una perforadora de mano.

PROCEDIMIENTO: Prepare el cartón para "coser", haciéndole una veintena de huecos pequeños con una perforadora de mano, dispersos sin orden alguno por toda la superficie. Corte un pedazo de cordón no muy grueso, de dos pies de largo y afínele una de las puntas con cinta engomada transparente. En la otra punta, haga un nudo lo suficientemente grande para que el cordón quede fuertemente asegurado al primer hueco por donde se meta. Asegúrese de que el cordón quepa por los huecos.

    Converse con el niño en torno a lo que él cree que puede hacerse con el cartón y el cordón. Si el niño no puede descubrir el propósito del material, demuéstrele cómo se usa. Permita que el niño "cosa" a su propio ritmo. Al concluir la actividad, identifique el trabajo con el nombre del niño. Para esto, el niño debe observar cómo usted escribe el nombre. Es conveniente que estimule al niño a escribir su nombre en el trabajo, aunque lo que escriba parezca un garabato.

OBSERVACIONES: Al perforar el cartón puede crear diversas formas geométricas, tales como un círculo, triángulo, rectángulo o cuadrado. También puede perforar en línea recta o curva, de manera que el niño "cosa" siguiendo un patrón particular. También puede perforar el cartón sin orden alguno y marcar el patrón que se ha de "coser" con creyón o tinta. Esta actividad puede realizarse con tablas para "coser" disponibles comercialmente. Esta actividad es ideal para que los niños de cinco años y algunos de cuatro aprendan a amarrar lazos, hacer nudos y atar los cordones de los zapatos.

Área: Desarrollo físico.
Subtema: Desarrollo de músculos finos y coordinación visomotora fina.
Título: Hagamos un collar.

OBJETIVO: El niño ensartará macarrones en un cordón para crear un collar.

CONCEPTO: Ensartar.
Collar.

DESTREZA: Ensartar macarrones para formar un collar.

IDEAS FUNDAMENTALES: Para ensartar macarrones en un cordón debemos meter el cordón por el hueco de los macarrones.
Al ensartar los macarrones en el cordón, estoy haciendo un collar.
A mi mamá (abuela, tía, madrina) le gustan los collares.
Le voy a regalar este collar a mi mamá (abuela, tía, madrina).

MATERIALES: Un cordón de un pie y medio de largo, macarrones medianos crudos, creyones de colores.

PROCEDIMIENTO: Haga un nudo grande en uno de los extremos del cordón. De esta manera, cuando se ensarten los macarrones no se saldrán.
Provea de los macarrones y los creyones para que el niño comience la actividad coloreándolos.
Después que todos estén pintados, deben ser ensartados en el cordón.
Forme el collar atando ambas puntas fuertemente.

OBSERVACIONES: A medida que los niños vayan desarrollando destrezas de coordinación motora fina y visomotoras, debe proveerles de macarrones más pequeños. Una variante de esta actividad es ensartar cuentas, que puede realizarse con cuentas disponibles comercialmente.

B3

Área: Desarrollo físico.
Subtema: Desarrollo de músculos finos y coordinación visomotora fina.
Título: Recortemos en línea recta.

OBJETIVO: El niño recortará un papel de construcción siguiendo una línea recta.

CONCEPTOS: Recortar.
Línea recta.

DESTREZA: Recortar en línea recta.

IDEA FUNDAMENTAL: Yo recorto el papel de construcción siguiendo una línea recta.

MATERIALES: Tijeras sin punta, papel de construcción de color claro, regla y marcador de punta gruesa de color oscuro.

PROCEDIMIENTO: En un papel de construcción, trace varias líneas rectas. Invite al niño a recortar el papel por las líneas, tratando de que se mantenga en la línea.

OBSERVACIONES: Al principio, los niños de tres años y algunos niños de cuatro años tendrán dificultad para recortar. Sin embargo, es necesario que los aliente y estimule, ya que ésta es una destreza que se desarrolla practicando. Cuando los niños hayan aprendido a recortar en línea recta, diseñe patrones más complejos usando líneas en zig-zag, curvas y con ángulos. Ofrezca muchas oportunidades para que los niños usen las tijeras libremente. Identifique el trabajo con el nombre de cada niño.

Área: Desarrollo físico.
Subtema: Desarrollo de músculos finos y coordinación visomotora fina.
Título: Recortemos formas geométricas.

OBJETIVO: El niño recortará formas geométricas dibujadas en un papel de construcción.

CONCEPTO: Formas geométricas.
Triángulo.
Cuadrado.
Rectángulo.

DESTREZA: Recortar formas geométricas.

IDEAS FUNDAMENTALES: Yo puedo recortar un triángulo.
Yo puedo recortar un cuadrado.
Yo puedo recortar un rectángulo.

El triángulo, el cuadrado y el rectángulo son formas geométricas.

MATERIALES: Papel de construcción de color claro, tijeras sin punta, regla, marcador de punta gruesa de color oscuro.

PROCEDIMIENTO: En tres papeles de construcción, dibuje un triángulo, un cuadrado y un rectángulo grandes. Invite al niño a recortarlos.

OBSERVACIONES: Una vez que el niño haya desarrollado destreza recortando las figuras geométricas formadas por líneas rectas, invítelo a recortar un círculo. Posteriormente, debe ir dibujando figuras más pequeñas, que, para ser recortadas, requieren una coordinación visomotora fina mejor desarrollada.

Área: Desarrollo físico.
Subtema: Desarrollo de músculos finos y coordinación
                visomotora fina.
Título: Siga los puntos.

OBJETIVO: El niño dibujará el contorno de una figura trazada con puntos sobre un pedazo
                   de papel.

CONCEPTO: Dibujar.
                   Contorno.
                   Patrón.
                   Punteado.

DESTREZA: Dibujar el contorno siguiendo el patrón punteado.

**IDEA
FUNDAMENTAL:**   Si dibujamos una línea a lo largo del contorno marcado con puntos, aparecerá
                   una figura reconocible.

MATERIALES: Papel blanco grueso o de construcción en color claro, un marcador de punta
                   fina en color oscuro, creyón de color brillante.

PROCEDIMIENTO: En un papel grueso o papel de construcción trace una figura reconocible
usando puntos. Esta puede ser un barco de vela o una chiringa.

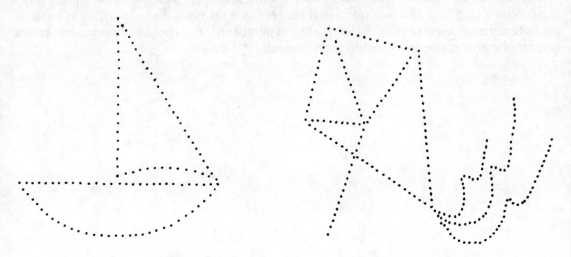

          Invite al niño a que con un lápiz oscuro o creyón de color brillante, le pase
por encima a los puntos, siguiendo el contorno de la figura. Si lo hace correctamente, aparecerá
el barco o la chiringa. Identifique el trabajo con el nombre del niño.

OBSERVACIONES: Los niños de tres años y algunos niños de cuatro años tendrán dificultad para
seguir el contorno. Por lo tanto, dibuje para ellos figuras más simples, como una bola o una
figura geométrica como el cuadrado o el rectángulo. Estimule los esfuerzos de los niños,
aunque se salgan del contorno trazado. Esta es otra destreza que mejora sustancialmente con
la práctica.

B6

Área: Desarrollo físico.

Subtema: Desarrollo de músculos finos y coordinación visomotora fina.

Título: Hagamos puntos.

OBJETIVO: El niño punteará dentro del contorno de un dibujo.

CONCEPTO: Puntear.

DESTREZA: Puntear dentro de un área definida.

IDEA FUNDAMENTAL: Puntear en un área definida del papel requiere que el niño controle sus músculos finos y los coordine con la vista.

MATERIALES: Lápiz, ejercicio 1 que aparece en la página siguiente.

PROCEDIMIENTO: Provea al niño con un lápiz y una copia del ejercicio 1.

Rotule el ejercicio con el nombre del niño, de forma tal, que el niño vea cómo usted lo escribe.

Indíquele que debe puntear dentro de la carita de la niña, haciéndole pecas.

OBSERVACIONES: Este ejercicio se recomienda sólo para niños de cuatro y cinco años. Sin embargo, para niños más pequeños o que no hayan tenido mucha experiencia con este tipo de ejercicio, se recomienda que se les provea pedazos de papel grande para que los niños garabateen a su gusto. Una vez que usted observe que los niños han desarrollado bastante control en el trazo, entonces sugiérales que hagan puntos en toda la hoja. Posteriormente puede realizar el ejercicio que se describió anteriormente.

EJERCICIO 1. Puntea dentro de la carita de la niña, haciéndole pecas.

Área: Desarrollo físico.

Subtema: Desarrollo de músculos finos y coordinación visomotora fina.

Título: Colorear dentro del molde o *stencil*. (Connor y Van Witsen, 1973).

Objetivo: El niño coloreará con un creyón, utilizando un molde o *stencil*, manteniéndose dentro del espacio del mismo.

Concepto: Colorear.
Molde.

Destreza: Colorear dentro del molde.

Idea fundamental: Colorear dentro del molde permite desarrollar un mejor control de los dedos y de la mano.

Materiales: Cartón grueso, una navaja de un filo, una regla de madera o plástico duro, lápiz.

Procedimiento: Prepare tres moldes o estarcidos en cartón grueso; uno cuadrado de 2" x 2", otro rectangular de 3" x 3" y otro triangular de 4" x 4". Los moldes deben quedar huecos por dentro. Para esto debe cortarlos por fuera y por dentro con una navaja de un filo.

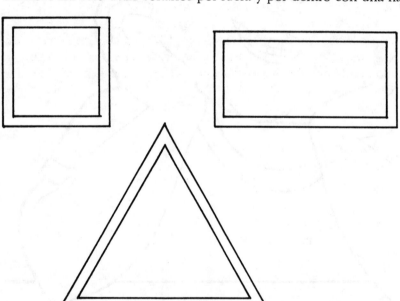

Provea al niño con un papel blanco, un creyón de color y el molde más grande. Explíquele que lo que hay que hacer es colocar el molde sobre el papel y colorear totalmente el espacio interior que queda vacío. A medida que el niño desarrolle destreza para colorear, provéale de los moldes más pequeños. Identifique el trabajo con el nombre del niño.

Observaciones: Para realizar esta actividad con niños de tres y cuatro años que todavía no posean suficiente destreza para mantener el molde en su sitio al colorear, pegue el molde al papel con dos pedazos pequeños de cinta adhesiva transparente. De esta manera, el niño podrá colorear el interior del molde sin que se le ruede. Luego, remueva la cinta adhesiva y levante el molde para que el niño vea la figura que coloreó. Cuando los niños desarrollen más destrezas en el uso de los moldes, corte uno de los lados y sustituya este lado con una línea negra trazada sobre el papel donde el niño coloreará.

Área: Desarrollo físico.

Subtema: Desarrollo de músculos finos y coordinación visomotora fina.

Título: Recortemos láminas.

Objetivo: El niño recortará diversas láminas de revistas y las pegará en papel de construcción.

Concepto: Recortar.
Pegar.
Rotular.

Destreza: Recortar láminas.
Pegar láminas.
Rotular las láminas.

Idea fundamental: Vamos a recortar láminas (de alimentos, o de personas, o de niños y otros) para pegarlas en un papel.

Materiales: Tijeras sin punta, revistas con ilustraciones a colores, papel de construcción de color claro, pega blanca, un marcador oscuro de punta fina.

Procedimiento: Provea al niño de los materiales antes mencionados e invítelo a recortar láminas con un tema particular, por ejemplo, de carros, o de flores, o de alimentos, o de niños u otros. Después que recorte todas las láminas que encuentre, debe pegarlas en el papel de construcción. El maestro debe preguntar al niño cómo le gustaría titular el trabajo y escribir dicho título en el mismo, mientras el niño observa. Asimismo, debe escribir el nombre del niño en la parte superior del papel.

Área: Desarrollo físico.
Subtema: Desarrollo de músculos finos y coordinación visomotora fina.
Título: Usemos la tijera libremente.

OBJETIVO: El niño utilizará la tijera libre y espontáneamente para recortar a su gusto en papel de construcción de colores.

CONCEPTO: Recortar.

DESTREZA: Recortar papel espontáneamente.

IDEA FUNDAMENTAL: Con la tijera, puedo recortar en papel.

MATERIALES: Tijeras sin punta, papel de construcción en varios colores.

PROCEDIMIENTO: Provea al niño de los materiales necesarios para la actividad.
Invítelo a recortar libremente, ya sea en línea recta, curva, en zig-zag, ondulada o a recortar pedazos pequeños.

Área: Desarrollo físico.
Subtema: Desarrollo de músculos finos y coordinación
              visomotora fina.
Título: Papel rasgado.

OBJETIVO: El niño rasgará hojas de papel en pedazos grandes.

CONCEPTO: Rasgar.

DESTREZA: Rasgar papel en pedazos grandes.

IDEA
FUNDAMENTAL: El papel es tan suave que puede rasgarse.

MATERIALES: Hojas de papel de maquinilla en colores, una cartulina de color claro por cada
                  cinco niños, pega blanca.

PROCEDIMIENTO: Provea a cada niño con cuatro hojas de papel de maquinilla de distintos
colores. Pregunte: "¿Saben ustedes lo que es rasgar el papel?". Si algún niño contesta
afirmativamente, invítelo a que le demuestre cómo se rasga el papel. Si le contestan que no
saben, demuéstrele cómo rasgar el papel. Luego, invítelos a rasgar los papeles en pedazos
grandes.

　　　　　Cuando todos hayan terminado, distribuya las cartulinas y la pega; una para
cada grupo de cinco niños. Invítelos a pegar los papeles rasgados en la cartulina. Rotule cada
una con los nombres de los niños que participaron y exhíbalas.

OBSERVACIONES: Esta actividad puede variarse de la siguiente manera. Trace una figura simple
en el centro de una hoja de papel, como, por ejemplo, una bola o una botella. Dóblelo por
la mitad, dejando el dibujo visible. El niño debe rasgar el papel siguiendo el contorno del
dibujo.

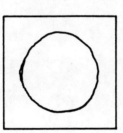  

B11

Área: Desarrollo físico.
Subtema: Desarrollo de músculos finos y coordinación visomotora fina.
Título: Mosaico de papel.

OBJETIVO: El niño rasgará pedazos pequeños de papel de construcción en colores y los pegará libremente sobre un pedazo de cartulina gruesa.

CONCEPTO: Rasgar.
Pegar.
Pequeño.

DESTREZA: Rasgar papel y pegarlos en una cartulina.

IDEA FUNDAMENTAL: Rasgo el papel en pedacitos para pegarlos en una cartulina.

MATERIALES: Papel de construcción de varios colores, cartulina gruesa de 12" X 12" (una por niño), pega blanca.

PROCEDIMIENTO: Provea al niño de los materiales que se usarán en la actividad.

Explíquele que debe rasgar muchos pedazos pequeños de papel de colores para pegarlos sobre el pedazo de cartulina gruesa.

Rasgue varios pedazos de papel para que el niño observe lo que es rasgar.

Al terminar el trabajo, rotúlelo con el nombre del niño asegurándose de que el niño observa cómo usted escribe el nombre; exhíbalo en el centro.

OBSERVACIONES: En el pedazo de cartulina gruesa, dibuje un círculo, un cuadrado, o una figura reconocible, como un pez. El niño debe pegar los pedazos de papel dentro de la figura dibujada. Cuando el niño haya desarrollado suficiente coordinación visomotora fina, dibuje líneas rectas, curvas y en zig-zag, sobre las cuales el niño pegará los pedazos de papel, tratando de no salirse de la línea.

B12

Área: Desarrollo físico.
Subtema: Desarrollo de músculos fino y coordinación visomotora fina.
Título: Dobleces y colores en el papel.

OBJETIVO: El niño doblará varios pedazos de papel de maquinilla en varias partes y los coloreará usando creyones.

CONCEPTO: Doblar.
Colorear.

DESTREZA: Doblar papel.
Colorear el papel.

IDEA FUNDAMENTAL: El papel es un material flexible y suave.
El papel puede doblarse.
El papel puede colorearse.

MATERIALES: Papel de maquinilla, papel de construcción.

PROCEDIMIENTO: Provea al niño con dos o tres hojas de papel de maquinilla y creyones de colores.

Pregúntele: "¿De qué manera podemos doblar cada una de estas hojas de papel? Vamos a doblar cada una ahora".

El niño debe doblar los papeles libremente y luego colorear cada uno de los lados doblados.

OBSERVACIONES: Si está trabajando con niños de cuatro y cinco años, realice esta actividad invitándoles a doblar cada uno de los papeles en dos partes, en tres partes y en cuatro partes, para luego colorearlas. Después que hayan tenido suficiente experiencia doblando y coloreando papel de maquinilla, provéales de papel de construcción de colores claros, que por ser más grueso, requiere más coordinación para doblarlo.

B13

Área: Desarrollo físico.
Subtema: Desarrollo de músculos finos y coordinación visomotora fina.
Título: Tabla de clavijas.

OBJETIVO: El niño creará varios diseños usando la tabla de clavijas.

CONCEPTO: Clavijas.

DESTREZA: Ejercitar el agarre de pinza (con el dedo pulgar y el índice).
Colocar las clavijas en sus respectivos huequitos.

IDEA FUNDAMENTAL: El agarre de pinza permite coger objetos pequeños con las manos.

MATERIALES: Tabla de clavijas con clavijas (se consigue comercialmente).

PROCEDIMIENTO: Provea al niño con una tabla de clavijas con sus clavijas.
Estimúlelo a colocar las clavijas en los huequitos, usando el agarre de pinza espontáneamente.

OBSERVACIONES: No utilice este material con niños de tres y cuatro años sin la supervisión directa y constante del adulto. Las clavijas son objetos pequeños que, en un descuido, el niño podría echarse a la boca o introducirse en un oído o en la nariz. Tenga el cuidado de repasar con el niño las reglas para el uso de este material antes de comenzar la actividad:

No ponerse las clavijas en la boca, oídos o nariz.
Guardar el material donde estaba al terminar de usarlo.

Área: Desarrollo físico.

Subtema: Desarrollo de músculos finos y coordinación visomotora fina.

Título: Patrones en la tabla de clavijas. (Irvin, 1970)

OBJETIVO: El niño copiará varios patrones usando la tabla de clavijas.

CONCEPTO: Clavijas.
Patrón.

DESTREZA: Usar el agarre de pinza.
Colocar cada clavija en el hueco que le corresponde según el patrón dado.
Copiar varios patrones usando la tabla de clavijas.

MATERIALES: Tabla de clavijas, patrones para copiar.

PROCEDIMIENTO: Dibuje varios patrones usando distintos colores. Es decir, haga un círculo rojo donde el niño se supone que ponga una clavija roja, azul donde va una clavija azul y así sucesivamente. Asegúrese de que, en todo momento, el patrón que se ha de copiar está a la vista y cerca del niño. Utilice como modelos los diseños que aparecen a continuación, o cree sus propios diseños.

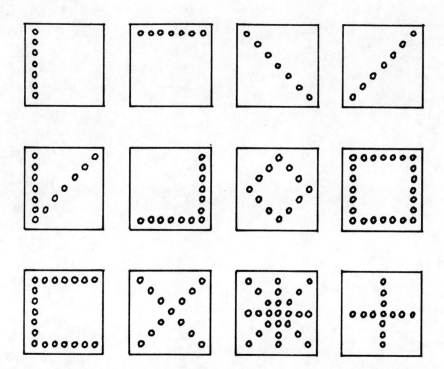

OBSERVACIONES: Si está trabajando con niños de tres años, pídales que copien los patrones #1, #2, #3 y #4. Los niños de cuatro años pueden copiar los patrones hasta el #8. Los niños de cinco años que hayan tenido experiencia trabajando con tablas de clavijas, deben ser capaces de copiar todos los patrones. Los niños que nunca hayan trabajado con tablas de clavijas, deben tener la oportunidad de familiarizarse con el material antes de intentar copiar los patrones más sencillos de los modelos que se presentaron anteriormente. Sin embargo, lo anterior no significa que todos los niños de cinco años podrán copiar los patrones sin dificultad. Recuerde que cada niño es único y las diferencias individuales establecen la capacidad de acción de cada niño.

Si dispusiera de tablas de clavijas adicionales, puede variar la actividad formando los patrones en una segunda tabla de clavijas. Esta variación resulta más sencilla que copiar los patrones de un diseño semiabstracto; esto es, dibujado sobre un papel.

B15

Área: Desarrollo físico.
Subtema: Desarrollo de músculos finos y coordinación visomotora fina.
Título: Rompecabezas.

OBJETIVO: El niño formará rompecabezas.

CONCEPTO: Rompecabezas.

DESTREZA: Formar un rompecabezas.

MATERIALES: Rompecabezas de temas variados, de no más de diez piezas.

PROCEDIMIENTO: Ofrezca oportunidades en el período de actividades espontáneas para que los niños trabajen con rompecabezas. Los niños de tres años deben comenzar armando rompecabezas de una, dos y tres piezas. Esto también se aplica a aquellos niños de cuatro y cinco años que hayan tenido poca experiencia con rompecabezas. A medida que el niño desarrolle destreza al armar rompecabezas de pocas piezas, varíelos, aumentando gradualmente el número de piezas.

Ayude al niño a descubrir la estrategia más adecuada para resolver el problema de espacio que plantea el material. Esto es, primero es necesario observar con detenimiento el rompecabezas formado; luego se desmonta y se procede a colocar las piezas de los bordes y luego, tratar de parear la forma de las piezas restantes, con las siluetas que usualmente están marcadas en la base del rompecabezas.

Déle ayuda al niño, pero no forme el rompecabezas por él. Tampoco le "enseñe" la estrategia que se describió anteriormente, ya que si el niño no la descubre por sí mismo al explorar y trabajar con rompecabezas, será de poca o ninguna utilidad.

B16

Área: Desarrollo físico.
Subtema: Desarrollo de músculos finos y coordinación visomotora fina.
Título: "Legos".

OBJETIVO: El niño construirá figuras diversas utilizando los bloques Lego.

CONCEPTO: Construir.

DESTREZA: Construir utilizando los músculos finos de las manos.

IDEA FUNDAMENTAL: Los "legos" son bloques pequeños que permiten hacer construcciones pequeñas.

MATERIALES: "Legos" en distintas formas y tamaños.

PROCEDIMIENTO: Tenga a disposición una variedad de "legos" en distintos tamaños y colores. Estimule al niño a construir figuras con ellos.

Al principio, fomente la exploración táctil de los "legos" y las posibilidades que presentan para construir figuras reconocibles tales como carros o casitas.

Después que el niño haya tenido tiempo de jugar libremente con los "legos", sugiérale que construya figuras reconocibles como una casita o un carro.

Área: Desarrollo físico.

Subtema: Desarrollo de músculos finos y coordinación visomotora fina.

Título: Garabatos controlados.

OBJETIVOS: El niño hará garabatos controlados trazando líneas circulares, horizontales y verticales.

CONCEPTO: Garabato.
Línea circular.
Línea horizontal.
Línea vertical.

DESTREZA: Garabatear controladamente.
Trazar líneas circulares.
Trazar líneas horizontales.
Trazar líneas verticales.

IDEA FUNDAMENTAL: Las líneas circulares son trazos redondos sobre el papel.
Las líneas horizontales son trazos que van de izquierda a derecha y de derecha a izquierda del papel.
Las líneas verticales son trazos que van de arriba hacia abajo en el papel.

MATERIALES: Creyones de tres colores distintos, papel de dibujo de 12" x 18".

PROCEDIMIENTO: Provea al niño con tres hojas de papel y permítale que escoja tres creyones de distintos colores. Entable un diálogo dirigido a explicarle lo que son líneas circulares, horizontales y verticales. Demuéstrele cómo se trazan estas líneas en un papel de 12" x 18".

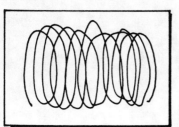  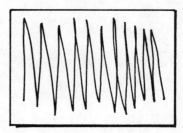

Luego, invítelo a que trace líneas circulares, horizontales y verticales en cada uno de los papeles, usando, en cada caso, un creyón de color distinto. El niño puede hacer los garabatos controlados sin levantar el creyón del papel o levantando el creyón.

OBSERVACIONES: Los niños de tres años y algunos niños de cuatro años, podrían tener dificultades para completar la actividad como se ha descrito. Este también puede ser el caso de los niños que no hayan tenido suficiente experiencia garabateando. En este caso, permita que exploren la superficie del papel con el creyón a su antojo. Con mucha probabilidad, producirán garabatos controlados, que posteriormente les darán la experiencia que necesitan para realizar este ejercicio.

Área: Desarrollo físico.
Subtema: Desarrollo de músculos finos y coordinación visomotora fina.
Título: Trazado de líneas.

OBJETIVO: El niño trazará la línea que completa un trayecto a medio hacer en una figura.

CONCEPTO: Trazar.

DESTREZA: Trazar la línea que completa un trayecto a medio hacer.

IDEA FUNDAMENTAL: Vamos a trazar una línea para

desenredar la paja del nido;
dibujar los barrotes de la verja de la escuela;
dibujar el humo de los barcos;
dibujar el humo de los alimentos calientes.

MATERIALES: Lápiz, ejercicios 2, 3, 4 y 5.

PROCEDIMIENTO: Provea al niño con un lápiz y uno de los ejercicios que se adjuntan a continuación. Explíquele que el propósito de la actividad es trazar una línea que complete el trayecto a medio hacer del dibujo.

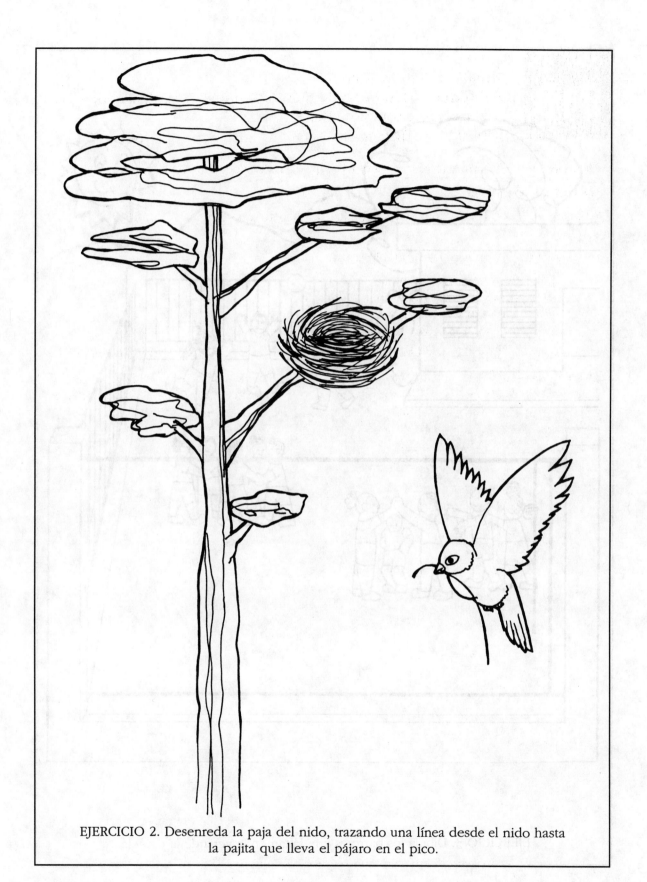

EJERCICIO 2. Desenreda la paja del nido, trazando una línea desde el nido hasta la pajita que lleva el pájaro en el pico.

75

EJERCICIO 3. Dibuja los barrotes que faltan en la verja de la escuela.

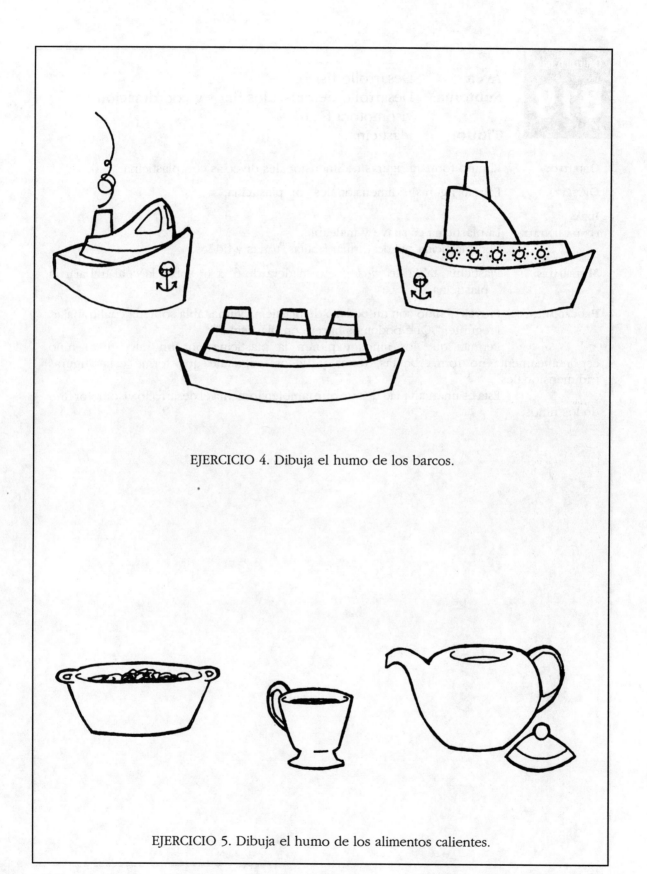

EJERCICIO 4. Dibuja el humo de los barcos.

EJERCICIO 5. Dibuja el humo de los alimentos calientes.

B19

Área: Desarrollo físico.

Subtema: Desarrollo de músculos finos y coordinación visomotora fina.

Título: Plasticina.

OBJETIVO: El niño formará figuras tridimensionales diversas con plasticina.

DESTREZA: Formar figuras tridimensionales con plasticina.

IDEAS FUNDAMENTALES: La plasticina es suave y maleable.
Con plasticina puedo formar bolitas, tortas y fideos.

MATERIALES: Plasticina, tabla de *masonite* o madera de 6" x 6" sobre la cual trabajar la plasticina.

PROCEDIMIENTO: Provea al niño con un pedazo de plasticina y una tabla sobre la cual trabajar. Pregunte: "¿Qué podemos hacer con plasticina?".

Permita que los niños exploren la plasticina por un rato. Si el niño espontáneamente no forma bolitas, tortas y fideos, sugiérale que forme estas figuras tridimensionales.

Esta es una actividad de arte que también fomenta el desarrollo visomotor fino de los niños.

B20

Área: Desarrollo físico.
Subtema: Desarrollo de músculos finos y coordinación visomotora fina.
Título: El laberinto.

OBJETIVO: El niño encontrará la salida de un laberinto dibujado en una hoja de papel, trazando el camino con un creyón.

CONCEPTO: Laberinto.

DESTREZA: Encontrar la salida de un laberinto, trazando el camino con un creyón.

IDEA FUNDAMENTAL: El laberinto tiene una entrada y una salida.

MATERIALES: Creyón de color, ejercicios 6 y 7 —un laberinto trazado en un papel— que se incluyen en las páginas siguientes.

PROCEDIMIENTO: Provea al niño con uno de los dibujos y un creyón.
Explíquele cuál es el objetivo de la actividad.
Utilice el ejercicio 6 con los niños de cuatro años y el ejercicio 7 con los de cinco años. Si los niños de cinco años no han tenido experiencias previas con este tipo de actividad, puede comenzar con el ejercicio 6.
Es probable que los niños de tres años no puedan realizar esta actividad correctamente; esto es, encontrar la salida del laberinto. Sin embargo, algunos niños de cuatro años y casi todos los niños de cinco años deben ser capaces de realizar el trabajo. Además de fomentar el desarrollo visomotor fino, esta actividad constituye un ejercicio de solución de un problema de espacio.

EJERCICIO 6. Traza los caminos hasta los nidos.

EJERCICIO 7. Traza el camino del avestruz grande para encontrarse con el pequeño.

Área: Desarrollo físico.

Subtema: Desarrollo de músculos finos y coordinación visomotora fina.

Título: Pintura dactilar.

OBJETIVO: El niño ejercitará sus músculos finos al pintar con pintura dactilar.

CONCEPTO: Pintura dactilar.

DESTREZA: Pintar usando los dedos y las manos.

IDEA FUNDAMENTAL: La pintura dactilar se usa sin pinceles; sólo con los dedos y las manos.

MATERIALES: Recipiente llano de aproximadamente 12" x 12" con agua, papel encerado para pintura dactilar, pintura dactilar, delantal, esponjas y agua para limpiar.

PROCEDIMIENTO: Adquiera la pintura dactilar comercialmente o prepárela usted con la siguiente receta (Schikedanz, York, Santos Stewart y White, 1977). Para un galón de pintura dactilar:

3 tazas de hojuelas de almidón seco
18 onzas de agua fría (un poco más de dos tazas)
9 tazas de agua hirviendo
2 tazas de jabón Ivory o Lux en hojuelas (seco)
témpera en polvo o colorante para alimentos en diversos colores

Mezcle el almidón con el agua fría en una olla grande. Añada el agua hirviendo y deje que se caliente hasta el punto de ebullición. Retire del fuego y añada las hojuelas de jabón. Bata la mezcla mientras aún esté caliente para que una bien. Separe en recipientes pequeños y añada color a gusto.

Una vez que la pintura esté lista, prepare el papel que se usará, rotulándolo con el nombre del niño y pasándolo por agua. Colóquelo sobre una superficie plana —una mesa o el piso— y añada tres o cuatro cucharaditas de la mezcla en distintos puntos del papel. Estimule al niño a experimentar con sus dedos y manos para esparcir la pintura por la superficie del papel. Ponga a secar los trabajos y exhíbalos en un lugar visible del salón. Esta pintura se limpia fácilmente con agua y una esponja.

C

Actividades para el desarrollo de la percepción y el uso de los sentidos

Área: Desarrollo físico.
Subtema: Percepción visual.
Título: ¿Cuáles son iguales?

OBJETIVO: El niño identificará mediante análisis visual, las figuras/objetos que son iguales.

CONCEPTOS: Igual.
Círculo.

DESTREZA: Identificar mediante análisis visual, las figuras que son iguales.
Trazar un círculo.

IDEA FUNDAMENTAL: Las figuras y los objetos que son iguales, se pueden identificar al observar detenidamente todos sus detalles.

MATERIALES: Ejercicio 8, en la página siguiente, lápiz.

PROCEDIMIENTO: Proporcione al niño el ejercicio 8 y un lápiz. Explíquele que debe observar detenidamente los dibujos y trazar un círculo alrededor del dibujo que sea igual al modelo.

OBSERVACIONES: El objetivo de esta actividad también puede lograrse usando los ejercicios 9, 10 y 11, que se incluyen a continuación. Estas actividades se recomiendan para niños de cuatro y cinco años. Sin embargo, el ejercicio 11 debe reservarse para los niños de cinco años, o para aquellos que hayan tenido experiencias previas con este tipo de actividad.

Para realizar esta actividad con objetos concretos se puede utilizar el área de bloques. En esta área, se encuentran bloques que son iguales y bloques que son distintos. Los bloques que son unidades enteras se diferencian marcadamente de los bloques partidos por la mitad, o de las columnas, o de las pilastras. En este caso, se invita al niño a observar detenidamente los bloques para identificar aquellos que son iguales. Una vez que el niño los ha identificado, converse con él sobre las características que se observan visualmente en los bloques; por ejemplo, color, tamaño y forma. Esta variación puede realizarse también con hojas, flores, semillas y botones, entre otros. Es imprescindible realizar esta variación de la actividad antes de que el niño trabaje con los ejercicios semi-abstractos que se incluyen a continuación; sobre todo, si el niño no ha tenido oportunidades para realizar actividades de papel y lápiz anteriormente. Esta variación de la actividad puede llevarse a cabo espontáneamente, aprovechando una situación imprevista en la cual se observa que el niño está trabajando con objetos que pueden servir de base para la comparación visual, y también puede planificarse como una actividad dirigida por el maestro.

Otra variación de la actividad consiste en usar dos alfabetos desmontables, de plástico o magnético, para que el niño identifique aquellas letras que son iguales.

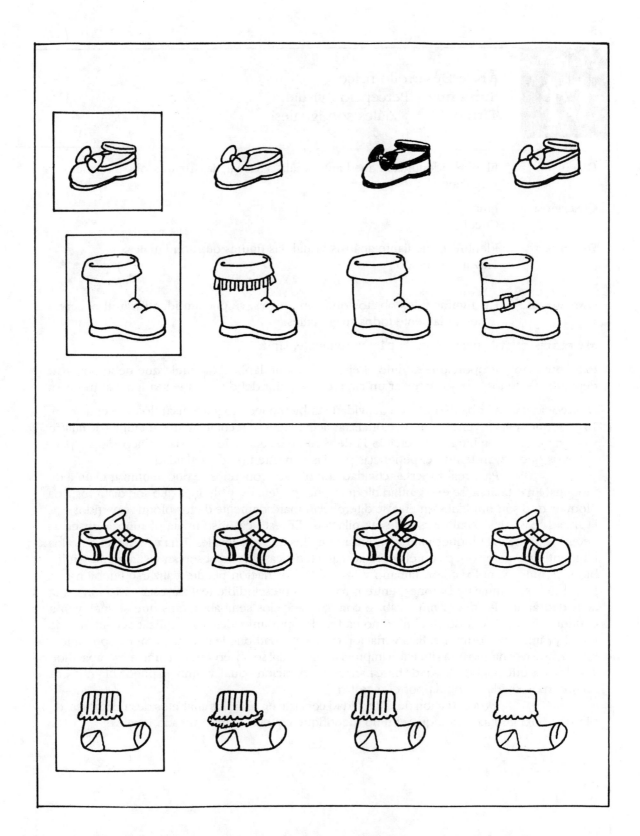

EJERCICIO 8. Traza un círculo alrededor de la figura que es igual al modelo.

EJERCICIO 9. Traza un círculo alrededor de la figura que es igual al modelo.

EJERCICIO 10. Traza un círculo alrededor de la figura que es igual al modelo.

EJERCICIO 11. Traza un círculo alrededor de la figura que es igual al modelo.

Área: Desarrollo físico.
Subtema: Percepción visual.
Título: ¿Cuáles son distintos?

Objetivo: El niño identificará mediante análisis visual las figuras/objetos que son distintas.

Conceptos: Distinto.
Tachar.

Destreza: Identificar mediante análisis visual, la figura que es distinta.
Tachar la figura distinta.

Idea fundamental: Las figuras y los objetos que son distintos se pueden identificar al observar detenidamente sus detalles.

Materiales: Ejercicios 12 y 13 que se adjuntan a continuación, lápiz.

Procedimiento: Entregue al niño el ejercicio 12 y un lápiz. Explíquele que debe observar detenidamente los dibujos para identificar el que es distinto. Una vez identificado, debe tacharlo.

Observaciones: El objetivo de esta actividad también puede lograrse con el ejercicio 13. Estas actividades deben reservarse para niños de cuatro y cinco años.

Una manera de realizar esta actividad, con objetos concretos, consiste en utilizar el área de bloques. En esta área, hay una abundancia de bloques que son distintos; por ejemplo, las unidades enteras son distintas a las medio-unidades, a los arcos, a las pilastras, a las columnas. Invite al niño a observar detenidamente los bloques para identificar los que son distintos. Luego, converse con él, sobre las características que se observan en los bloques y que los hacen distintos entre sí. Esta actividad también puede realizarse usando hojas, flores, semillas y botones, entre otros. Esta variación de la actividad puede llevarse a cabo espontáneamente, en una situación imprevista en la cual el niño esté trabajando con objetos que permitan la comparación visual, o puede ser dirigida por el maestro.

Si el niño no ha tenido mucha experiencia trabajando con actividades semiabstractas como las que aparecen a continuación, es imprescindible que primero realice la actividad con los objetos concretos, para después usar los ejercicios semiabstractos.

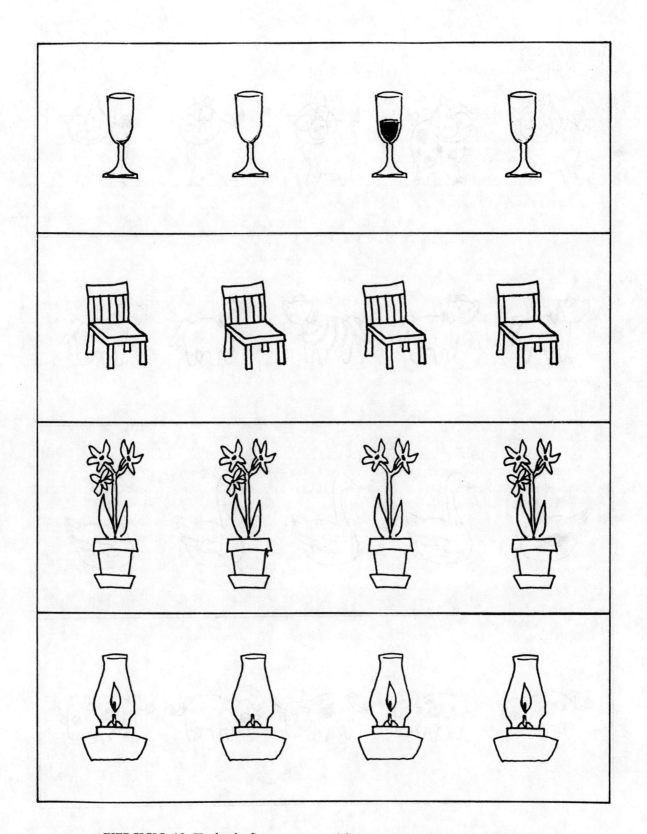

EJERCICIO 12. Tacha la figura que es diferente a las demás en cada serie.

EJERCICIO 13. Tacha la figura que es diferente a las demás en cada serie.

Área: Desarrollo físico.
Subtema: Percepción visual.
Título: Orientación espacial.

Objetivo: El niño encerrará en un círculo, aquellas figuras que no miran para el mismo lado.

CONCEPTO: Lateralidad.
Círculo.

DESTREZA: Identificar, mediante análisis visual, las figuras que no miran para el mismo lado.

Trazar un círculo.

IDEAS FUNDAMENTALES: Algunas figuras y objetos están orientados hacia el lado derecho.
Otras figuras y objetos están orientados hacia el lado izquierdo.
Hay que trazar un círculo alrededor de las figuras que no miran hacia el mismo lado.

MATERIALES: Ejercicio 14, lápiz.

PROCEDIMIENTO: Provea al niño el ejercicio 14 y un lápiz.
Explique al niño que debe observar las figuras cuidadosamente para identificar las que no miran hacia el mismo lado y trazar un círculo alrededor de ellas.

OBSERVACIONES: Esta actividad debe realizarse con niños de cinco años solamente. El objetivo también puede lograrse con el ejercicio 15.
Con niños de tres y cuatro años o niños que no hayan tenido experiencias previas trabajando con este tipo de actividad, utilice objetos concretos con los que el niño esté familiarizado; por ejemplo, zapatos, cajas de zapatos, latas con sus etiquetas, muñecas, camiones de juguete y otros. Si está usando muñecas, seleccione cuatro o cinco. Colóquelas en una mesa de manera que una esté mirando hacia la izquierda y las demás hacia la derecha. También puede poner una muñeca mirando hacia atrás y las otras hacia el frente. El objetivo es que los niños las observen y le indiquen cuál no está mirando hacia el mismo lado.

EJERCICIO 14. Traza un círculo alrededor de las figuras que no miran para el mismo lado.

EJERCICIO 15. Traza un círculo alrededor de las figuras que no miran para el mismo lado.

Área: Desarrollo físico.
Subtema: Percepción visual.
Título: Figuras incompletas.

OBJETIVO: El niño identificará visualmente los detalles que faltan en un conjunto de figuras y los dibujará.

CONCEPTOS: Completo.
                          Incompleto.

DESTREZAS: Identificar visualmente los detalles que faltan, dibujar los detalles que faltan.

**IDEA
FUNDAMENTAL:**   Para poder completar una figura, hay que mirarla con mucho cuidado para identificar los detalles que faltan.

MATERIALES: Ejercicio 16, lápiz.

PROCEDIMIENTO: Proporcione al niño el ejercicio 16 y un lápiz.
                          Explíquele que debe mirar los dibujos con cuidado para identificar los detalles que faltan.

                          El objetivo de la actividad es que dibuje dichos detalles para completar los dibujos.

OBSERVACIÓN: El objetivo de esta actividad también puede lograrse con el ejercicio 17, que se incluye a continuación. Estos ejercicios deben realizarse invividualmente, con niños de cuatro y cinco años.

EJERCICIO 16. Completa las figuras.

EJERCICIO 17. Completa las figuras.

Área: Desarrollo físico.
Subtema: Percepción visual.
Título: Colores primarios.

OBJETIVO: El niño pareará colores primarios.

CONCEPTO: Parear.
Colores primarios.
Rojo.
Azul.
Amarillo.

DESTREZA: Identificar visualmente los colores primarios que son iguales.

IDEA FUNDAMENTAL: Al parear dos colores, establecemos que son iguales y pertenecen a la misma clase.

MATERIALES: Papeles de construcción en rojo, azul y amarillo, tijeras, cinta adhesiva.

PROCEDIMIENTO: Recorte varios papeles de construcción en pedazos irregulares, de manera que cada niño participante tenga un pedazo de cada color.

        Simultáneamente, prepare otro grupo de pedazos de papel de construcción en los colores primarios y secundarios (verde, violeta y anaranjado). Distribúyalos por todo el salón, asegurándose de pegarlos en varios lugares estratégicos que estén visibles.

        Explíqueles que el fin de la actividad es que se muevan por el salón para encontrar los pedazos de papel de construcción que sean del mismo color que los que ellos tienen.

        Introduzca el nombre de los colores primarios a medida que conversa con los niños.

OBSERVACIONES: El objetivo de esta actividad también puede lograrse mediante las interacciones espontáneas diarias que ocurren en el salón. Esto implica que el maestro debe estar atento a situaciones en las cuales pueda invitar al niño a observar y a discriminar visualmente estos colores. Cuando trabajen, por ejemplo, en actividades de arte que requieran el uso de témpera, creyones o papel de construcción, el maestro debe aprovechar la oportunidad para invitarles a observar los colores, los objetos que podamos mencionar que se caractericen por dichos colores y los colores que llevan los niños en la ropa, entre otros.

C6

Area: Desarrollo físico.
Subtema: Percepción visual.
Título: Coloreemos.

OBJETIVO: El niño coloreará dentro de los espacios señalados con el color que establece el modelo.

CONCEPTOS: Colores primarios

- rojo
- azul
- amarillo.

Colores secundarios

- violeta
- verde
- anaranjado.

DESTREZA: Colorear dentro de los espacios señalados, con el mismo color que establece el modelo.

IDEA FUNDAMENTAL: Los colores primarios son el rojo, el azul y el amarillo.
Los colores secundarios son el violeta, el verde y el anaranjado.

MATERIALES: Creyones en los colores primarios y secundarios, ejercicio 18.

PROCEDIMIENTO: En el formato en blanco que aparece en el ejercicio 18, pinte el primer rectángulo de la izquierda en rojo; el segundo en azul; y el tercero en amarillo. El niño deberá escoger entre los creyones que tiene a su disposición uno rojo, otro azul y otro amarillo para colorear los dos rectángulos que quedaron en blanco debajo de cada uno de los rectángulos coloreados. Los rectángulos que están debajo del rectángulo rojo, serán coloreados en rojo; los que están debajo del azul, serán coloreados en azul; y los que están debajo del amarillo, serán coloreados en amarillo. Repita el ejercicio con los colores secundarios. Asegúrese de escribir el nombre del niño en cada ejercicio realizado.

OBSERVACIONES: Esta actividad promueve en el niño la capacidad para seguir instrucciones.

EJERCICIO 18. Colorea los rectángulos del mismo color que el de arriba.

Área: Desarrollo físico.
Subtema: Percepción táctil.
Título: ¿Qué será lo que hay aquí?

OBJETIVO: El niño identificará objetos ocultos a la vista, mediante el uso del tacto.

CONCEPTO: Tacto.

DESTREZA: Identificar objetos mediante el uso del tacto.

IDEA FUNDAMENTAL: Si cerramos los ojos y tocamos un objeto con nuestras manos, podemos identificar qué objeto es.

MATERIALES: Una bolsa marrón de supermercado de tamaño mediano o una bolsa de tela, una venda para los ojos, varios objetos pequeños y familiares para el niño, como, por ejemplo, un bloque, un carrito, un triángulo, una muñeca pequeña, un platillo, una llave y otros.

PROCEDIMIENTO: Coloque uno de los objetos en la bolsa.

Ponga la venda sobre los ojos del niño e invítelo a meter la mano dentro del saquito con el fin de que palpe cuidadosamente lo que hay dentro.

Déle uno o dos minutos para que analice el objeto con el tacto. Luego pregúntele qué objeto es.

Saque el objeto de la bolsa y permita que el niño verifique su predicción.

Área: Desarrollo físico.
Subtema: Percepción táctil.
Título: Texturas.

OBJETIVO: El niño identificará las texturas suave, áspera, dura y blanda por medio del tacto.

CONCEPTOS: Textura.
Suave.
Áspera.
Dura.
Blanda.

DESTREZA: Identificar, usando el tacto, las texturas suave, áspera, dura y blanda.

IDEAS FUNDAMENTALES: Llamamos textura a la superficie de un material que se siente al tacto.
Hay distintos tipos de texturas, como por ejemplo, suave, áspera, dura y blanda.
Al tocar un objeto, no es necesario mirarlo para identificar qué textura tiene.
La textura es una característica de todos los objetos a nuestro alrededor.

MATERIALES: Un pedazo de lija gruesa, un pedazo de tela de seda o satén, un pedazo de madera, un pedazo grande de algodón y una venda para los ojos.

PROCEDIMIENTO: Vende los ojos del niño asegurándose de que no puede ver los materiales que va a palpar. Coloque estos sobre una mesa que sea apropiada en tamaño para el niño. Guíe las manos del niño de manera que palpe, cada uno de los materiales. Pídale que le describa cómo se siente el material; si es suave, áspero, duro o blando.

Anote en una tarjeta cada una de las contestaciones del niño y colóquelas debajo de los materiales correspondientes. Una vez que el niño haya completado el ejercicio, quítele la venda para que observe los materiales. Revise con él las contestaciones para verificar si fueron correctas. Si no fueron correctas, haga que el niño vuelva a tocar los materiales a medida que usted le describe la textura de cada uno.

OBSERVACIONES: Varíe la actividad, modificando los materiales y, por ende, las texturas que se han de identificar. En la interacción diaria que ocurre en el salón, préstese atención a las oportunidades imprevistas para conversar espontáneamente sobre las texturas, tanto como para estimular al niño a que palpe diversos objetos para sentir sus texturas.

Área: Desarrollo físico.
Subtema: Percepción táctil.
Título: Frío o caliente.

OBJETIVO: El niño identificará los objetos fríos y calientes al tacto.

CONCEPTOS: Frío.
Caliente.

DESTREZA: Identificar los objetos fríos y calientes al tacto.

IDEAS FUNDAMENTALES: Al tocar los objetos, podemos percibir su temperatura.
Cuando la temperatura de los objetos está alta, están calientes.
Cuando la temperatura de los objetos está baja, están fríos.
El hielo es frío.
Todos los alimentos que ponemos en la nevera se enfrían.
Cuando los alimentos se cocinan en la estufa, se calientan.
Si tocamos un objeto muy caliente, nuestra mano se quema.

MATERIALES: Un pedazo de hielo, un vaso de agua fría, un vaso de agua caliente (no debe estar muy caliente, ya que podría provocar una quemadura en el niño).

PROCEDIMIENTO: Coloque los materiales que han de usarse en una mesa, a la altura del niño.
Invite al niño a sentarse frente a los objetos, para que pueda tocarlos. Pregúntele: "¿Cuál de estos objetos está frío?; ¿Cuál está caliente?".
Si el niño tiene dificultad para distinguir entre estos dos conceptos, toque los objetos y explique que el hielo y el agua fría están fríos; mientras que el agua caliente está caliente. Explíquele también que estas diferencias en temperaturas se descubren al tocar los objetos.

OBSERVACIONES: En su interacción diaria y rutinaria con los niños aproveche todas las oportunidades que se presenten para calificar los objetos en cuanto a estos dos extremos de temperaturas. Cuando se sirve el jugo, por ejemplo, en el período de la merienda, el maestro debe recalcar que está frío. Asimismo, por ejemplo, al servir alimentos calientes, debe recalcarse el concepto de caliente.

Área: Desarrollo físico.
Subtema: Percepción táctil.
Título: Busquemos piedras. (Irvin, 1970)

OBJETIVO: El niño clasificará las piedras de acuerdo con lo que se sienta al tacto.

CONCEPTO: Clasificar.

DESTREZA: Clasificar las piedras de acuerdo con lo que se sienta al tacto.

IDEAS FUNDAMENTALES: Hay piedras suaves y ásperas.
Es posible agrupar las piedras basándose en lo que se sienta al tacto.

MATERIALES: Piedras que se recojan en una excursión, bolsas para poner las piedras.

PROCEDIMIENTO: Organice una excursión por el vecindario.
Explique a los niños que el propósito es recoger piedras.
Cuando regresen al salón cada niño colocará sus piedras sobre la mesa para agruparlas basándose en cómo se siente su textura.

Área: Desarrollo físico.
Subtema: Percepción olfativa.
Título: Distingamos los olores.

Objetivo: El niño identificará la cebolla, el ajo, un perfume y una rosa mediante el uso del sentido del olfato.

Conceptos: Olfato.
Olor.
Cebolla.
Ajo.
Perfume.
Rosa.

Destreza: Identificar la cebolla, el ajo, un perfume y una rosa mediante el uso del olfato.

Idea fundamental: El sentido del olfato nos permite identificar muchos objetos con sólo olerlos. El sentido del olfato radica en la nariz.

Materiales: Un pedazo de cebolla fresca, de ajo fresco, un algodón empapado en algún perfume, una rosa pequeña, cuatro frascos pequeños de color oscuro, papel de aluminio.

Procedimiento: Coloque cada uno de los materiales dentro de un frasco diferente. Tape la boca de los frascos con un pedacito de papel de aluminio. Haga varias perforaciones pequeñas en el papel de manera que el aroma de los materiales sea detectable. Solicite al niño que se acerque cada uno de los frascos a la nariz con el propósito de oler su contenido. El niño debe tratar de identificar por el aroma el material que está en el interior.

Observaciones: Puede variar esta actividad utilizando otros materiales que despidan aroma, como por ejemplo, cáscara de china, canela, piña, alcoholado, menta, café, chocolate y otros. Se sugiere que utilice preguntas abiertas para estimular al niño a tomar conciencia de su sentido del olfato. Algunas de estas preguntas pueden ser:

¿A qué te huele cada uno de estos frascos?
¿Qué crees tú que hay en cada frasco? ¿Puedes identificar su contenido por el olor?
¿Con qué órgano del cuerpo percibimos olores?
¿Cuáles de estos olores son agradables? ¿Cuáles son desagradables?
¿Puedes mencionar otros olores desagradables?
¿Agradables?

Durante el desarrollo del programa diario rutinario, no pierda las oportunidades que surgen durante el día para recalcar los olores, por ejemplo, al servir la merienda o el almuerzo puede comentar lo delicioso que huelen los alimentos que se van a consumir; o cuando llueve, llamar la atención del niño hacia el olor característico de la yerba mojada; o, al traer flores frescas al salón, destacar el perfume de las flores.

Área: Desarrollo físico.
Subtema: Percepción de gusto.
Título: El gusto.

Objetivo: El niño identificará los sabores dulce, amargo, salado y agrio al probar diversos alimentos.

Conceptos: Gusto.
Sabor.
Dulce.
Salado.
Amargo.
Agrio.

Destreza: Identificar, mediante el gusto, los sabores dulce, salado, amargo y agrio.

Ideas Fundamentales: El sentido del gusto está localizado en la lengua.
Gracias al sentido del gusto podemos saborear los alimentos que consumimos.
Al probar un alimento podemos determinar si es dulce, salado, amargo o agrio.
El sentido del gusto también nos permite identificar el alimento que estamos consumiendo.
Cada alimento que consumimos tiene un sabor distinto y único.

Materiales: Agua con azúcar, jugo de limón, amargo de angostura (o cualquier otro alimento amargo), agua con sal, cuatro vasos pequeños de boca ancha, cuatro palitos de algodón, una venda para los ojos.

Procedimiento: Coloque cada una de las substancias que se van a probar en vasos pequeños de boca ancha. Tape los ojos del niño con la venda de manera que no pueda verlas. Empape un palito de algodón con una substancia y colóquelo en la punta de la lengua del niño. El niño debe saborear la substancia y determinar si es dulce, salada, amarga o agria. Después de completado el ejercicio, quítele la venda y sugiérale que trate de identificar qué substancia probó.

Observaciones: Las substancias que se desglosan en la sección de Materiales son sólo sugerencias. Siéntase en la libertad de utilizar otras o añadirlas a aquéllas. Puede variar la actividad utilizando pedazos de frutas, galletas dulces y saladas o jugos. En este caso, el niño debe identificar el alimento por su sabor. Aproveche estas oportunidades para conversar sobre la textura, color, forma, y clase (si son frutas, lácteos, vegetales o granos) y procedencia de los alimentos. A continuación se sugieren preguntas que pueden usarse, ya sea en actividades estructuradas o espontáneas, dirigidas a llamar la atención del niño hacia el sentido del gusto-

¿Qué alimentos prefieres? ¿Por qué?
¿Por qué te gusta el sabor de esos alimentos?
¿Prefieres los alimentos dulces o salados? ¿Por qué?
¿Puedes mencionar otros alimentos dulces? ¿Salados?
¿Amargos? ¿Agrios?

No debe perder las oportunidades que surgen a lo largo del día para recalcar la importancia del sentido del gusto y el uso que hacemos de él. Durante los períodos de alimentación puede comentar lo sabroso que sabe el jugo o las galletas que se van a consumir; o cómo, al probar el alimento, podemos reconocerlo por su gusto.

Área: Desarrollo físico.
Subtema: Percepción auditiva.
Título: El oído.

OBJETIVO: El niño identificará sonidos fuertes y suaves.

CONCEPTOS: Sonidos fuertes.
Sonidos suaves.

DESTREZAS: Identificar sonidos fuertes.
Identificar sonidos suaves.

IDEAS FUNDAMENTALES: Identificamos diversos sonidos mediante el sentido del oído.
El oído nos permite escuchar sonidos fuertes y sonidos suaves.
Algunos ejemplos de sonidos fuertes son las bocinas de los camiones, el sonido de los motores de los aviones al despegar y aterrizar y las sirenas de los carros de policías y bomberos.
Algunos ejemplos de sonidos suaves son el maullido de un gatito, el canto del coquí y el gorjeo de los pájaros.

MATERIALES: Un tambor, una campana, cascabeles, una pandereta, una venda para los ojos.

PROCEDIMIENTO: Pruebe el sonido de los instrumentos que se usarán en la actividad para determinar cuáles producen sonidos fuertes y cuáles producen sonidos suaves. El tambor y la pandereta deben producir sonidos más fuertes que la campana y los cascabeles.

Comience la actividad conversando sobre los instrumentos que se usarán. Hablen sobre sus nombres y usos, y si el niño ha tenido oportunidad de tocarlos antes. Invite al niño a tocarlos para que descubra el sonido que producen.

Luego, cubra los ojos del niño con la venda. Haga que escuche cada uno de los sonidos para que identifique cuál es más fuerte y cuál es más suave. Quite la venda de sus ojos para cotejar con él las contestaciones. Vuelva a dar al niño la oportunidad de tocar los instrumentos de manera que pueda darse cuenta de cuáles son los sonidos fuertes y cuáles son suaves. En el diálogo, pregunte al niño si puede mencionar otros sonidos fuertes y suaves.

OBSERVACIONES: Esta actividad puede variarse usando un casete en el cual previamente se han grabado diversos sonidos fuertes y suaves, como por ejemplo, el sonido de una puerta al cerrarse violentamente, la bocina de un carro, el sonido de una tapa de metal al caer al suelo, una persona pitando, el sonido que produce el papel al arrugarse y otros. En esta variación, el objetivo es que el niño también identifique cuáles son los sonidos más fuertes y los más suaves.

C14

Área: Desarrollo físico.
Subtema: Percepción auditiva.
Título: ¿Qué objeto produce ese sonido?

OBJETIVO: El niño identificará el objeto al escuchar el sonido que produce.

CONCEPTOS: Del sonido de diversos objetos.

DESTREZA: Identificar el objeto por el sonido que produce.

IDEAS FUNDAMENTALES: Muchos objetos producen sonidos al tocarlos o manipularlos.
Estos sonidos son particulares de los objetos que los producen.
Al escuchar estos sonidos, podemos tratar de identificar los objetos que los produjeron.
Algunos ejemplos de objetos que pueden identificarse por el sonido que producen son un carro al prenderse, una sierra al cortar madera, la bocina de un camión, una puerta que se abre y se cierra, una persona que grita, un bebé al llorar y otros.

MATERIALES: Grabadora y casete.

PROCEDIMIENTOS: Use una grabadora pequeña y un casete para grabar diversos sonidos con los cuales el niño esté familiarizado. Siéntese con el niño en un lugar donde ambos estén cómodos. Inicialmente, converse con el niño sobre la grabadora. Pregúntele si ha visto una antes; si la ha usado; si ha escuchado su voz grabada. Permita que explore las posibilidades de la grabadora antes de comenzar la actividad. Luego explíquele lo que contiene la casete y el objetivo de la actividad. Pídale que escuche atentamente para que trate de identificar los objetos que producen cada uno de los sonidos que escuchará. Al concluir la actividad, vuelvan a escuchar los sonidos para repasar las contestaciones del niño.

OBSERVACIONES: Para variar la actividad puede usar objetos concretos familiares al niño, como, por ejemplo, un pedazo u objeto de madera, un vaso de cristal, un objeto de plástico, metal y otros. En este caso, los niños cierran los ojos mientras el maestro golpea cada objeto. El objetivo es que traten de adivinar qué objeto fue golpeado (Irvin, 1970).

Una manera excelente de hacer conscientes a los niños del sentido del oído, es sacarlos en excursiones por la comunidad para que escuchen atentamente los sonidos del barrio. El objetivo es que traten de identificar los sonidos característicos del vecindario, por ejemplo, la campana de la iglesia, el sonido de las olas del mar —si la comunidad está cerca de la playa— de una quebrada, de las hojas de los árboles al ser agitadas por el viento, del viento, de los carros y otros. A medida que se desarrolla la excursión, converse con los niños sobre los sonidos que se escuchan y hágales preguntas abiertas sobre ellos.

¿Qué creen ustedes que produce ese sonido?
¿Dónde hemos escuchado este sonido antes?
¿Qué tipo de sonido será éste? ¿Fuerte, suave, agradable, desagradable?

Al regresar de la excursión, siéntese con los niños en un cerco y continúe conversando sobre lo que escucharon. Aproveche la oportunidad para hablar con los niños del oído, de cómo escuchamos por medio de los oídos y de cómo hay personas que no pueden oír.

C15

Área: Desarrollo físico.
Subtema: Percepción auditiva.
Título: Las voces de mis compañeros.

OBJETIVO: El niño identificará las voces de sus compañeros al escucharlas en una grabadora.

CONCEPTO: Voz.

DESTREZA: Identificar las voces de los compañeros al escucharlas en una grabadora.

IDEAS FUNDAMENTALES: Cada persona tiene un timbre de voz distinto y único.

Si escuchamos con atención, podemos identificar a la persona por el timbre de su voz.

El timbre de mi voz es distinto al timbre de la voz de mis compañeros.

MATERIALES: Grabadora y casete.

PROCEDIMIENTO: Esta actividad se divide en dos partes.

En la primera parte, traiga la grabadora al salón para que los niños se familiaricen con ella y exploren sus posibilidades. Una vez que los niños hayan tenido suficiente tiempo para descubrir las posibilidades de la grabadora, grabe las voces de los niños, una por una. Asegúrese de que los niños no se identifiquen por sus nombres en la grabación. Posteriormente, repase la grabación para hacer una lista de los nombres de los participantes, en el orden en que aparecen.

En la segunda parte de la actividad, que debe realizarse en otra ocasión, traiga la grabadora y la casete al salón para que los niños escuchen la grabación. El objetivo es determinar si los niños pueden identificar a sus compañeros por los timbres de sus voces.

OBSERVACIONES: Varíe la actividad de la siguiente manera. Solicite a los niños que cierren los ojos. Luego, escoja uno de los niños para que se pare frente al grupo y diga una o dos oraciones. Los demás niños deben tratar de identificarlo por su voz.

REFERENCIAS

Broman, B.L. (1982). *The Early Years in Childhood Education*. Boston: Houghton Mifflin Company.

Cherry, C. (1978) *Creative Movement for the Developing Child*. Belmont, California: Fearon Publishers, Inc.

Connor, F.P. y B. Van Witsen (1973). *Perceptual Training Activities Handbook*. New York: Teachers College Press.

González de Flores, E. (1982). *Educar el movimiento*. Río Piedras, Puerto Rico: Editorial Flores.

Irvin, S.M. (1970). *Improving Motor-perceptual Skills*. Corvallis, Oregon: Continuing Education Publications.

Kamii, C. y R. De Vries (1980). *Group Games in Early Education*. Washington, D.C.: National Association for the Education of Young Children.

Murphy, G. (1958). *Human Potentialities*. New York: Basic Books, Inc.

Porter, L. (1969). *Movement Education for Children*. Washington, D.C.: NEA.

Riley, M., K.R. Barett, T.J. Martinek y M.A. Robertson (1981). *Los niños y jóvenes en acción: Actividades físicas y deportes*. Washington, D.C.: Departamento de Salud y Servicios Humanos.

Schickedanz, J.A., M.E. York, I. Santos Stewart y D. White (1977). *Strategies for Teaching Young Children*. Englewood Cliffs, New Jersey: Prentice Hall.

Shurr, E. (1975). *Movement Experiences for Children*. Englewoods Cliffs, New Jersey: Prentice Hall.

Unidad para el desarrollo social

INTRODUCCIÓN

El desarrollo social en los años preescolares es el proceso mediante el cual se adquieren los hábitos, los valores, las metas y los conocimientos que permitirán funcionar, adaptarse y readaptarse satisfactoriamente a la sociedad (Maccoby, 1980). En este proceso, la familia y la escuela son los factores fundamentales. En el caso de los niños preescolares, la influencia socializadora de la escuela es sustituida por el centro de desarrollo del niño. En esta etapa temprana de la vida, muchos preescolares pasan todo el día en el centro, conviviendo con otros niños y adultos que no están relacionados consanguíneamente con ellos. Es evidente, pues, que el proceso de socialización de estos niños se ve marcadamente influido por los valores, las actitudes y los hábitos de personas extrañas a la familia. Sin embargo, en el proceso de desarrollo social entran en juego otras fuerzas distintas a las sociales. Estas son las tendencias de desarrollo en la edad temprana.

A lo largo de los años, las tendencias del desarrollo que inciden en el proceso de socialización, se han visto desde distintos puntos de vista. Sigmund Freud, por ejemplo, pensaba que los niños eran presa de instintos irracionales marcadamente sexuales. Su visión sobre el proceso de desarrollo social se enmarcaba en la idea de que, a medida que la sociedad impone sobre los niños las normas de conducta socialmente aceptadas, se desarrolla el Superego, o la conciencia. Este componente de la estructura de la personalidad entra en conflicto con los impulsos irracionales que Freud llamó Id. El tercer componente de la estructura de la personalidad —el Ego— surge de la resolución del conflicto entre el Id y el Superego.

Para Erik Erikson, por el contrario, el proceso de socialización provee de la oportunidad para que los niños resuelvan las diversas crisis con las que se confrontan en sus vidas (ver capítulo 1 para un análisis detallado de la teoría de desarrollo psicosocial de Erikson). A diferencia de Freud —que puso todo el acento en la sexualidad infantil y en su restricción social como base para el desarrollo de la personalidad— Erikson recalcó la interacción social como el medio ideal para desarrollar una personalidad balanceada, restando importancia a lo sexual como único elemento en el desarrollo.

Por otro lado, para los teóricos conductistas, como John B. Watson y B.F. Skinner, el desarrollo social se fundamenta en conductas aprendidas a base de asociaciones, de conexiones y del establecimiento de cadenas de estímulos-respuestas que dependen enteramente de la influencia del ambiente social. A la luz de esta visión, los padres y otros adultos cercanos al niño son quienes "socializan" al brindar los refuerzos, los castigos y el modelaje de la conducta social aceptada (Maccoby, 1980). En este proceso, la imitación de la conducta del adulto desempeña un papel importante. Bandura (1969) ha señalado que la influencia de la imitación es tan contundente, que los refuerzos concretos a la conducta del niño muchas veces no son necesarios. O sea, que, únicamente por observación, el niño aprende una variedad de conductas sociales. Este marco teórico presenta una visión unilateral del proceso de socialización que emerge de los adultos —modelos— hacia los niños.

En años recientes, teóricos de enfoque cognoscitivo han planteado una teoría alterna sobre el desarrollo social. De las investigaciones de Jean Piaget y Lawrence Kohlberg, se desprende que el proceso de desarrollo social ocurre por etapas que están ligadas al proceso de desarrollo cognoscitivo y moral[1] (Kohlberg,1969; Piaget, 1932). Estas etapas son el resultado de la interacción con el ambiente social. A la luz de este punto de vista, fomentar el desarrollo social es facilitar su progreso a lo largo de varias etapas de razonamiento que llevan a adoptar conceptos sobre la interacción social y la moral, que, a su vez, se reflejan en la conducta social. Este marco teórico define el proceso de socialización como recíproco, por medio del cual el individuo activamente se adapta y readapta a la sociedad y a sus demandas (Maccoby, 1980).

COMPONENTES DEL DESARROLLO SOCIAL

El desarrollo social consta de dos componentes esenciales. Por un lado, la cognición social, y, por otro, las destrezas de interacción social. La cognición social se define como la conceptualización y comprensión de la propia conducta social y la de los otros (Moore, 1979). El estudio de la cognición social se enmarca en el marco teórico cognoscitivo-interaccionista, del cual Jean Piaget es su mejor exponente. Aunque Piaget no estudió la cognición social explícitamente, sí planteó que es posible hablar de conocimiento social como un fenómeno distinto del conocimiento físico sobre los objetos y del conocimiento lógico-matemático. Según Piaget, el conocimiento social es arbitrario; se "aprende" en interacción con los demás (ver el capítulo 1 para una explicación sobre los tipos de conocimiento según Piaget y, particularmente, sobre el conocimiento social). Sin embargo, el conocimiento social no es una mera acumulación de información sobre los demás. Tampoco se basa únicamente en la observación o el modelaje. La cognición social implica organizar el conocimiento social en sistemas significativos de creencias en torno a las personas y sus comportamientos (Shantz, 1975).

La literatura pedagógica señala que la cognición social incluye varios aspectos (Maccoby, 1980; Moore, 1979; Lewis and Brooks-Gunn, 1979; Pope Edwards, 1986; Stengel, 1982):

- el conocimiento del yo,
- la distinción conceptual entre el yo y los demás,
- el concepto de la familia,
- el concepto de la edad,
- el concepto del género y del papel sexual correspondiente,
- el desarrollo de la capacidad para desempeñar otros papeles (*role-taking*),
- el desarrollo de reglas morales, valores y de otros conceptos sociales que guían el comportamiento,
- el desarrollo del concepto de la amistad.

Por otro lado, las destrezas de interacción social incluyen (Hillard, 1978; Sterling Honing, 1982):

- los patrones generales de interacción prosocial tales como mostrar preocupación por los demás, empatía,[2] consolar al que sufre, ayudar al necesitado, defender al débil, compartir y cooperar,
- la capacidad para resolver problemas de interacción social en forma aceptable,
- la capacidad para relacionarse y negociar efectivamente con otros,
- la capacidad para respetar las reglas de convivencia.

Tanto la cognición social como las destrezas de interacción social se traducirán en niños socialmente competentes. Un niño que es socialmente competente está dispuesto a experimentar vivencias nuevas, a interactuar con personas poco familiares y se caracteriza por una gran curiosidad

---

[1] Moral — según Berkowitz (1964), son acciones que cumplen con los estándares aceptados sobre comportamiento correcto.

[2] Empatía — capacidad para responder a las situaciones de los demás.

(Hillard, 1978). Estas características repercuten en el proceso de desarrollo integral, pero, sobre todo, en lo que compete al desarrollo cognoscitivo. Por otro lado, todo parece indicar que la competencia social en el niño preescolar podría ser un buen predictor de ajuste social en el futuro (Rogers and Doerre Ross, 1986).

Un aspecto que incide en el desarrollo de la competencia social son las oportunidades que tenga el niño para interactuar con un mínimo de intervención de los adultos, como, por ejemplo, al participar en juegos sociodramáticos grupales y en juego con bloques (Charlesworth y Hartup, 1967; Rogers and Doerre Ross, 1986). Esto significa, que la interacción social significativa no sólo debe ocurrir con adultos sino con los pares o compañeros, ya que fomenta varios aspectos particulares del desarrollo (Hanzen, 1984):

- la construcción de valores morales,
- las destrezas de comunicación,
- la habilidad para manejar la agresividad (Hartup, 1978),
- proporcionan apoyo emocional (Freud y Dana, 1951),
- facilitan el desarrollo cognoscitivo y enriquecen el juego sociodramático (Asher, Renshaw y Hymed, 1982).

La visión del mundo de los niños depende de la calidad de las interacciones sociales que hayan establecido (Hillard, 1978). Un niño socialmente competente desarrollará una visión de mundo distinta a la de un niño que presente dificultades para relacionarse con los demás, ya que la calidad de sus interacciones será marcadamente distinta a la del niño competente. Un ejemplo de esto son los niños que presentan dificultades para interactuar socialmente con otros niños, quienes tienden a ser rechazados socialmente. Estos niños desarrollan una autoestima baja y tienden a acercarse a los demás usando patrones de interacción cargados de hostilidad y de agresividad (Hazen, 1984).

Según Hazen (1984), en el centro preescolar se identifican cuatro tipos de niños con distintos niveles de desarrollo en cuanto a sus competencias y destrezas de interacción social:

- el niño popular — este es el niño que es buen comunicador, que, al jugar con otros, enfoca su atención en los compañeros de juego más que en sí mismo, que usa patrones de interacción flexibles y domina una amplia gama de estrategias para iniciar interacciones sociales; cuando rechaza a sus compañeros de juego o sugerencias que hacen éstos, da razones y plantea alternativas

- el niño controversial — es muy parecido al niño popular ya que es un buen comunicador. Sin embargo, al acercarse a grupos de juego como un intruso, recalca más sus necesidades que la interacción del juego

- el niño ignorado — tiende a participar con frecuencia en el juego solitario, recibe menos invitaciones para jugar y carece de una variedad de estrategias para iniciar actividades de juego con otros niños. Su lenguaje es más egocéntrico; al acercarse a una situación de juego como intruso, es poco comunicativo, observa por mucho rato y parece preferir ser ignorado a ser rechazado

- el niño rechazado — trata de ser invitado o de insertarse en situaciones de juego pero se le invita a participar con poca frecuencia. Otros niños le prestan poca atención. Posee un repertorio de estrategias de iniciación de interacciones sociales bastante limitado, poco coherentes o inapropiadas para la situación de juego en cuestión. Sus interacciones sociales son inflexibles y estereotipadas.

La literatura pedagógica señala que las destrezas de interacción social no sólo dependen de la capacidad para relacionarse con otros, sino de la capacidad cognoscitiva del niño. Según Rogers y Dorre Ross (1986) las destrezas de interacción social en los niños preescolares requieren de tres capacidades cognoscitivas importantes:

1. la capacidad para evaluar lo que ocurre en determinada situación social.

2. la capacidad para percibir, reconocer e interpretar correctamente las acciones y necesidades de otros niños en una situación de juego.

3. la capacidad para imaginar posibles cursos de acción y seleccionar el más apropiado.

No empece lo anterior, Piaget planteó que el egocentrismo que caracteriza el funcionamiento cognoscitivo de los niños preescolares, les impide ponerse en el lugar de los demás hasta los siete u ocho años de edad. Los estudios sobre desarrollo social en la niñez señalan que la habilidad de ponerse en el lugar de los demás es fundamental para el refinamiento de las destrezas de interacción social y para el desarrollo del conocimiento social.

Es evidente que lo anterior implica que el maestro deberá estimular la interacción y la cognición social en niños de tres a cinco años, por medio del desarrollo del programa diario y de actividades espontáneas dirigidas al establecimiento de relaciones sociales más efectivas. De hecho, un maestro, conocedor del curso de desarrollo social del niño preescolar y de los factores que inciden en este proceso, conscientemente aprovechará las situaciones que surgen espontáneamente en el centro para estimular el ejercicio de las tres capacidades cognoscitivas antes mencionadas, tanto como de estrategias positivas de interacción social. Aunque este capítulo incluye actividades dirigidas, cuyo fin es el desarrollo de las destrezas de interacción prosocial, no se puede perder de vista que la interacción prosocial emerge de una compleja red de interacciones sociales cotidianas que no se planifican. Estas son las vivencias de la vida diaria que ocurren en el centro, en la escuela, en el hogar y en la comunidad.

Es necesario que el maestro esté consciente de que durante el transcurso del día surgen un sinnúmero de oportunidades para establecer patrones de interacción prosocial. Algunos ejemplos de estos momentos se dan al llegar por la mañana y dar los buenos días; a la hora del almuerzo, al responsabilizar a uno o dos niños, en turnos rotatorios, de poner la mesa; al recoger después del almuerzo; al sacar y guardar los materiales educativos; al despedirse en la tarde; al celebrar el cumpleaños de alguno de los niños y otros. Es mediante estas interacciones cotidianas cómo los niños se familiarizan y ensayan patrones positivos de interacción social.

EL DESARROLLO MORAL Y LOS VALORES

De acuerdo con el marco cognoscitivo-interaccionista y con la teoría de Jean Piaget, la moral y, por ende, el desarrollo de valores, emergen de los procesos de desarrollo cognoscitivo (Pope Edwards, 1986; Stengel, 1982). La moral no debe confundirse con los valores, aunque ambos términos están íntimamente relacionados. Los valores son opiniones que no necesariamente son morales. Esto se debe a que los valores no son de aplicación universal, mientras que las opiniones morales sí lo son. Un ejemplo de esta distinción es el concepto que tengamos del valor de la vida humana, o de la libertad, frente a la preferencia religiosa o al valor que se atribuye a las cosas materiales (Thomas, 1992). Por otro lado, las decisiones morales envuelven dos etapas. Primero, la interpretación de la situación social a la luz de cómo se afecta el bienestar de los demás por las acciones que llevamos a cabo; segundo, la decisión sobre qué es "correcto" hacer (Pope Edwards, 1986; Rest, 1983).

Hoy en día, más que nunca antes, se piensa que la capacidad para hacer juicios morales, tanto como los valores, se desarrollan, no se adquieren. Esto implica, que ni la moral ni los valores pueden "enseñarse" en el sentido conductista tradicional como se enseña a contar o a trazar letras. Por el contrario, son procesos que dependen, por un lado, de la secuencia de desarrollo intelectual del niño, y, por otro, de interacciones —o "vivencias"— con un medio social que le permita confrontarse con dilemas sociales que requieran elaborar una opinión y, posteriormente, asumir una posición libremente.

Lawrence Kohlberg (1969), utilizó la teoría de Piaget como punto de partida para estudiar el desarrollo moral a lo largo del ciclo de vida. Kohlberg encontró que los niños y los adultos en diversas etapas de desarrollo, al confrontarse con los mismos dilemas sociales, forman juicios morales distintos que resultan de la evaluación que hacen de estas situaciones. Durante 20 años de investigaciones, Kohlberg identificó seis etapas de desarrollo moral:

• Etapa 1 — los juicios morales sobre lo que es bueno o malo están condicionados por los castigos o recompensas que se reciben, con independencia del significado humano de la acción premiada o castigada.

• Etapa 2 — en esta etapa, el razonamiento moral está encaminado a satisfacer las propias necesidades antes que las necesidades de los demás, aunque ya comienza a emerger un sentido de reciprocidad práctico ("si tú me ayudas, yo te ayudo").

• Etapa 3 — el comportamiento moral se define con relación a los actos que complacen a los demás. O sea, una persona es "buena" o "mala", dependiendo de si se comporta o no como determina y espera el grupo.

• Etapa 4 — esta etapa se caracteriza por la orientación hacia la autoridad y las leyes como bases para mantener el orden social, sin cuestionarse la justicia o la arbitrariedad de las leyes.

• Etapa 5 — los actos morales se enmarcan en una visión amplia de los derechos humanos, personales y colectivos, que se han analizado y adoptado críticamente. Aunque en esta etapa, el aspecto legal todavía es la base del pensamiento, el individuo entiende que las leyes son arbitrarias y que pueden cambiarse si atentan contra los derechos humanos.

• Etapa 6 — muy pocas personas alcanzan esta etapa, en la cual los individuos han elaborado críticamente un conjunto de principios éticos, de justicia y de igualdad humana basados en su propia conciencia, aunque no armonicen necesariamente con las leyes establecidas.

A continuación se ofrecen varias sugerencias para fomentar el desarrollo moral en el centro (Stengel, 1980):

• Evite el condicionamiento de conductas morales por medio del refuerzo.

• Evite el indoctrinamiento de valores.

• Demuestre patrones de interacción que propendan al trato justo, equitativo.

• discuta cómo el respeto a las reglas de convivencia del centro beneficia al grupo y cómo su incumplimiento les afecta.

• Permita que los niños experimenten las consecuencias lógicas y directas de sus actos.

• Estimule a los niños a encontrar soluciones a sus dilemas sociales y morales por medio de patrones de interacción verbal dirigidos a que analicen la situación desde su perspectiva de niños.

El maestro del nivel preescolar no puede perder de vista, que los niños de tres años todavía no pueden comprender las consecuencias de sus acciones, ni entender que tienen implicaciones morales. Por lo tanto, recurren con frecuencia, a actos tales como golpear, empujar, o arrebatar el juguete al compañero. Sin embargo, los niños de 4 y 5 años están más conscientes de las intenciones y motivaciones de los demás, lo que les permite empezar a juzgar la moralidad del acto (Pope Edwards, 1986).

Papeles sexuales, sexismo y desarrollo social

Vivimos en una sociedad que se ha fundamentado en ideas y prácticas sexistas milenarias. El sexismo implica pensar que las mujeres son inferiores a los hombres por virtud de su sexo. Por otro lado, también implica que las mujeres están obligadas a funcionar dentro de unos puntos de referencia altamente estereotipados. Se han esbozado dos teorías en torno a esta característica de nuestra sociedad. Algunos teóricos han propuesto que las mujeres —y niñas— tienen preferencias, gustos y capacidades distintas a las de los hombres —y niños— debido a las diferencias hormonales inherentes a cada sexo. Esta es una teoría de corte biológico (Hutt, 1972). Sin embargo, muchos teóricos sociales han cuestionado la validez de esta teoría al realizar estudios antropológicos en los que se comparan los patrones de interacción social asociados a los géneros, en varias sociedades (Maccoby y Jacklin, 1974). Estos teóricos plantean que, salvo raras excepciones, los comportamientos del hombre y de la mujer difieren debido a la crianza y a las expectativas culturales en torno a cada uno de los géneros. Esto implica que las diferencias entre ambos sexos no son dadas necesariamente por la genética, sino influidas por los procesos de desarrollo social en las diversas culturas.

Sin embargo, existe otra postura teórica que sostiene un punto de vista distinto al de las dos teorías anteriores. El marco cognoscitivo-interaccionista plantea que los niños y las niñas construyen los conceptos inherentes a su papel sexual —y al papel de los otros de su mismo sexo— a base de las experiencias que tienen con sus cuerpos y de las interacciones con el ambiente social (Sterling Honing, 1983). Por lo tanto, una crianza o educación marcada por ideas sexistas en torno a lo que pueden hacer y no pueden hacer los niños y las niñas, ejercerá una influencia definitiva en la construcción de los conceptos sobre el papel sexual y, por ende, en el comportamiento.

A la luz de la teoría cognoscitiva-interaccionista, Pope Edwards (1986) ha señalado dos supuestos sobre el desarrollo del concepto del género sexual y del papel que éste conlleva:

1. no existe una respuesta definitiva y final en torno a lo que hoy en día se define como papel femenino y papel masculino

2. la tarea de construir el concepto del género propio y de los papeles sociales que conllevan, es responsabilidad del niño y de la niña; no de los adultos que le rodean.

Según Pope Edwards (1986) existen tres términos relacionados con el desarrollo del concepto o conocimiento sobre el género que deben definirse y distinguirse. Por un lado, la identidad del género se refiere al sexo biológico del individuo; si pertenece al género masculino o femenino. Por otra parte, la identidad sexual hace referencia a la orientación sexual de la persona; si es homosexual, heterosexual, bisexual, lesbiana o asexual. Por último, el papel sexual se refiere a la preferencia de la persona por actividades que tradicionalmente se han categorizado como femeninas o masculinas.

Nilsen (1977) ha hecho varias recomendaciones para los maestros de nivel preescolar, con el fin de que eviten las prácticas sexistas en el centro. Estas prácticas se traducirán en el desarrollo de papeles sexuales más equitativos y balanceados entre ambos géneros. A continuación se presentan:

- Evite asignar a los niños a un grupo y las niñas a otro. Prefiera asignar a niños y niñas a grupos integrados, usando otros criterios que no sean el sexo, tales como el mes en el que nacieron, los colores de sus ropas, o los helados que les gustan.

- No ponga a "competir" a los niños con las niñas o a practicar deportes y juegos dividiéndolos por sexo.

- Fomente el uso de todas las áreas de interés y materiales educativos del centro tanto por las niñas como por los niños; vea como algo natural que los niños jueguen en el área del hogar con las niñas, como que las niñas trabajen en el área de carpintería o de bloques.

- En las discusiones diarias, recalque las similitudes entre los sexos, más que las diferencias.

- Evite usar el término "hombre" como vocablo genérico prefiera "persona" o "ser humano".

- No comunique a los varones aseveraciones como las siguientes:

"Los niños no lloran; sólo las nenas"

"Las niñas no se trepan por ahí; sólo los niños"

"Los niños son fuertes. ¡Mira qué molleros!"

- Estimule a los varones a expresar sus sentimientos.

- Estimule a las niñas a tratar de lograr triunfos tanto como a los niños.

- Asegúrese de dividir su atención equitativamente entre los niños y las niñas de su centro (Brooks-Gunn y Matthews, 1979; Sterling Honing, 1983).

Es evidente que el maestro del nivel preescolar puede hacer mucho, con las actividades del programa diario, para ayudar a los niños y a las niñas a construir conocimiento sobre su género sexual y otros conceptos análogos, tanto como a desarrollar patrones de interacción que armonicen con dichos conceptos. Más adelante, en este capítulo, se presentarán algunas actividades que el maestro podrá desarrollar con estos propósitos.

ESTRATEGIAS GENERALES PARA FOMENTAR EL DESARROLLO SOCIAL

La literatura pedagógica contemporánea indica que hay varias estrategias efectivas para fomentar el desarrollo social entre los niños y las niñas preescolares. A continuación se resumen dichas estrategias:

1. Interactuar con adultos cuya conducta sea prosocial, que se preocupen y nutran el desarrollo y el bienestar de los niños y las niñas (Sterling Honing, 1982).

2. Invertir papeles o roles, también conocido como *role-taking* (Kohlberg, 1969).

3. Participar en juegos sociodramáticos espontáneos o estructurados (Christie,1982) en los que se desempeñan indistintamente papeles femeninos y masculinos que tradicionalmente han estado estereotipados (Derman-Sparks and the ABC Task Force, 1989).

4. Identificar sentimientos por medio de la interpretación de láminas (Yarrow, Scott y Waxler, 1973).

5. Discutir problemas y dilemas socio-morales que surgen en la interacción social diaria, tales como competir, recoger, limpiar, tratar a otros con cortesía, esperar el turno, y otros (Stengel, 1982; Shure y Spivak, 1978).

6. Identificar y discutir los sentimientos propios en torno a los demás, tales como alegría, tristeza, coraje, envidia y otros.

7. Considerar las consecuencias de los propios actos.

8. Responder y ayudar a víctimas reales (Sterling Honing, 1982).

9. Identificar y establecer reglas de convivencia en el centro (Stengel, 1982).

10. Usar el interrogante ¿Por qué? (Stengel, 1982).

11. Intercambiar diversos puntos de vista sobre un asunto; usar preguntas tales como "¿Alguno tiene otra sugerencia?, ¿Alguien tiene una opinión distinta?"

12. Esperar el turno para hablar (Stengel, 1982).

OBJETIVOS EN TORNO AL DESARROLLO SOCIAL DEL NIÑO PREESCOLAR

A continuación se presenta el objetivo general y objetivos particulares de esta unidad:

OBJETIVO GENERAL

Por medio de las estrategias curriculares, los niños tendrán oportunidades para adquirir conocimiento social y desarrollar destrezas de interacción social mediante actividades variadas que fomenten el conocimiento del yo, de la familia y de la comunidad donde viven; la interacción prosocial; el sentido de solidaridad de grupo y la cooperación; el desarrollo de la moral, los valores y la empatía; y la clarificación de papeles y actitudes sociales no sexistas asociadas al género.

OBJETIVOS PARTICULARES

A. Objetivos para estimular el conocimiento del yo, de la familia y de la comunidad donde viven.

A1 • El niño identificará algunas de sus características físicas que lo diferencian de los demás niños.

A2 • El niño trazará un dibujo de tamaño natural de su cuerpo.

A3 • El niño identificará sus manos y dedos como parte de su yo.

A4 • El niño mencionará aquellas cosas que le gusta hacer.

A5 • El niño mencionará algunos rasgos que caracterizan su yo.

A6 • El niño elaborará un mosaico con su nombre.

A7 • El niño identificará la fecha de su cumpleaños.

A8 • El niño comparará su edad y su estatura con la edad y estatura de los demás niños.

A9 • El niño verbalizará aquellas actividades que puede realizar.

A10 • El niño identificará los miembros de su familia.

A11 • El niño identificará los miembros de su familia a base de sus diferencias de edades.

A12 • El niño identificará la relación familiar que existe entre los miembros de la familia.

A13 • El niño representará varios papeles que representan a los miembros de la familia.

A14 • El niño relacionará las letras M, P, A, y B, con las palabras mamá, papá, abuela, abuelo y bebé, tanto en forma oral como en forma escrita.

A15 • El niño identificará el número de miembros de su familia.

A16 • El niño dictará un relato breve sobre su familia.

A17 • El niño identificará aspectos y lugares clave de la comunidad donde vive.

A18 • El niño marcará los lugares clave de su comunidad en un "mapa" que dibujará.

A19 • El niño se familiarizará con el valor y uso del dinero en la comunidad.

A20 • El niño identificará los servidores públicos que trabajan en su comunidad y los papeles que desempeñan.

B. Objetivos para estimular la interacción prosocial, la solidaridad de grupo y la cooperación.

B1 • El niño ejercitará patrones de interacción prosocial dirigidos a esperar su turno y a participar en grupo activamente.

B2 • El niño colocará los platos, las servilletas, los cubiertos y los vasos en la mesa correctamente.

B3 • El niño colocará los materiales educativos en su lugar, una vez que haya terminado de usarlos.

B4 • El niño compartirá el desempeño de las tareas que deben realizarse en el centro.

B5 • El niño creará el final de un cuento, cuya trama se basa en una interacción social donde es necesario demostrar solidaridad y sentido de cooperación.

C. Objetivos para fomentar el desarrollo moral, los valores y la empatía.

C1 • El niño propondrá alternativas moralmente aceptables para resolver un dilema de interacción social.

C2 • El niño juzgará un dilema social a base del propósito subjetivo frente al propósito objetivo de una acción.

C3 • El niño planteará alternativas moralmente aceptables en torno al acto de compartir con los demás.

C4 • El niño establecerá la relación entre el acto de mentir y sus consecuencias.

C5 • El niño planteará alternativas moralmente aceptables en torno al incumplimiento de responsabilidades.

C6 • El niño adoptará el punto de vista de otros al escoger el regalo más apropiado para cada miembro de la familia.

C7 • El niño imaginará cómo se sienten los niños no videntes.

C8 • El niño imaginará cómo se siente un niño que no puede oír.

C9 • El niño imaginará cómo se siente un niño que no puede caminar.

C10 • El niño identificará los sentimientos que comunican las expresiones de la cara.

C11 • El niño responderá con una conducta compasiva ante una víctima que sufre una caída.

D. Objetivos para clarificar conceptos de identidad sexual, papeles y actitudes no sexistas asociadas al género.

D1 • El niño identificará aquellos aspectos que hacen que un individuo sea niño o niña.

D2 • El niño clarificará algunos papeles estereotipados asociados a los géneros.

D3 • El niño identificará vestimentas y papeles asociados a los géneros masculino y femenino.

D4 • El niño clarificará los papeles asociados al hombre y a la mujer, de una manera no sexista.

A

Actividades para estimular el conocimiento del yo, de la familia y de la comunidad donde viven

(Coletta y Coletta, 1988a;
Coletta y Coletta, 1988b;
Pope Edwards, 1986;
Shickedanz, York, Stewart y White, 1977)

123

Área: Desarrollo social.
Subtema: Conocimiento del yo.
Título: ¿Cómo soy yo?

OBJETIVO: El niño identificará algunas de las características físicas que lo diferencian de los demás niños.

CONCEPTOS: Características físicas.
                 El yo.

DESTREZAS: Trazar un dibujo de sí mismo.

IDEAS FUNDAMENTALES: Yo soy diferente a los demás niños.
                 Mis características físicas me diferencian de los otros niños.
                 Algunas de esas características físicas son mi estatura, el color y la textura de mi pelo, el color de mis ojos, el timbre de mi voz y mi peso.

MATERIALES: Dos espejos de mano de 6" de diámetro, al menos; papel de dibujo, creyones y marcadores de colores.

PROCEDIMIENTO: Reúna a los niños en dos grupos. En cada grupo debe haber un adulto. Inicie la actividad conversando con los niños sobre características físicas concretas. Comience el diálogo con preguntas como las siguientes:

¿Han observado ustedes cómo cada uno de los niños de este centro es diferente?
¿Qué será lo que hace a cada uno de nosotros diferente de los demás?

Seleccione dos voluntarios cuyos rasgos físicos difieran marcadamente y pídales pasar al centro del grupo. Invite al grupo a observar con detenimiento las características físicas de ambos niños. Luego pida al grupo que mencionen aspectos particulares de la fisonomía de ambos niños que los distingan entre sí. Si los niños tienen dificultades para identificar dichas características, ayúdelos describiendo las diferencias físicas entre ambos. Diga por ejemplo:

"Vamos a observar cuidadosamente a Antonio y a José. Antonio es más alto que José, tiene el pelo rizo y marrón, los ojos verdes. José, por el contrario, es más bajo de estatura que Antonio, tiene el pelo lacio y rubio y los ojos negros. Como vemos, Antonio y José son diferentes entre sí, y algunas de las características que los diferencian son la estatura —cuán altos o bajos son—, el pelo y el color de los ojos."

Una vez introducida la actividad, solicite otros dos voluntarios. En esta ocasión, provea a cada uno de un espejo y pídales que se observen con cuidado para mencionar qué características físicas los diferencian. Esto implica que cada niño tratará de describirse en cuanto al color de pelo, si lo tiene lacio o rizo, a su estatura y otros. Si los niños tienen dificultad para realizar la actividad, ayúdelos describiendo sus rasgos físicos más sobresalientes. Luego, repita la actividad con dos voluntarios más.

Concluya la actividad proveyendo a los niños de papel de dibujo, creyones y marcadores para que cada uno se dibuje a sí mismo. Rotule los dibujos con los nombres de los niños y exhíbalos en un tablón de edictos titulado "Este soy yo".

OBSERVACIONES: Probablemente, los niños de tres años tendrán algunas dificultades para participar activamente en la primera etapa de la actividad. Si este es el caso, permítales observar o invítelos a brindarse como voluntarios para que los demás niños identifiquen sus características físicas. La última parte de la actividad, en la cual se dibujarán a sí mismos, no debe presentar mayores dificultades. Recuerde que los dibujos que producirán los niños —dependiendo de sus niveles de desarrollo— no serán realistas. Algunos niños producirán garabatos, otros trazarán figuras esquemáticas en las que la cabeza, los brazos y las piernas son el centro de atención. Probablemente, los niños de mayor edad y experiencia con el dibujo, trazarán imágenes un poco más reconocibles.

Área: Desarrollo social.
Subtema: Conocimiento del yo.
Título: Mi cuerpo es parte de mi yo.

OBJETIVO: El niño trazará un dibujo de tamaño natural de su cuerpo.

CONCEPTO: Del propio cuerpo como parte del yo.
De las partes del cuerpo.

DESTREZA: Trazar un dibujo de su cuerpo.
Recortar.

IDEAS FUNDAMENTALES: Mi cuerpo es parte de mi yo.
Algunas partes de mi cuerpo son la cabeza, el cuello, los hombros, los brazos, las manos, el pecho, la espalda, las piernas y los pies.
Al conocer mi cuerpo, conozco también mi yo.

MATERIALES: Papel de estraza (papel marrón de envolver paquetes que viene en rollos de 3' de ancho), creyones, marcadores, tijeras.

PROCEDIMIENTO: Reúna a los niños en un cerco en el piso. Converse con ellos sobre sus cuerpos. Inicie el diálogo con preguntas tales como:

¿Cuáles son las partes de nuestro cuerpo?
¿Alguien puede nombrarlas?
¿Qué hacemos con cada una de las partes del cuerpo:

con la cabeza,
con el cuello,
con los hombros,
con los brazos,
con las manos,
con el pecho,
con las piernas,
con los pies?

Continúe conversando con el grupo sobre cómo las partes nombradas forman el cuerpo de cada uno de nosotros; cuerpo que es muy nuestro y que tenemos que cuidar y proteger.

Invite a los niños a expresar cómo ellos creen que se debe cuidar y proteger el cuerpo; como por ejemplo, manteniéndolo limpio, comiéndose todos los alimentos, visitando al doctor y al dentista con frecuencia, y otros.

Luego provea de un pedazo de papel de estraza a cada niño, lo suficientemente grande para que pueda hacer un dibujo de tamaño natural de su cuerpo. Provea también de marcadores y creyones de diversos colores. Una vez que los niños terminen de hacer los dibujos, cada uno deberá recortar el suyo alrededor de la silueta trazada. Rotúlelos con los nombres de los niños y péguelos en una pared para exhibirlos. Los niños que ya han desarrollado suficiente destreza en el uso de las tijeras, deben recortar sus propios dibujos.

OBSERVACIONES: Es probable que los niños de tres años tengan dificultades para dibujar la imagen de su cuerpo. Algunos quizás, todavía estarán en la etapa del garabato con nombre; otros, estarán dibujando renacuajos:

En estos casos, recorte, rotule y exhiba estos dibujos con el mismo entusiasmo que los que muestran imágenes reconocibles.

Área: Desarrollo social.
Subtema: Conocimiento del yo.
Título: Mis manos y mis dedos.

OBJETIVO: El niño identificará sus manos y dedos como parte de su yo.

CONCEPTOS: Las manos.
La mano derecha.
La mano izquierda.
Los dedos.
El dedo pulgar.
El dedo índice.
El dedo del corazón.
El dedo anular.
El dedo meñique.

DESTREZAS: Usar las manos para crear impresiones gráficas.
Usar los dedos para crear impresiones gráficas.

MATERIALES: Papel de dibujo de 12" X 12", pintura dactilar (comercial o preparada en el centro; por favor, ver la página 82 para la receta), un delantal plástico para cada niño, agua y esponja para limpiar.

PROCEDIMIENTO: Provea de papeles de dibujo y de la pintura dactilar. Asegúrese de echar la pintura en recipientes llanos y anchos, donde quepan las manos de los niños. Explíqueles que el propósito de la actividad es que se humedezcan las manos en la pintura y cuidadosamente las presionen encima del papel de manera que dejen una impresión gráfica. Las manos no deben estar excesivamente mojadas, ya que la impresión no quedaría bien.

Es conveniente que permita que los niños exploren la técnica por algún rato, antes de que el niño seleccione el trabajo que habrá de exhibirse. Rotule el trabajo seleccionado con el nombre del niño y colóquelo en un lugar donde todos puedan verlo. Si el niño puede escribir su nombre —aunque parezca un garabato— permita que rotule su trabajo.

OBSERVACIONES: Después que el niño haya tenido bastante experiencia con esta técnica, invítelo a crear impresiones usando sólo sus dedos. Esta es una magnífica oportunidad para que los niños aprendan a reconocer cada uno de sus dedos por sus nombres. Escriba con el niño el nombre de cada dedo impreso debajo de la imagen en el papel.

Capítulo Tres

A4

Área: Desarrollo social.
Subtema: Conocimiento del yo.
Título: Lo que me gusta hacer.

Objetivo: El niño mencionará aquellas cosas que le gusta hacer.

Concepto: Actividades favoritas.
Mural.

Destreza: Trazar dibujos de sus actividades favoritas en un mural.

Ideas fundamentales: Hay actividades que me gusta hacer.
Algunas de las cosas que me gusta hacer son correr, pasear en carro, jugar con la bola y comer bizcocho.
A cada niño del centro le gusta hacer cosas distintas.

Materiales: Un pedazo de papel de estraza de 3' de ancho por 10' pies de largo (el largo del papel dependerá de la cantidad de niños que trabajarán en el mural ya que debe proveer al menos con 2' pies de ancho para cada niño), marcadores y creyones.

Procedimiento: Reúna a los niños en un grupo pequeño para conversar sobre las actividades que a cada uno le gusta realizar. Aproveche la oportunidad para contrastar aquellos gustos que difieren y los que son similares. Para comenzar con la conversación puede usar las siguientes preguntas:

¿Qué cosas les gusta hacer cuando están en el centro?
Y cuando salen del centro por la tarde y llegan a casa, ¿Qué les gusta hacer?
¿Por qué te gusta hacer...?
¿Has pensado alguna vez si a otras personas les gusta hacer las mismas cosas que a ti? ¿Si les gusta hacer cosas distintas?

Después de conversar un rato, pegue en la pared, un pedazo grande de papel de estraza usando cinta adhesiva de paquetes. Si no tiene una pared disponible que sea lo suficientemente grande para acomodar el papel, póngalo en el piso. Distribuya los marcadores y creyones. Pida a los niños que dibujen escenas relacionadas con las actividades que indicaron que les gustaba realizar. Explíqueles que todos van a trabajar en la misma hoja de papel para crear un mural que luego colocarán en la pared. Mencióneles, además, que el dibujo se llama mural porque, una vez terminado se colocará sobre un muro o pared. Al terminar el proyecto, coloque el mural en una pared en el interior del centro; pero, de no tener una pared disponible, colóquelo en una de las paredes externas del centro.

Área: Desarrollo social.
Subtema: Conocimiento del yo.
Título: Yo soy...

Objetivo: El niño mencionará algunos rasgos que caracterizan su yo.

Concepto: Rasgos que caracterizan su yo.

Idea fundamental: Yo soy diferente a otros niños.

Materiales: Ninguno.

Procedimiento: Siéntese en compañía de los niños en el suelo, formando un cerco.

Indíqueles que van a practicar un juego de palabras que consiste en que cada uno complete la frase que comenzará a decir el maestro. Cada vez que uno de los niños complete la frase, todos deben aplaudir una vez.

Comience usted diciendo: "Yo soy una maestra". El niño que le sigue, debe repetir la primera parte de la oración y completarla espontáneamente, como por ejemplo: "Yo soy un niño", o "Yo soy alto", o "Yo soy bonita", y otros.

Continúe con el juego hasta que todos los niños hayan tenido oportunidad de completar la frase al menos dos veces.

Observaciones: Esta actividad es apropiada para niños de cuatro y cinco años.

Área: Desarrollo social.
Subtema: Conocimiento del yo.
Título: Mi nombre. (Coletta y Coletta, 1988)

OBJETIVO: El niño elaborará un mosaico con su nombre en papel de construcción.

CONCEPTO: El nombre propio.

DESTREZA: Trazar el nombre.
Pegar pedacitos de papel sobre el trazado del nombre.

**IDEAS
FUNDAMENTALES**: Todas las personas tienen nombre.
Yo también tengo nombre.
Mi nombre me lo pusieron mi papá y mi mamá cuando yo nací.
Mi nombre puede escribirse.
Mi nombre es...

MATERIALES: Papel de construcción o cartulina de color claro, marcadores de color oscuro, pedacitos de papel de construcción de diversos colores y cortados previamente, pega blanca, tapas de envases de leche para poner la pega, palitos de algodón para poner la pega en los pedacitos de papel de construcción.

PROCEDIMIENTO: Si el niño todavía no sabe trazar su nombre escríbaselo en el papel de construcción. Asegúrese de que el niño observa como usted escribe el nombre. Si el niño puede escribir el nombre, permita que lo trace. Las letras deben tener por lo menos 2" de alto por 1" de ancho. Esto facilitará la tarea de cubrir el nombre con los pedacitos de papel. Pídale al niño que rellene la silueta del nombre, pegándole los pedacitos de papel. Si el niño tiene dudas, demúestrele cómo pegar los papelitos. Mientras el niño trabaja, converse con él sobre las letras que forman su nombre o los colores de los papelitos que está pegando. Cuando el trabajo esté terminado, exhíbalo.

OBSERVACIONES: El nombre propio del niño es un aspecto muy importante para él, ya que en esta etapa, constituye un elemento fundamental de la identidad del yo. Aproveche todas las oportunidades imprevistas en el centro para escribir los nombres de los niños, de manera que cada uno se familiarice con su nombre escrito. Es también importante estimularlos a que escriban sus nombres por sí mismos, aunque lo que produzcan parezcan meros garabatos. Con suficiente práctica y buenos modelos de sus nombres escritos, los niños serán capaces de escribir sus nombres por sí solos en un tiempo relativamente corto.

CAPÍTULO TRES

A7

Área: Desarrollo social.
Subtema: Conocimiento del yo.
Título: Mi cumpleaños.

OBJETIVO: El niño identificará la fecha de su cumpleaños.

CONCEPTO: Fecha de cumpleaños.
Edad.

IDEAS FUNDAMENTALES: Todos los niños tienen una fecha de cumpleaños.
El cumpleaños se celebra para recordar el día en que cada uno de nosotros nació.
Cada vez que celebramos el cumpleaños, cumplimos un año más.
Tanto nuestro cumpleaños como la edad que tenemos son aspectos de nuestro yo.

MATERIALES: Dos cartulinas grandes de color blanco, marcadores de colores, papel de construcción, regla, tijera, cinta adhesiva de paquetes.

PROCEDIMIENTO: Prepare el cartelón de cumpleaños pegando dos cartulinas gruesas como el modelo que se presenta a continuación.

El Cartelón de los Cumpleaños

	enero	febrero	marzo	abril	mayo	junio	julio	agosto	septiemb	octubre	noviembre	diciembre
Luis												
María		🎂										
José												
Carla					🎂							
Mario									🎂			
René												
Karen			🎂									
Olga												

En la parte superior debe estar rotulado "El cartelón de cumpleaños". Consiga de antemano las fechas de cumpleaños de todos los niños de su centro. Escriba los nombres en la columna de la izquierda y los meses del año en la parte inferior, a la derecha de la columna que lleva los nombres. Trace doce líneas verticales —una para cada mes— así como las líneas horizontales que sean necesarias para que sobre cada mes y al lado de los nombres se formen encasillados. Use papel de construcción o cartulina para crear ilustraciones de un bizcocho de cumpleaños. Prepare tantos bizcochos como niños tenga en el centro. El propósito es colocar cada bizcocho en el encasillado que corresponde al mes de nacimiento de cada niño. Si tiene un grupo grande de niños a su cargo, prepare dos o tres cartelones; esto es, un cartelón para cada diez o doce niños.

Una vez que tenga listos los materiales, reúnase con los niños en un cerco. Inicie un diálogo sobre los cumpleaños y lo que significan. Hable sobre las fiestas de cumpleaños. Pregunte quién ha tenido su cumpleaños recientemente; y si todos los niños saben las fechas de sus cumpleaños. Pida a aquellos niños que conocen dicha fecha que se la digan. También pregúnteles qué edad tienen. A medida que esto ocurra, vaya pegando con cinta adhesiva las ilustraciones de los bizcochos en los encasillados correspondientes. En caso de que haya niños que no sepan la fecha del cumpleaños, menciónela usted y pegue el bizcochito donde corresponda.

Coloque el cartel de cumpleaños en un lugar visible del salón. Haga referencia a él todos los meses, para felicitar al niño que cumpla años. En ese momento, es importante que recalque la edad que el niño tenía y la que cumple. También debe ayudar a los niños a identificar quiénes son los compañeros mayores y menores del grupo. Con toda probabilidad, los niños expresarán que aquellos que son más altos son mayores y los más bajos de estatura son menores. No obstante lo anterior, recuérdeles que lo que hace mayor o menor a un niño no es su estatura sino los años que tenga cumplidos.

Área: Desarrollo social.
Subtema: Conocimiento del yo.
Título: Mi edad y mi estatura. (Pope Edwards, 1986)

OBJETIVO: El niño comparará su edad y estatura con la edad y estatura de los demás niños.

CONCEPTOS: Edad.
Estatura.

DESTREZA: Comparar su edad y estatura con la edad y estatura de otros niños.

IDEAS FUNDAMENTALES: Cada niño tiene su edad.
La edad son los años que uno ha vivido desde que nació.
En este centro, algunos niños tienen tres años, otros tienen cuatro años y otros
tienen cinco años.
Cada niño tiene una estatura distinta.
Puede haber niños con una edad menor que tengan una estatura mayor que
otros que tienen más edad.
Al medir la estatura de cada niño, podemos compararla con la estatura de otros
niños.

MATERIALES: Un pedazo de papel de estraza de 3' X 6', marcadores de color oscuro, una
cinta métrica, cinta adhesiva.

PROCEDIMIENTO: Coloque el papel sobre una pared. Luego inicie un diálogo con los niños sobre
la actividad. Pregúnteles qué creen que van a hacer con los materiales que usted ha traído.
Discutan cómo se medirá la estatura de cada uno usando la cinta métrica. Explique lo que es
la estatura en términos de cuán alto o bajo es cada persona con relación a los demás. Proceda
a medir cada niño apoyándolo contra el papel y haciendo una marca para indicar la estatura.
Escriba el nombre del niño al lado de la marca y su estatura en pulgadas. Proceda de la misma
manera con todo el grupo, haciendo las marcas, una al lado de la otra. Cuando todas las marcas
estén hechas, trace una línea vertical desde cada marca hacia abajo, de manera que la estatura
de cada niño quede bien señalada. Continúe conversando con los niños para comparar las
marcas y, por ende, las estaturas. Use preguntas tales como:

¿Cuál de estas marcas está más arriba en el papel?
¿Cuál está más abajo?
¿Cuál de estas líneas es más larga?
¿Cuál es más corta?
¿A cuál de los niños pertenece la marca más alta y la línea más larga?
¿A cuál de los niños pertenece la marca más baja y la línea más corta?
¿Quién es, entonces, el niño más alto del centro? ¿Quién es el niño más bajo de
estatura?

Después de esta primera etapa de la actividad, pregunte a los niños sus edades.
Anótelas al lado del nombre y de la marca de la estatura. Continúe conversando con los niños,
pero, en esta ocasión, sobre qué comparación existe entre las diferentes edades y las estaturas
de cada uno. Asegúrese de que en la conversación se hable de cómo puede haber niños en
el centro de menos edad pero con una estatura mayor, y viceversa.

A9

Área: Desarrollo social.
Subtema: Conocimiento del yo.
Título: ¿Qué puedo hacer? (Coletta y Coletta, 1988)

OBJETIVO: El niño expresará con palabras aquellas actividades que puede realizar.

CONCEPTO: Actividades que puede hacer.

DESTREZA: Contestar preguntas.

IDEA FUNDAMENTAL: Cada uno de nosotros puede realizar actividades distintas.
Algunas de estas actividades son lavarse los dientes, amarrarse los zapatos, subir por una escalera, recortar, escribir el nombre y otras.

MATERIALES: Una marioneta, una bolsa marrón de supermercado de tamaño suficiente para tapar la marioneta.

PROCEDIMIENTO: Siente a los niños en un semicírculo. Usted debe sentarse frente al grupo con la marioneta en la mano. La marioneta debe estar cubierta por la bolsa marrón. Diga que hay una visita que desea conversar con ellos pero que es muy tímida y no se atreve a mostrar la cara. Estimule a los niños a que la inviten a conocerlos.

Muestre la marioneta para que se presente usando el formato convencional para una presentación: "Buenos días. Mi nombre es Marionetita Linda. ¿Quién eres tú?" Coloque la marioneta frente a cada niño de manera que todos tengan oportunidad de presentarse.

Luego, vuelva al primer niño, con quien la marioneta conversó, y diga: "Yo puedo hacer muchas cosas. Puedo pintar, recortar y amarrarme los zapatos. ¿Qué puedes hacer tú?" Espere que el niño conteste y continúe usando esta estrategia hasta que todos los niños hayan tenido oportunidad de participar.

Al concluir la actividad, la marioneta debe despedirse de los niños usando un formato convencional: "Ahora tengo que irme, pues se me ha hecho muy tarde. ¡Adiós!".

A10

Área: Desarrollo social.
Subtema: Conocimiento y aprecio de la familia.
Título: ¿Quiénes son los miembros de mi familia?

OBJETIVO: El niño identificará a los miembros de su familia.

CONCEPTO: La familia.
Miembros de la familia.
Padre.
Madre.
Abuelo/abuela.
Tío/tía.
Hermano/hermana.
Primo/prima.

DESTREZA: Dibujar.

**IDEAS
FUNDAMENTALES**:   Todos los niños tienen una familia.
La familia puede estar compuesta por estos miembros: padre, madre, hermanos, abuelos, tíos y primos.
En algunas familias, sólo vive la madre con los hijos.
En otras, sólo vive el padre con los hijos.
Otras familias están formadas por los abuelos y los nietos.

MATERIALES: cualquier cuento de tema relacionado con la familia o láminas de personas que representen los miembros de la familia, papel de dibujo, creyones de colores o pinceles y témpera.

PROCEDIMIENTO: Reúnase con los niños en un cerco. Los niños deben estar sentados en el piso cómodamente. Nárreles un cuento cuya trama esté relacionada con la familia y sus miembros. A medida que narra el cuento —y cuando sea pertinente— muestre las láminas de los distintos miembros de la familia que se mencionan en la trama. Converse sobre los miembros de sus respectivas familias. Cuídese de no recalcar el estereotipo de la familia nuclear tradicional formada por el padre, la madre y los hijos. Con mucha probabilidad en el centro habrá varios niños cuyas familias no sean tradicionales.

Después que todos hayan tenido tiempo de conversar, distribuya papeles y creyones (o pinceles y témpera) para que los niños hagan dibujos de los miembros de su familia. Luego, dialogue individualmente con cada niño para que le indique —con el fin de escribirlo en el dibujo— quiénes son los miembros de su familia que aparecen en el dibujo. Si el niño desea escribir por sí mismo —aunque lo que escriba parezcan garabatos— estimúlelo en este esfuerzo.

A11

Área: Desarrollo social.
Subtema: Conocimiento y aprecio de la familia.
Título: ¿Quiénes son mayores y menores?
(Pope Edwards, 1986)

OBJETIVO: El niño identificará a los miembros de la familia basándose en sus diferencias de edad.

CONCEPTOS:

Mayor.	Abuelos.
Menor.	Padres.
Tener más edad.	Bebé.
Tener menos edad.	Persona mayor.

DESTREZA: Identificar a los miembros de la familia que tienen más edad y los que tienen menos edad.

IDEAS FUNDAMENTALES: En las familias, los abuelos tienen más edad que los demás miembros de la familia.

Los abuelos tienen más edad porque nacieron primero que los demás miembros de la familia.

Los bebés son las personas de menor edad en la familia.

Los bebés tienen la menor edad porque fueron los últimos en nacer.

Los niños tienen más edad que los bebés; por lo tanto son mayores que los bebés.

Los abuelos y los padres son personas mayores ya que tienen más edad que los niños y los bebés.

MATERIALES: Revistas variadas con láminas a colores de envejecientes, adultos, niños y bebés, tijeras, pega, papel de construcción de color claro o cartulina, marcador de color oscuro.

PROCEDIMIENTO: Distribuya las revistas, tijeras, pega y papel de construcción entre los niños. Invítelos a buscar y recortar láminas de bebés, niños, niñas y personas mayores (como los papás y los abuelitos). Después que hayan recortado las láminas sugiérales que las organicen en cuatro grupos: los bebés, los niños y niñas, los papás y mamás y los abuelitos. Luego, reparta a cada niño cuatro papeles de construcción y la pega. El propósito es que peguen las láminas de cada grupo en un papel de construcción. Cuando hayan terminado, acérquese a cada niño para indicarle cómo rotular cada trabajo. Si el niño puede o desea escribir por sí mismo, es preferible que lo haga, aunque lo que escriba parezcan garabatos. Exhiba los trabajos en un tablón de edictos. Una vez colocados en el tablón de edictos, dialogue con los niños sobre las diferencias de edades entre los bebés, niños y niñas, papás y abuelos.

A12

Área: Desarrollo social.
Subtema: Conocimiento y aprecio de la familia.
Título: Lazos familiares.

OBJETIVO: El niño identificará la relación familiar que existe entre los miembros de la familia.

CONCEPTO: Miembros de la familia.

DESTREZA: Identificar láminas análogas a los miembros de la familia.
Recortar.
Pegar.

IDEAS FUNDAMENTALES: Los miembros de la familia son el padre, la madre, la abuela, el abuelo, el tío, la tía, los hermanos y hermanas y los primos.
Si buscamos con cuidado en revistas, encontraremos láminas de personas que nos recuerdan a los miembros de nuestra familia.

MATERIALES: Revistas variadas con láminas a colores, tijeras, pega, papel de construcción de color claro, marcadores de color oscuro.

PROCEDIMIENTO: Inicie la actividad conversando sobre los miembros de la familia. Pregunte a los niños, por ejemplo, cómo son sus abuelitos, sus mamás, papás, y otros. Pregúnteles si ellos creen que es posible encontrar láminas de personas que nos recuerden a los miembros de la familia.

Cuando hayan conversado lo suficiente, distribuya las revistas y demás materiales. Invite a los niños a recortar láminas y a pegarlas sobre papel de construcción. Rotúlelas con ellos o permita que ellos mismos escriban las categorías familiares debajo de cada lámina (ej. papá, mamá, abuela, y otros). Algunos niños —quizás los mayores— desearán escribir o dictar frases u oraciones. Tome el dictado tal como el niño lo expresa o permita que el niño escriba por sí mismo (aunque lo que escriba parezcan garabatos). Luego solicite al niño que le "lea" lo que escribió. Usted puede a su vez, escribir lo que el niño "lee" debajo de lo que el niño escribió.

Área: Desarrollo social.
Subtema: Conocimiento y aprecio de la familia.
Título: Papeles de los miembros de la familia.

OBJETIVO: El niño desempeñará diversos papeles que representan a los miembros de la familia.

CONCEPTO: Miembros de la familia.

DESTREZA: Representar mediante juego socio-dramático los papeles que desempeñan los miembros de la familia.

**IDEAS
FUNDAMENTALES:** Cada uno de los miembros de la familia se comporta de una manera especial. En el área del hogar podemos representar a los diversos miembros de la familia.

MATERIALES: Ropa de adultos, de hombre y de mujer, zapatos de taco alto, cartera, muñecas, cochecito, sombreros de hombre y de mujer.

PROCEDIMIENTO: Coloque los materiales en el área del hogar antes de que los niños lleguen al centro. Luego, reúnase con un grupo pequeño de niños a conversar sobre la familia y sus miembros. Los demás niños que no participarán en la actividad deben estar trabajando en otras áreas o con la asistente de maestra en alguna otra actividad. Cuando converse con los niños, recalque, sobre todo, las actividades que desempeña cada miembro de la familia. Use preguntas como las siguientes:

¿Qué hace mamá cuando está en casa?
¿Mamá trabaja fuera de la casa?
¿Sabes qué hace en su trabajo?
¿Y papá, qué hace?
¿Quién cuida de los niños y prepara la comida?
¿Y los abuelitos, qué hacen?

Después de haber conversado un rato sobre la familia y los papeles que desempeñan sus miembros, invite a los niños a ir al área del hogar para participar espontáneamente en juegos dramáticos en los que se represente a los miembros de la familia. Estimúlelos a vestirse con la ropa de los adultos para que puedan desempeñar mejor los papeles que ellos se asignen. Cuídese de no estimular la caracterización de papeles estereotipados; o sea, los niños hacen de papás y salen a trabajar y las niñas de mamás, y se quedan en la casa. Por el contrario, estimule a los varones a ayudar en el cuidado de los niños, a cambiar pañales y a colaborar en las tareas domésticas. Asimismo, las niñas deben estimularse a arreglar la pluma del fregadero o a cambiar una bombilla.

OBSERVACIONES: El juego socio-dramático que ocurre espontáneamente en el área de hogar es un medio magnífico para que los niños ensayen y clarifiquen los diversos papeles asociados con los miembros de la familia. En la mayoría de los casos, el maestro no tiene necesidad de planificar estas actividades, excepto en ocasiones especiales para relacionarlas con un tema particular que ha de tratarse ese día. Lo que el maestro sí debe hacer es organizar el área del hogar de la manera más atractiva posible. En esta área debe haber trastos de cocina, vajilla y otros utensilios del hogar de un tamaño apropiado para los niños. También, debe incluirse ropa de adulto, sombreros y otros objetos relativos a las actividades que desempeñan los servidores públicos. Todos los días, el programa diario debe proveer de tiempo para que los niños se muevan libremente hacia el área del hogar para participar en juegos socio-dramáticos.

Área: Desarrollo social.
Subtema: Conocimiento y aprecio de la familia.
Título: Letras y familia. (Coletta y Coletta, 1988b)

OBJETIVO: El niño relacionará las letras M, P, A y B con las palabras mamá, papá, abuela, abuelo y bebé, tanto en forma oral como en forma escrita.

CONCEPTO: Letras iniciales.
Letras M, P, A y B en las palabras mamá, papá, abuela, abuelo y bebé.

DESTREZA: Recortar.
Pegar.

**IDEA
FUNDAMENTAL:**   Las palabras mamá, papá, abuela, abuelo y bebé comienzan con los sonidos iniciales de las letras M, P, A y B.

MATERIALES: Revistas, letras M, P, A y B recortadas en papel de construcción, tijeras, pega, media cartulina por niño dividida en doce secciones.

PROCEDIMIENTO: Distribuya las revistas. Pida a los niños que busquen y recorten cinco láminas; cada una alusiva a la mamá, al papá, al abuelo, a la abuela y al bebé. Trabaje individualmente con el niño para que pegue cada una en el espacio correspondiente en la cartulina (ver el ejemplo); esto es, en el centro. Con el niño, escriba las palabras correspondientes en los espacios provistos en el lado izquierdo, a medida que él se las dicta. Luego invite al niño a parear las letras recortadas en cartulina con las primeras letras de cada una de las palabras escritas. El niño deberá pegar la letra correspondiente en el espacio provisto a la izquierda de la cartulina.

OBSERVACIONES: Con toda probabilidad los niños de tres años tendrán dificultad para realizar esta actividad tal y como fue diseñada. En esos casos, es suficiente con que los niños recorten las láminas y las peguen al lado de la letra y palabra que corresponda. Claro está, los niños de tres años necesitarán ayuda del maestro para pegar dichas láminas en el lugar correcto. Al realizar la actividad, recalque el sonido inicial de cada palabra y su relación con la letra inicial y la palabra escrita.

Área: Desarrollo social.
Subtema: Conocimiento y aprecio de la familia.
Título: Gráfica de la familia. (Coletta y Coletta, 1988b)

OBJETIVO: El niño identificará el número de miembros de su familia.

CONCEPTO: Número de miembros en la familia.

DESTREZA: Señalar el número de miembros de su familia en una gráfica simple.
Reconocer números cardinales en secuencia.
Reconocer sus nombres.

IDEAS FUNDAMENTALES: Un familia puede estar formada por diferente número de miembros.
Los miembros de la familia pueden ser dos (2), tres (3), cuatro (4), cinco (5), seis (6), siete (7), ocho (8) o nueve (9).

MATERIALES: Una cartulina grande, marcadores oscuros y de colores brillantes, regla

PROCEDIMIENTO: Comience la actividad dialogando con un grupo pequeño de niños —no más de cinco o seis— sobre quiénes constituyen su familia inmediata. Luego presente la cartulina en la cual se han trazado previamente las líneas y columnas que se usarán para marcar cuántos miembros de la familia tiene cada niño. Explique que en la columna vertical de la izquierda se escribirán los numerales del 1 al 9; y que estos números representan los posibles miembros de la familia. Dígales también que en la línea inferior de la derecha, bajo cada columna vertical, se escribirá el nombre de cada niño. Esto debe hacerlo mientras los niños observan (ver ejemplo en la página siguiente).

Use un marcador oscuro (negro o azul marino) para escribir los numerales y los nombres. Una vez completado este proceso, pida a cada niño que diga cuántos miembros hay en su familia. Si el niño tiene dificultad para usar números, invítelo a decir quiénes son los miembros de su familia para ir contándolos entre todos. Si, por ejemplo, la niña —Antonia— indica que en su familia hay tres miembros, use uno de los marcadores de colores claros para colorear el área de la gráfica que corresponde a su nombre y números de miembros de su familia. Si Luis dice que en su familia hay cinco miembros, haga lo mismo, pero coloreando el rectángulo que corresponde al 5 (ver ejemplo). Una vez que se han marcado todas las columnas y líneas, converse con los niños sobre quién o quiénes tienen las familias más grandes o más pequeñas.

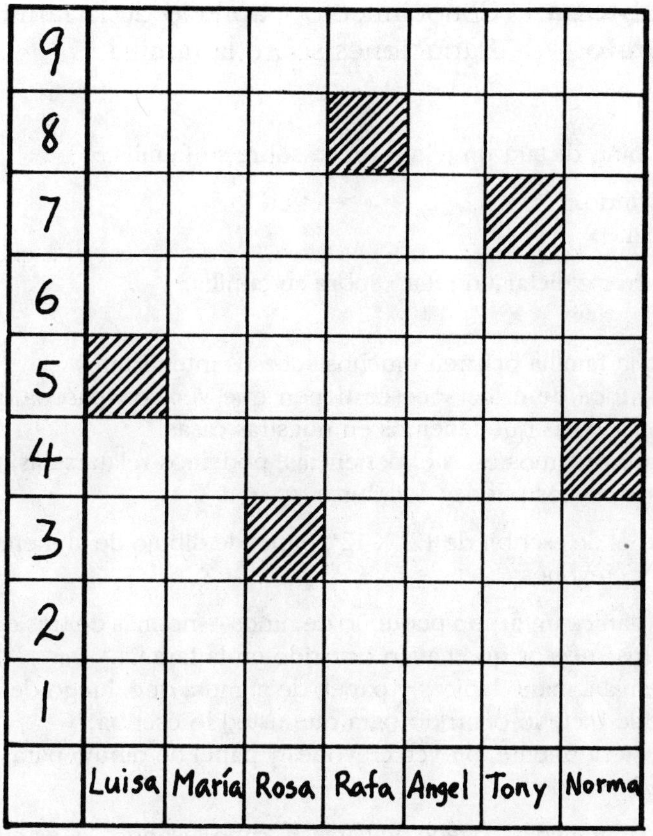

9
8
7
6
5
4
3
2
1
Luisa
María
Rosa
Rafa
Angel
Tony
Norma

Área: Desarrollo social.
Subtema: Conocimiento y aprecio de la familia.
Título: Narraciones sobre la familia.

OBJETIVO: El niño dictará un relato breve sobre su familia.

CONCEPTO: Dictado.
                 Relato.

DESTREZA: Narrar y dictar un relato sobre su familia.

**IDEA
FUNDAMENTAL**:   En la familia ocurren muchos sucesos interesantes.
                 Algunos de estos sucesos tienen que ver con paseos que damos, con las
                        mascotas que tenemos en nuestras casas.
                 Si recordamos estas experiencias, podemos relatárselas a otras personas.
                 Esos relatos pueden escribirse.

MATERIALES: Papel de escribir de 12" X 12", papel de dibujo de al menos 11" X 14", lápices
                        y creyones.

PROCEDIMIENTO: Organice un grupo pequeño de niños —no más de tres o cuatro— y siéntese
a conversar con ellos sucesos que hayan ocurrido en la familia.

Tenga a mano lápices y papel, de manera que, luego de conversar sobre los
sucesos, cada niño le dicte lo ocurrido para que usted lo escriba.

Posteriormente, provea creyones y papel de dibujo para que cada niño haga
un dibujo alusivo al dictado.

OBSERVACIONES: Esta actividad puede llevarse a cabo usando la estrategia del cartel de
experiencia. En vez de usar pedazos de papel individuales para tomar dictado, se usa una
cartulina grande. En esta, el maestro anotará *verbatim* (idéntico a como se dice) el relato del
niño. Esto implica que no se corregirá lo que el niño diga sino que se copiará tal como lo narra.

El cartel de experiencia debe incluir de cuatro a cinco oraciones sobre una
experiencia del niño. Posteriormente puede ser ilustrado con un dibujo o con láminas
recortadas y pegadas por el niño.

Área: Desarrollo social.
Subtema: Conocimiento y aprecio de la comunidad dónde viven.
Título: La comunidad donde vivo.

Objetivo: El niño identificará aspectos y lugares clave de la comunidad donde vive.

Conceptos: Comunidad.
Excursión.

Ideas fundamentales: Cada uno de nosotros vive en una comunidad.

Una comunidad es un grupo de personas que viven cerca los unos de los otros en determinado lugar.

Las personas que viven en la comunidad se llaman vecinos de la comunidad.

En la comunidad encontramos al menos una iglesia, una escuela, un colmado y un parque.

Cada comunidad es distinta.

Algunas comunidades están localizadas cerca del mar, otras en la ciudad y otras en el campo.

La comunidad donde vivimos debe conocerse, amarse y respetarse.

Materiales: Una cartulina grande por cada grupo de cinco niños, un marcador oscuro, tijeras, pega, revistas con ilustraciones de colores brillantes.

Procedimiento: Comience la actividad conversando con un grupo pequeño de niños —no más de cinco— sobre la comunidad donde viven. Para estimular el diálogo use preguntas como las siguientes:

¿Dónde vivimos cada uno de nosotros?

¿Vivimos cerca o lejos del centro?

¿Cómo se llama el lugar o comunidad donde vivimos?

Además de casas, ¿qué encontramos en nuestra comunidad?

Nuestra comunidad, ¿es grande o pequeña? ¿En ella viven muchos o pocos vecinos?

Después de concluido el diálogo, diga a los niños que saldrán de excursión por la comunidad. Pregunte si ellos saben lo que es una excursión. Si no saben, dígales que es una caminata alrededor de la comunidad para observar qué encontramos en ella.

Salga de excursión, asegurándose de ir comentando sobre todo lo observado; por ejemplo, la iglesia, el colmado, el parque, las casas, si éstas tienen o no jardines, o huertos, o árboles frutales, si la comunidad está cerca de la playa, o si está en las montañas o cerca de cañaverales o en la ciudad, y otros. Estimule el diálogo con los niños a medida que realiza la caminata. Al regresar al centro, reúnase con los niños nuevamente, pero esta vez para preparar un cartel de experiencia sobre la excursión.

Un cartel de experiencia se prepara cuando los niños le dictan un texto breve sobre una experiencia vivida. Para prepararlo, debe tener lista una cartulina de color claro con rayas horizontales a lápiz, dejando cerca de 8" en blanco en la parte de arriba. En este espacio, después que los niños dicten el texto, deben pegar una o más láminas que ilustren la idea principal. Cuando el niño dicte, escriba exactamente lo que dice. No lo cambie o corrija. Rotule el cartel con los nombres de los niños que colaboraron en su preparación y exhíbalo.

OBSERVACIONES: La preparación del cartel de experiencia es una actividad que puede realizarse prácticamente en cualquier circunstancia y con cualquier propósito. Lo único necesario es que los niños (o niño) hayan tenido una experiencia que sirva de base al texto del cartel. La actividad del cartel de experiencia es excelente para fomentar el desarrollo del lenguaje oral, la comprensión del lenguaje escrito y la relación que existe entre el lenguaje escrito y el lenguaje oral.

Área: Desarrollo social.

Subtema: Conocimiento y aprecio de la comunidad donde viven.

Título: Un mapa de mi comunidad.

OBJETIVO: El niño marcará los lugares clave de la comunidad en un "mapa" que dibujará.

CONCEPTO: Mapa.

DESTREZA: Trazar un "mapa" de su comunidad.

IDEAS FUNDAMENTALES: Una vez que conocemos bien la comunidad donde vivimos, podemos hacer un dibujo de ella.

En ese dibujo de nuestra comunidad podemos trazar sus calles, sus casas, su iglesia, parque, colmado, farmacia, ferretería u hospital.

En el dibujo también indicará dónde se encuentra el centro y nuestras casas.

MATERIALES: Papel de dibujo grande (al menos 18" X 12") o papel de estraza, creyones de colores o marcadores.

PROCEDIMIENTO: Salga de excursión con los niños por los alrededores de la comunidad. A su regreso, converse con ellos sobre lo observado. Recalque los puntos significativos, como la plaza, la iglesia, el hospital, u otros. Provea de los materiales e invítelos a hacer un dibujo de su comunidad. Converse con ellos sobre cómo a un dibujo de la comunidad se le llama "mapa". Una vez terminados los "mapas", escriba en cada uno el título "Mapa de mi comunidad" y el nombre del niño. Si el niño desea escribir por sí mismo, permítaselo. Exhiba los mapas en un lugar visible y aproveche la oportunidad para volver a conversar sobre los lugares significativos que cada niño incluyó en su "mapa".

OBSERVACIONES: Con toda certeza, los niños más pequeños harán dibujos poco realistas o irreconocibles; quizás garabatos. Mientras que los niños más grandes harán dibujos más realistas. Recuerde que los dibujos de los niños reflejarán sus niveles de desarrollo artístico, tanto como su capacidad para representar simbólicamente —en un dibujo— el concepto que tienen de la comunidad donde viven.

Para variar esta actividad, use un pedazo de papel de estraza de aproximadamente 8' X 3' para que los niños, en grupo, preparen un mural de su comunidad. Otra forma de variar la actividad es invitar a los niños a crear un modelo de la comunidad usando los bloques. Para este propósito es necesario proveer de materiales suplementarios en el área de bloques, tales como modelos pequeños de servidores públicos, de señales de tránsito, carritos, camiones y otros. Integre la lectura y escritura en esta actividad proveyendo tarjetas o pedazos de papel de construcción y marcadores para rotular las construcciones que representan los lugares clave de la comunidad, como calles, parques y tiendas, entre otros.

Área: Desarrollo social.

Subtema: Conocimiento y aprecio de la comunidad donde viven.

Título: Valor y uso del dinero en la comunidad.

OBJETIVO: El niño se familiarizará con el valor y uso del dinero en la comunidad.

CONCEPTO: Dinero.

DESTREZA: Comprar haciendo uso del dinero.

IDEAS FUNDAMENTALES: CUANDO debemos comprar algún alimento o ropa lo hacemos usando el dinero. El dinero para comprar lo que necesitamos lo obtenemos trabajando.

MATERIALES: Área del hogar equipada con juguetes que simulen alimentos que compramos en el colmado: latas vacías de avena, envases de café, cajas vacías de cereales y frutas secas, envases de leche, cartones vacíos de huevos, y otros, dinero de juguete, caja registradora de juguete, y otros; láminas de revistas alusivas a alimentos y productos que compramos en el colmado o supermercado, papel de dibujo grande, témpera, pinceles y creyones.

PROCEDIMIENTO: Converse con los niños sobre cómo las personas adquieren sus alimentos en colmados, supermercados o en las plazas del mercado. Para estimular el diálogo use preguntas como las siguientes (Pope Edwards, 1986, p. 136):

¿Por qué tenemos que pagar por los alimentos que compramos?

¿Cómo sabemos si tenemos suficiente dinero para comprar algo?

¿De dónde viene el dinero que se guarda en la caja registradora?

¿Por qué se pone el dinero en la caja registradora? ¿Por qué no se pone en una caja de zapatos?

¿Por qué, al pagar, te devuelven el cambio?

¿Qué ocurriría si no pagáramos por algo?

¿Qué ocurriría si se acabara el dinero que está en la caja registradora? ¿Dónde podríamos conseguir más?

¿Cuál es la diferencia entre los billetes y las monedas?

¿Cómo podemos distinguir entre las distintas monedas?

¿De dónde vienen todas las cosas que hay para la venta en el colmado, supermercado o plaza del mercado?

¿Si esos productos se acaban? ¿Cómo se pueden conseguir más?

¿Podría el dependiente de la tienda quedarse con el dinero que se guarda en la caja registradora? ¿Por qué no?

Una vez terminado el diálogo, lleve a los niños de excursión a un colmado, supermercado o plaza del mercado en la comunidad. A lo largo de la excursión converse con ellos sobre el uso que se da al dinero para comprar los alimentos. Al regresar al centro, divida el grupo en tres grupos pequeños. Asigne uno de los grupos al área del hogar para que dramatice la visita al supermercado. Otros grupos pueden trabajar en el área de arte, pintando con témpera o haciendo dibujos con los creyones sobre la excursión, o participar con la asistente de maestra en una actividad de compra de láminas de alimentos. Para esta última, debe tener disponibles láminas de revistas de alimentos así como dinero de juguete. En esta última tanto como en la dramatización que ocurrirá en el área del hogar, el propósito es que los niños participen en transacciones de compraventa usando el dinero de juguete.

OBSERVACIONES: Esta actividad puede variarse organizándola con motivo de una excursión a una tienda, a un restaurante o a una cafetería.

Área: Desarrollo social.

Subtema: Conocimiento y aprecio de la comunidad donde viven.

Título: Servidores públicos de mi comunidad.

OBJETIVO: El niño identificará a los servidores públicos que trabajan en su comunidad y los papeles que desempeñan.

CONCEPTO: Servidores públicos.
Panadero.
Policía.
Dependiente de la tienda.
Bombero.
Médico.
Enfermera.
Plomero.
Oficinista.
Obrero de la construcción.
Cartero.

IDEAS FUNDAMENTALES: En la comunidad encontramos que distintas personas desempeñan diversas tareas o trabajos.

Estos trabajos son muy importantes para el buen funcionamiento de la comunidad.

Las personas que desempeñan estos trabajos se conocen como servidores públicos de la comunidad.

Algunos de estos servidores públicos son el panadero, el policía, el dependiente de la tienda, el bombero, el médico, la enfermera, el plomero, el oficinista, el obrero de la construcción y el cartero.

Tanto las mujeres como los hombres desempeñan estas labores.

MATERIALES: Láminas de diversos servidores públicos, área del hogar con equipos relativos a los diversos papeles que desempeñan los servidores públicos:

     panadero — rolo para amasar, cernidor de harina, cortadores de galletas, molde para poner la masa;

     policía — gorra de policía, libreta para denunciar, macana, chapa;

     dependiente de tienda — delantal blanco, lápiz, libretita pequeña, visera blanca;

     bombero — gorro de bombero, capa de agua, pedazo de manguera;

     médico — bata blanca, maletín con equipo médico de juguete, potes de medicamentos vacíos;

     enfermero — cofia blanca, bata blanca, estetoscopio;

     oficinista — maquinilla pequeña, papeles blancos, papel carbón, lápiz;

     obrero de la construcción — casco, martillo, destornillador, alicate y otro equipo de construcción de juguete;

     cartero — gorra de cartero, bolso para llevar cartas, sobres de distintos tamaños, pito.

PROCEDIMIENTO: Reúnase y converse con los niños sobre las personas que trabajan en la comunidad. Para estimular el diálogo, haga preguntas como las siguientes:

¿Quiénes son algunos de los servidores que nos dan servicio en la comunidad?
¿Qué hace cada uno? ¿Dónde trabajan?
¿Por qué son importantes estos servidores públicos?
¿Cómo se visten?

A medida que los niños identifiquen a algunos de los servidores públicos, muestre las láminas de éstos y úselas como base para continuar estimulando el diálogo, si los niños no mencionaron todos los servidores públicos que usted identificó. Una vez terminada esta fase de la actividad invite a un grupo pequeño de los niños a moverse al área del hogar para interpretar los papeles que desempeñan estos servidores públicos en la comunidad. Otro grupo de niños puede realizar dibujos sobre los servidores públicos.

OBSERVACIONES: Una manera interesante de variar esta actividad es traer al salón diversos servidores públicos para que conversen con el grupo. Estos deben visitar el centro vestidos con su atuendo o uniforme y disponer de suficiente tiempo para conversar con el grupo sobre las labores que desempeñan, el equipo que usan y la importancia del servicio que brindan a la comunidad.

Asegúrese de proveer, en el área del hogar, de vestimentas y sombreros alusivos a estos servidores públicos. Aliente tanto a los niños como a las niñas a representarlos, evitando los estereotipos asociados a los géneros. Vele por que, en su centro, si una niña desea personificar al bombero, o un niño interpretar a un enfermero, puedan hacerlo sin ser objeto de burla o de sanciones.

Área: Desarrollo social.
Subtema: Conocimiento y aprecio de la comunidad donde viven.
Título: Medios de transportación en la comunidad.

Objetivo: El niño identificará los medios de transportación que se usan en la comunidad.

Conceptos: Medios de transportación.
Transportación.
Transportación terrestre.
Transportación aérea.
Transportación marítima.

Ideas fundamentales: Cuando tenemos que ir de un lugar a otro que queda distante, usamos los medios de transportación.

Algunos medios de transportación son el carro, la guagua, la motora, la bicicleta, el avión, el tren y el barco.

El carro, la guagua, la motora y la bicicleta son medios de transportación terrestres.

Los medios de transportación terrestres, van sobre tierra.

Sin embargo, el avión es un medio de transportación aéreo porque vuela por el aire.

Por otro lado, el barco, es un medio de transportación marítimo porque navega sobre el mar.

También podemos transportarnos usando animales, tales como el caballo y el burro.

A través de los medios de transportación llevamos alimentos, materiales diversos tales como madera y muebles de un sitio a otro.

Materiales: Revistas variadas para recortar, tijeras, pega, papel de construcción, marcadores.

Procedimiento: Converse con los niños sobre cómo las personas van de un sitio a otro en la comunidad. Invítelos a mencionar diversos medios de transportación que se usan para este fin. Amplíe la discusión abundando sobre la transportación en general, y cómo, no sólo se transportan personas, sino también alimentos, gasolina, madera y otros materiales para construir casas, entre otros. Estimule las descripciones de los diversos medios de transportación que mencionen, así como las narraciones sobre sus experiencias con estos medios. Al terminar la discusión, pida a los niños que busquen en las revistas láminas de los medios de transportación de los que se habló, con el fin de que las recorten y peguen sobre papel de construcción.

Observaciones: Esta actividad puede variarse de muchas formas. Entre otras, puede sugerir a los niños hacer dibujos sobre los medios de transportación que conocen; escribir libros grupales o individuales sobre alguno de los medios de transportación y las experiencias de los niños con él; crear conjuntos de medios de transportación usando láminas o juguetes pequeños como aviones, camiones, guaguas y otros; fabricar aviones de papel; y conversar y hacer dibujos sobre los cohetes que van al espacio, entre otros.

B

**Actividades para estimular
la interacción prosocial,
la solidaridad de grupo
y la cooperación**

B1

Área: Desarrollo social.
Subtema: Desarrollo de interacción prosocial.
Título: El juego de los secretos.

OBJETIVO: El niño ejercitará patrones de interacción prosocial dirigidos a esperar su turno y a participar en grupo eficazmente.

DESTREZA: Esperar el turno.
Participar con eficacia en un juego grupal.
De lenguaje oral.
De escuchar.

IDEAS FUNDAMENTALES: Al jugar en grupo, debemos esperar el turno que nos corresponde para participar.
Esperar nuestro turno permite que el juego sea más divertido porque todos pueden participar.

MATERIALES: Ninguno.

PROCEDIMIENTO: Siéntese con los niños, en el piso, formando un cerco. Los niños deben quedar uno al lado del otro. Diga el siguiente secreto al niño que tiene a su lado derecho:
"El gato se subió en el techo persiguiendo al ratón".
El propósito del juego es que cada niño pase el secreto al compañero que tiene al lado. Cuando el secreto llegue nuevamente al maestro, debe decirlo en voz alta para que todos lo escuchen. Con mucha probabilidad el secreto que llegará al maestro nuevamente estará distorsionado. Es importante que el maestro comunique ambas versiones de los secretos para comparar cómo era originalmente y cómo quedó al final de la ronda. Discuta estas diferencias con los niños.

OBSERVACIONES: El objetivo de esta actividad puede lograrse mediante un sinnúmero de otras actividades grupales que se recogen en esta guía curricular. En estas actividades, los niños tendrán oportunidad de esperar su turno y de desarrollar patrones prosociales de interacción grupal, sentido de solidaridad de grupo y cooperación.

Área: Desarrollo social.
Subtema: Desarrollo de la interacción prosocial.
Título: Recojamos cuando terminemos.
(Schikedanz et al., 1977)

OBJETIVO: El niño colocará los materiales educativos en su lugar, una vez que haya terminado de usarlos.

DESTREZA: Colocar los materiales educativos en su lugar.

IDEAS FUNDAMENTALES: Todos los materiales educativos que hay en el centro están colocados en las áreas.

Una vez que terminemos de usar los materiales educativos, debemos devolverlos al lugar donde estaban.

Recoger el área donde estábamos trabajando ayuda a mantener un centro más ordenado y bonito.

MATERIALES: Ninguno.

PROCEDIMIENTO: Recuerde a los niños diariamente que deben recoger los materiales educativos una vez que terminen de usarlos.

Al inicio del año, cuando los niños lleguen por primera vez, establezca con ellos las reglas para el uso de las áreas, que deben incluir recoger después de usar los materiales.

Ayude a los niños manteniendo el centro ordenado. Cada material educativo tanto como cada pieza de equipo debe tener su lugar. Rotule e ilustre con láminas o dibujos las áreas de almacenaje para que los niños recuerden dónde va cada objeto. Coloque los rótulos al nivel de la vista de los niños; escriba con letra clara y de 1 1/2", al menos, de alto. Si algún niño olvida recoger los materiales, recuérdeselo con dulzura pero firmemente.

Cuando lleguen los momentos de transición de una actividad a otra, ofrézcase a ayudar en el recogido si es que hay algún grupo de niños (o niño) que muestra dificultades para recoger. Inicie la interacción con comentarios tales como:

Yo colocaré estos materiales aquí. ¿Me puedes ayudar poniendo los bloques en su lugar?
¿Puedo hacer algo para ayudarte a recoger?
¿Puedes ayudarme aquí?

Área: Desarrollo social.
Subtema: Desarrollo de la interacción prosocial.
Título: Tareas compartidas. (Schikedanz et al., 1977)

OBJETIVO: El niño compartirá el desempeño de las tareas que deben realizarse en el centro.

DESTREZA: Compartir las tareas.

IDEAS FUNDAMENTALES: En el centro hay que realizar varias tareas.

Algunas de estas tareas son regar las plantas, guardar los materiales educativos después de usarlos y colocar los vasos y cubiertos en la mesa antes de desayunar y almorzar, entre otras.

Todos debemos ayudar a realizar estas tareas.

MATERIALES: Una cartulina gruesa de color claro, marcadores de colores, incluyendo uno negro, regla, tijera, tarjetas de 3" X 2" con los nombres de los niños (una por niño), cinta adhesiva de envolver paquetes.

PROCEDIMIENTO: Converse con los niños sobre las diversas tareas que se realizan en el centro. Pídales que las mencionen para que usted las anote —con letra grande, clara y de molde— en la cartulina. Esta cartulina debe colocarse de manera que los niños puedan verle escribir. Use el formato que se presenta a continuación para diseñar los espacios de la cartulina donde escribirá. Después de terminada la lista de tareas, explique a los niños la importancia de que todos colaboren en el desempeño de estas tareas. Cada semana un niño diferente será responsable de realizar cada una. A tal fin, pida voluntarios. Coloque las tarjetas con los nombres de cada niño al lado de la tarea que desempeñará durante la semana.

Cartel de tareas	
semana del: _____	
tarea	**nombre**
Alimentar los peces	Clara
Poner la mesa	Edwin
Alimentar el conejo	Luis
Regar las plantas	José
Recoger la mesa	Paco
Sacar las bolas	Ana

Área: Desarrollo social.
Subtema: Desarrollo de interacción prosocial.
Título: En la mesa.

OBJETIVO: El niño colocará los platos, las servilletas, los cubiertos y los vasos en la mesa correctamente.

DESTREZA: Poner la mesa.

IDEA FUNDAMENTAL: Cuando vamos a desayunar, a almorzar o a comer, colocamos los platos, los cubiertos, la servilleta y los vasos en la mesa de una manera particular.

MATERIALES: Área del hogar equipada con una vajilla de juguete, una colección de cubiertos de juguete, servilletas y vasos

PROCEDIMIENTO: Estimule la participación de un grupo pequeño de niños en el área del hogar, para que dramaticen la hora de la comida en la familia o la visita a un restaurante. Usted, como maestro, participe en el juego, asegurándose de recordar a los niños que antes de comer hay que poner la mesa. Invítelos a hacerlo, observando la forma en que colocan los platos, las servilletas, los vasos y los cubiertos. Intervenga espontáneamente —como un participante más— para corregir cualquier error en la forma de poner la mesa.

OBSERVACIONES: Existen oportunidades imprevistas en el centro, a lo largo del día, que le permitirán modelar para los niños la forma correcta de poner la mesa. En estas ocasiones es aconsejable dar participación a los niños para que ellos pongan la mesa. Esto puede ocurrir a la hora del desayuno o del almuerzo.

Se recomienda que cerca del área donde los niños toman sus alimentos, se coloque un cartelón, preparado por los niños y el maestro, que ilustre la forma correcta de poner la mesa (ver ilustración a continuación).

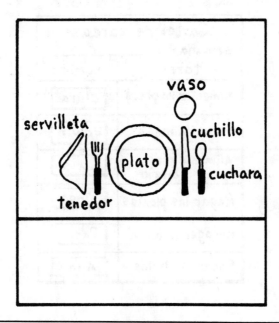

Área: Desarrollo social.
Subtema: Desarrollo de la solidaridad de grupo y de la cooperación.
Título: El cuento sin final.

OBJETIVO: El niño creará el final del cuento, cuya trama se basa en una interacción social donde es necesario demostrar solidaridad y sentido de cooperación.

DESTREZA: Crear el final de un cuento.
Tomar decisiones sobre dilemas sociales que envuelven el sentido de la solidaridad y de la cooperación.

IDEAS FUNDAMENTALES: Cuando observamos que una persona está en apuros, debemos ofrecerle nuestra ayuda.
Ayudamos a nuestros compañeros al cooperar con ellos cuando están recogiendo los materiales educativos.

MATERIALES: El cuento que sigue a continuación:

Pepe y Tina salen temprano de su casa para asistir a la escuela. Su mamá los observa desde el patio hasta que llegan a la escuela. Una tarde al regresar de la escuela, Pepe y Tina se encuentran con doña Ana, una vecina del vecindario, que se acerca por la acera cargando tres paquetes muy pesados. Pepe y Tina se le acercan y le preguntan que si necesita ayuda. Doña Ana les dice que sí y les da un paquete a cada uno. Pepe y Tina acompañan a doña Ana hasta su casa, ayudándole así a cargar los paquetes.

PROCEDIMIENTO: Reúnase con un grupo pequeño de niños —no más de tres o cuatro— y narre el cuento anterior. Deténgase antes de llegar al final, de manera que pueda preguntar lo que creen que Pepe y Tina harán al encontrarse con doña Ana. Pregunte:

¿Qué creen ustedes que harán Pepe y Tina al encontrarse con doña Ana?

Acepte todo lo que los niños digan sin juzgar si las contestaciones son correctas o incorrectas. Luego, termine el cuento y proceda a discutir por qué Pepe y Tina actuaron como lo hicieron. Estimule a los niños a dar sus opiniones al respecto.

OBSERVACIONES: Esta técnica se puede usar con cualquier cuento disponible comercialmente. Es muy valiosa cuando se desea fomentar el desarrollo del pensamiento crítico, de valores y de actitudes prosociales como son la solidaridad y la cooperación.

C

**Actividades para fomentar
el desarrollo moral,
los valores y la empatía**

Área: Desarrollo social.

Subtema: Desarrollo moral y valores.

Título: ¿Cómo lo resolvemos? (Pope Edwards, 1986)

OBJETIVO: El niño propondrá alternativas moralmente aceptables para resolver un dilema de interacción social.

DESTREZA: Identificar alternativas de acción para resolver un dilema que surge en la interacción social.

IDEAS FUNDAMENTALES: Cuando jugamos con nuestros amiguitos, no siempre podemos hacer lo que queremos y surgen conflictos.

Estos conflictos se pueden tratar de resolver peleando o amigablemente, o buscando otras alternativas.

Materiales: Dos muñecas, dos carritos y dos figuras de animales pequeñas (los materiales suplementarios que se usan en el área de bloques son excelentes para esta actividad).

PROCEDIMIENTO: Invite a los niños a sentarse en el suelo formando un cerco. Usted también debe sentarse en el suelo de forma tal que los niños puedan verle. Inicie un diálogo simulando entre ambas muñecas tal como si las muñecas fueran un par de amigas jugando entre sí. Diga: "Tita y Pepa están jugando en el área de bloques. Tita está jugando con los carritos y Pepa está jugando con los animales de juguete; una vaca y un cerdo. Tita se acerca a Pepa y le dice: 'Ya no quiero seguir jugando con los carritos. Préstame la vaca'. Pepa le contesta: 'No puedo prestártela porque la vaca está en la finca de mi abuelo'".

      Después de describir y demostrar la situación con las muñecas, pregunte a los niños:

      ¿Qué puede hacer Tita para que Pepa le preste la vaca?

Estimule a los niños a proponer la mayor cantidad posible de soluciones. Fomente el diálogo con otras preguntas tales como:

      ¿Qué puede decir Tita?

      ¿Qué podría hacer Pepa?

Cada vez que uno de los niños presente una solución replantéela diciendo:

      Toñi dice que Tita podría quitarle la vaca a Pepa. Esa es una idea. ¿Alguien tiene otra idea?

Después que se hayan propuesto varias soluciones, use cada una para continuar el diálogo preguntando:

      ¿Qué pasaría si Tita... (mencione aquí la solución propuesta por la niña)?

      ¿Podrías mostrarme con las muñecas lo que ocurriría si... (mencione aquí la solución propuesta por el niño)?

Es aconsejable que dirija las preguntas a los niños que propusieron las diversas soluciones.

OBSERVACIONES: Esta estrategia puede usarse con cualquier tipo de dilema de interacción social común entre los niños, que requiera análisis y solución. Tita, por ejemplo, podría desear irse a pasear sin permiso, golpear a Pepa para quitarle un juguete o negarse a que Pepa juegue con ella. Estas son situaciones comunes en la vida de los niños, que plantean dilemas morales. Por tanto, ofrecen una ocasión excelente para que el niño analice varios cursos de acción y sus consecuencias lógicas. Esta estrategia es apropiada para niños de tres a cinco años.

Área: Desarrollo social.
Subtema: Desarrollo moral y valores.
Título: Las buenas y las malas intenciones.
(Pope Edwards, 1986, p. 159)

OBJETIVO: El niño juzgará un dilema social basándose en el propósito subjetivo frente al propósito objetivo de una acción.

DESTREZA: Juzgar las intenciones subyacentes en una acción.

IDEAS FUNDAMENTALES: Todos los actos que llevamos a cabo están basados en nuestras intenciones. La intención es un deseo secreto que tenemos y esperamos que se cumpla al hacer algo.

MATERIALES: Diez vasos sanitarios de papel o de espuma sintética (rotos y después remendados o pegados para dar la impresión de vasos de cristal rotos), una caja de galletas.

PROCEDIMIENTO: Narre estos dos relatos a los niños, usando los materiales que se mencionaron anteriormente para dramatizar la acción. Diga:

Relato A — "Carla estaba ayudando a su papá a fregar los vasos. Al terminar, el papá puso los vasos en una bandeja y le pidió a Carla que los llevara al comedor. Carla los llevaba con mucho cuidado cuando resbaló y los diez vasos que llevaba se rompieron accidentalmente".

Relato B — "El segundo cuento que les haré es sobre Tony. Él estaba jugando en la cocina y le pidió otra galleta a su papá. Sin embargo el papá le dijo que no porque ya había comido suficientes galletas. A Tony le dio mucho coraje, y, cuando su papá salió de la cocina, se subió en el gabinete para coger una galleta sin que su papá lo supiera. Pero todavía tenía tanto coraje, que cogió un vaso y, a propósito, lo tiró al piso para que se rompiera."

Inicie una discusión con los niños sobre ambos relatos. Use preguntas como las siguientes:

Dime qué fue lo que Carla, la niña del primer cuento, hizo.
¿Qué hizo Tony, el niño del segundo cuento?
¿Cuál de los dos niños hizo algo malo?" ¿Por qué?
¿Qué le pasará a Carla por romper los vasos? ¿Por qué?
¿Qué le pasará a Tony por romper el vaso? ¿Por qué?

OBSERVACIONES: Esta estrategia puede usarse para plantear diversas situaciones en torno a dilemas morales sobre lo bueno y lo malo. Algunas de éstas pueden ser robar una peseta o pedirla a mamá; romper un jarrón y mentir sobre ello o decir la verdad.

Área: Desarrollo social.
Subtema: Desarrollo moral y de valores.
Título: Compartir con mis compañeros.

Objetivo: El niño planteará alternativas moralmente aceptables en torno al acto de compartir con los demás.

Concepto: Compartir.

Destreza: Compartir con otras personas.

**Idea
fundamental:**   En ocasiones, yo puedo tener algo, como, por ejemplo, un juguete, que algún amiguito no tiene.
Cuando esto ocurre, debemos prestarle el juguete para que pueda jugar.

Materiales: Muñeca bonita con cabello largo.

Procedimiento: Siente a los niños en un cerco en el piso. Narre el cuento que se incluye a continuación y utilícelo como punto de partida para un diálogo sobre el acto de compartir.

"Una vez, María llevó al centro una muñeca preciosa. La muñeca tenía el cabello largo y suave. A María le gustaba mucho peinarla. En el centro había otras niñas que tenían muñecas en su casa, pero ninguna tenía una muñeca tan bonita como la de María. Aurora, una compañera de María, se le acercó y le preguntó que si podía jugar con la muñeca un ratito."

A medida que narre el cuento muestre la muñeca. Permita que los niños la toquen y se la pasen entre sí.
Converse con los niños sobre la trama, usando las siguientes preguntas:

¿Qué creen ustedes que hará María cuando Aurora le pida la muñeca prestada?
¿Debe María prestar su muñeca? ¿Por qué?
¿Qué crees tú que pasaría si María no le prestase la muñeca a Aurora?
¿Qué pasaría si se la prestase?
¿Prestas tú tus juguetes a algún compañero que no tiene con que jugar? ¿Por qué?

Observaciones: El formato de esta actividad puede usarse con diversos temas que planteen dilemas morales, variándolo como sea necesario. Asimismo, en vez de usar una muñeca, puede usar un carrito o cualquier otro juguete o material educativo disponible en el centro.

Área: Desarrollo social.
Subtema: Desarrollo moral y de valores.
Título: Las mentiras.

Objetivo: El niño establecerá la relación entre el acto de mentir y sus consecuencias.

Concepto: Mentira.

Idea fundamental: Cuando no decimos la verdad estamos diciendo mentiras.
Al mentir, estamos provocando que otras personas se confundan.
Mentir siempre conlleva unas consecuencias negativas para todos.

Materiales: Dos marionetas, un teatro casero de marionetas.

Procedimiento: Dramatice la siguiente acción usando las marionetas:

La marioneta A aparece en escena llorando. Aparece la marioneta B y le pregunta: "Dianita, ¿por qué estás llorando?".

La marioneta A (Dianita) muy apenada dice lo siguiente: "¡Ay Ana, ayer estaba jugando en casa de mi tía y, sin querer, rompí un vaso. Me dio mucho miedo de que me castigaran. Así que escondí los cristales detrás de la cortina para que mi tía no los viera. Pero Titi notó que faltaba el vaso y me preguntó que si yo sabía dónde estaba. Yo le dije que mi prima Lula lo había roto, y por eso castigaron a Lula. Yo me siento muy triste porque por mi culpa, por no decir la verdad, Lula no podrá correr bicicleta conmigo".

Después de concluida la escena, inicie un diálogo con los niños usando las siguientes preguntas:

¿Por qué lloraba la marioneta Dianita?
¿Creen ustedes que Dianita hizo bien al esconder los cristales del vaso roto, detrás de la cortina?
¿Qué le preguntó la tía a Dianita cuando se dio cuenta de que faltaba el vaso?
¿Qué le contestó Dianita?
¿Por qué mintió Dianita?
¿Cómo se sentía Dianita después de haber dicho esa mentira? ¿Por qué?
¿Qué debe hacer Dianita para que le quiten el castigo a Lula?

Observaciones: Esta estrategia puede modificarse usando muñecas en vez de marionetas.

Área: Desarrollo social.
Subtema: Desarrollo de la moral y los valores.
Título: Mis responsabilidades.

OBJETIVO: El niño planteará alternativas moralmente aceptables en torno al incumplimiento de responsabilidades.

CONCEPTO: Responsabilidad.

IDEAS FUNDAMENTALES: En el centro, hemos establecido reglas que nos permiten disfrutar de las áreas de interés, de los materiales educativos y del equipo de patio.

Todos participamos en el establecimiento de esas reglas, por lo que las conocemos y somos responsables de ellas.

Al respetar las reglas de convivencia y cumplir con ellas también estamos cumpliendo con nuestra responsabilidad.

PROCEDIMIENTO: Esta actividad se basa en las reglas de convivencia que previamente se establecieron con los niños, preferiblemente al inicio del año. Si estas reglas no se han establecido, organice una sesión de diálogo con los niños para establecerlas. Algunas de estas reglas pueden ser:

1. No correr dentro del centro sino caminar.
2. Guardar el juguete o material educativo que se ha estado usando antes de sacar otro.
3. Recoger los materiales educativos y colocarlos en su sitio antes de salir de un área.
4. Hablar bajito dentro del centro.
5. Limitar el uso de cada área de interés a tres (o cuatro niños).
6. Si hay mascotas en el centro, alimentarlas, darles agua y cuidar de ellas.

A medida que los niños mencionen las reglas, anótelas en una cartulina. Coloque la cartulina en un lugar visible del centro.

Deje que pase algún tiempo desde que las reglas fueron establecidas. Entonces, reúnase con los niños en un cerco, para dialogar sobre la siguiente narración que hará el maestro:

"En la playa, hay un centro como éste donde todos los días asiste un grupo de niños como ustedes. En ese centro hay juguetes divertidos y los niños la pasan muy bien. Hace algunos días, la maestra trajo al salón un pájaro amarillo llamado canario, en una jaula dorada. La maestra les dijo que el canario podría quedarse en el centro, si todos se ponían de acuerdo sobre cómo y cuándo alimentarlo, darle agua y sacarlo a coger sol todas las mañanas. También les dijo que, después de alimentarlo, no debían dejar la puerta de la jaula abierta, porque el canario podría salirse, irse y no lo verían nunca más. Los niños estuvieron de acuerdo y el canario se quedó en el centro. Pronto los niños le tomaron mucho cariño y lo cuidaban bien. Pero una mañana, cuando todos llegaron al centro, encontraron que la puerta de la jaula estaba abierta; el canario ya no estaba. Los niños se pusieron tristes y se preguntaron cómo había sido posible que el canario se escapara. Luisito empezó a llorar, pero no dijo nada."

Inicie un diálogo con el grupo sobre la narración. Utilice preguntas como las siguientes:

¿Qué habían acordado los niños y la maestra sobre el cuidado del canario?

¿Qué cosas debían hacer para cuidar al canario?

¿Por qué creen ustedes que se escapó el canario?

¿Quién creen ustedes que no cumplió con su responsabilidad de no dejar la puerta de la jaula abierta?

Si fue Luisito quien dejó escapar al canario, ¿qué debería hacer?

Área: Desarrollo social.
Subtema: Desarrollo de la empatía.
Título: En la tienda. (Pope Edwards, 1986)

Objetivo: El niño adoptará el punto de vista de otros al escoger el regalo más apropiado para cada miembro de la familia.

Destreza: Asumir la perspectiva de otros.

Ideas fundamentales: El desarrollo de la empatía depende de la capacidad del niño para asumir las perspectivas de otras personas.

Una vez que se es capaz de asumir esa otra perspectiva, podemos desarrollar la sensibilidad necesaria para pensar y sentir como la otra persona.

Al tratar de escoger regalos para los distintos miembros de la familia, debemos ponernos en el lugar de cada uno para imaginar qué sería lo que les gustaría recibir.

Materiales: Un pañuelo de hombre, una corbata, un par de zapatos de mujer, un lazo, peinetas para el cabello, lápices de labio de mujer, un camión de juguete, una muñeca, y otros. Estos materiales pueden variarse en tanto y en cuanto cada uno sea apropiado para cada uno de los miembros de la familia.

Procedimiento: Inicie un juego dramático en el cual usted será el dueño de una tienda.

Diga a los niños que es el cumpleaños de cada uno de los miembros de la familia (papá, mamá, el niño y la niña), por lo que vamos a comprar un regalo para cada uno.

Diga, por ejemplo: "Vamos a imaginar que es el cumpleaños de _____ (papá, mamá, u otro). ¿Qué regalo le comprarías?"

Continúe con las preguntas hasta que todos hayan tenido oportunidad de seleccionar regalos para todos los miembros de la familia. Converse sobre las razones para seleccionar cada uno de los regalos.

Área: Desarrollo social.
Subtema: Desarrollo de la empatía.
Título: ¿Cómo se sentirán?

OBJETIVO: El niño imaginará cómo se sienten los niños no videntes.

DESTREZA: Imaginar cómo se sienten los niños no videntes.

IDEAS FUNDAMENTALES: Los niños que no pueden ver, parecen ser distintos a nosotros que podemos ver, pero en realidad somos muy parecidos.

A los niños no videntes les gusta jugar, ir a fiestas de cumpleaños y bañarse en la playa como a nosotros.

Los niños no videntes también tienen sentimientos muy parecidos a los nuestros.

A veces, se sienten contentos y otras veces se sienten tristes.

Sin embargo, en lo que sí somos diferentes es en que nosotros podemos ver y ellos no.

MATERIALES: Vendas negras para tapar los ojos, objetos familiares para los niños, como una taza, un vaso, una muñeca y otros.

PROCEDIMIENTO: Discuta con los niños cómo ellos creen que una niña no vidente podría desempeñarse en el hogar y en la escuela. Use preguntas como las siguientes:

Si no pudieras ver, ¿cómo podrías vestirte por la mañana para venir al centro?
¿Cómo podrías caminar por tu casa sin caerte?
¿Cómo podrías reconocer a las personas que se te acercan si no puedes ver sus caras?

Después de concluido el diálogo, explique que todos van a tratar de sentir lo que sentiría un niño que no pudiera ver. A este fin, cubrirá los ojos de la mitad del grupo usando las vendas negras. Usted y su asistente de maestra deberán llevar a los niños de la mano a dar una caminata por el centro, mientras los demás observan. Luego, les invitará a que traten de determinar por medio del tacto, cuál es el objeto que se les puso en la mano. Asimismo, deberán tratar de identificar a sus compañeros por el sonido de sus voces. Realice la misma actividad con el otro grupo, mientras que el grupo al que anteriormente se le cubrieron los ojos, observa. Termine la actividad conversando con los niños sobre cómo se sintieron y cómo creen que se sienten los niños que no pueden ver.

C8

Área: Desarrollo social.
Subtema: Desarrollo de la empatía.
Título: El niño sordo. (Pope Edwards, 1986)

OBJETIVO: El niño imaginará cómo se siente un niño que no puede oír.

DESTREZA: Imaginar cómo se siente un niño que no puede oír.

IDEAS FUNDAMENTALES:
Hay niños que no pueden oír como nosotros.
Un niño que no puede oír es sordo.
Los niños sordos tienen sentimientos muy parecidos a los nuestros.
A veces les da coraje, se sienten alegres o tristes.
A los niños sordos también les gusta hacer las cosas que nos gusta hacer a nosotros, por ejemplo, ver láminas bonitas, jugar con bloques y salir de paseo.

Materiales: Algodón para poner tapones en los oídos u orejeras.

PROCEDIMIENTO: Dialogue con los niños sobre el sentido de la audición y cómo algunas personas no lo tienen. Pregúnteles si conocen a alguna persona que no pueda oír. Estimúlelos a imaginar cómo se sentirán los adultos y los niños que no pueden oír. Use preguntas como las siguientes:

¿Cuáles son algunos de los sonidos que escuchamos todos los días?
¿Sabemos qué los produce con tan sólo escucharlos?
¿Y si no pudiéramos oírlos porque fuéramos sordos, que pasaría?
Una niña sorda podría oír estos sonidos?
Si no pudiéramos oír lo que las personas hablan, ¿cómo sabríamos si es hora de comer o de salir al patio?
¿Cómo sabríamos si alguien está despidiéndose de nosotros?

Al terminar la conversación, diga a los niños que todos tratarán de imaginar lo que siente una niña que no puede oír. Para este propósito, ponga tapones de algodón en los oídos de los niños y llévelos al patio por cinco minutos. Luego, remueva los tapones y conversen sobre los sonidos que usualmente escuchan cuando salen, pero que en esta ocasión no escucharon. Para terminar la actividad, usted y su asistente deben ponerse tapones en los oídos con el fin de que los niños traten de comunicarse con ustedes mediante otras formas que no sean el lenguaje oral.

C9

Área: Desarrollo social.
Subtema: Desarrollo de la empatía.
Título: No puede caminar.

OBJETIVO: El niño imaginará cómo se siente un niño que no puede caminar.

DESTREZA: Imaginar cómo se siente un niño que no puede caminar.

**IDEAS
FUNDAMENTALES:**   Hay niños que aunque lo deseen, no pueden caminar como nosotros.
Quizás sufrieron un accidente o nacieron con algún impedimento para caminar.
Algunos de estos niños usan muletas y otros se sientan en sillas de ruedas.
Muchas veces, los niños que no pueden caminar desearían levantarse y correr por el patio, como nosotros.
Los niños que no pueden caminar son muy parecidos a cada uno de nosotros.
Les gusta hacer las mismas cosas que hacen todos los niños, como por ejemplo, jugar y comer helado.

MATERIALES: Un par de muletas pequeñas, un pedazo de cinta o cuerda de tres pies de largo, láminas de niños en sillas de ruedas o usando muletas.

PROCEDIMIENTO: Narre a los niños el siguiente relato:

"Andrés era como cualquier otro niño de seis años. Le gustaba correr bicicleta y tirarse por la chorrera. Gozaba corriendo por la playa; sobre todo cuando se acercaban las olas y le mojaban los pies. Andrés era un niño feliz. Pero un día, Andrés se enfermó y ya no pudo volver a caminar. Desde entonces, Andrés va a la escuela en una silla de ruedas. A veces, usa las muletas para caminar por un ratito, pero después vuelve a sentarse en su silla de ruedas. Sus amigos de la escuela le ayudan a moverse, empujando la silla de ruedas. También juegan con él y comparten sus meriendas".

Después de concluido el relato, inicie una conversación haciendo preguntas como las siguientes:

¿Quién era Andrés?
¿Qué le gustaba hacer?
¿Por qué no pudo volver a caminar?
¿Cómo se movía Andrés si no podía caminar?
¿Qué hacían sus amigos? ¿Cómo lo ayudaban?
Cómo crees tú que se sentirá Andrés al no poder caminar?
¿Cómo te sentirías tú si no pudieras caminar?

Aproveche el diálogo para dramatizar con los niños lo que implica tener algún impedimento para caminar. El fin es que los niños experimenten cómo se siente una persona con este tipo de impedimento. Solicite un voluntario a quien le pedirá que suba una pierna como si fuera a jugar "¿Dónde va la cojita?". Su asistente de maestra deberá sostener al niño para que no se caiga, mientras usted le coloca la cinta en la pierna en forma de cabestrillo —sosteniéndola del hombro— para que no pueda moverla. Ayude al niño a dar unos pasos con la pierna que le queda libre y a usar las muletas. Luego converse con él sobre cómo se siente al no poder caminar y correr como los demás niños.

<table>
<tr><td>

CAPÍTULO TRES

C10

</td><td>

Área: Desarrollo social.
Subtema: Desarrollo de la empatía.
Título: Caras y sentimientos. (Pope Edwards, 1986)

</td></tr>
</table>

OBJETIVO: El niño identificará los sentimientos que comunican las expresiones de la cara.

CONCEPTO: Sentimientos.

DESTREZA: Identificar los sentimientos al observar la expresión de la cara.

IDEAS FUNDAMENTALES: Hay ocasiones en que las personas se sienten alegres, por ejemplo, cuando salen a dar un paseo o les hacen un regalo.

Sin embargo, otras veces se sienten tristes, como cuando se les escapa su perrito.

También sienten coraje y temor.

Otras veces, se sienten sorprendidos, como cuando viene a visitarlos alguien que no esperaban o les dan una fiesta de cumpleaños de sorpresa.

Cuando las personas se sienten así, muestran sus sentimientos en las expresiones de la cara.

Al observar las caras de las personas, podemos identificar cómo se sienten.

MATERIALES: Platos sanitarios de cartón, ojos, narices y bocas recortadas previamente en papel de construcción negro y que expresen diversos sentimientos, pega.

PROCEDIMIENTO: De antemano, recorte ojos, narices y bocas que expresen diversos sentimientos. Para recortar estas piezas, use los modelos que se presentan a continuación.

ALEGRIA   CORAJE   TRISTEZA   TEMOR

Invite a los niños a hacer caras, pegando las diversas partes recortadas en los platos con el fin de expresar sentimientos de coraje, alegría, temor, sorpresa y tristeza. Cuando terminen, siéntese con ellos en un cerco para conversar sobre los sentimientos que se infieren de cada una de las caritas. Pegue las caritas en un tablón de edictos o en la pared para exhibirlas por algunos días.

OBSERVACIONES: Esta actividad puede variarse, proveyendo con una amplia variedad de materiales, como témpera, creyones, tijera, hilo de lana, papel de construcción y bolsas marrón de colmado para que los niños hagan "máscaras de sentimientos". Luego, invite a los niños a ponerse la máscara y dialogue con ellos sobre los sentimientos que se expresan en ella.

Otra forma de variar esta actividad es preparar de antemano "rompecabezas de sentimientos" para que los niños los resuelvan. Éstos se preparan montando, sobre cartón, láminas donde aparecen caras mostrando sentimientos simples y luego recortándolas por la mitad, o en tres o en cuatro pedazos. La tarea del niño será encontrar las piezas que van juntas y armar el rompecabezas.

Área: Desarrollo social.
Subtema: Desarrollo de la empatía.
Título: El niño que se golpeó.

Objetivo: El niño responderá con una conducta compasiva ante una víctima que sufre una caída.

Destreza: Responder con una conducta compasiva ante una víctima.

Idea fundamental: Cuando observamos que una persona o un niño sufre un accidente, debemos correr a ayudarlo.

Materiales: Dos muñecas.

Procedimiento: Usando las dos muñecas, dramatice una situación en la cual dos niñas van caminando por la acera, cuando una de ellas se cae y se da un golpe. Acompañe la dramatización con el siguiente relato:

"Gloria y Cristina salieron a dar un paseo al parque, caminaban juntas por la acera, cuando Gloria tropezó con una piedra y se cayó. Cristina se asustó mucho porque Gloria empezó a llorar y a pasarse la mano por la rodilla".

Inicie un diálogo con los niños sobre lo que haría Gloria ante la caída de Cristina. A este fin, utilice preguntas como las siguientes:

¿Qué creen ustedes que hará Gloria al ver que Cristina se cae?
¿Qué harían ustedes si, al ir de paseo con su amigo o amiga, éste se cae y se da un golpe?
¿Por qué harían ... (mencione aquí lo que dijo la niña)?

Invite a uno de los niños a dramatizar lo que harían utilizando para ello las dos muñecas.

Observaciones: El formato de esta actividad puede utilizarse para plantear otras situaciones similares que requieran una conducta compasiva ante una víctima. Algunas de estas situaciones son:

• Dos amiguitos están comiendo barquillas de helado y a uno de ellos, la barquilla se le cae.

• Dos amiguitas van juntas a la tienda a comprar dulces, pero, al llegar, una se percata de que se le perdió su dinero.

• Dos amiguitas están jugando a las casitas en el patio cuando una de ellas se mancha la camisa con tierra.

• Dos amiguitas están volando chiringas y a una de ellas se le rompe.

D

**Actividades para clarificar
conceptos de identidad sexual,
papeles y actitudes no sexistas
asociadas a los géneros**

D1

Área: Desarrollo social.
Subtema: Clarificación de conceptos de identidad sexual.
Título: ¿Qué me hace ser niño o niña?

OBJETIVO: El niño identificará aquellos aspectos que hacen que un individuo sea niño o niña.

CONCEPTO: Niño.
Niña.

IDEAS FUNDAMENTALES: Los niños y las niñas son diferentes. Algunas de las diferencias radican en sus cuerpos.
El niño tiene pene, mientras que la niña tiene vagina.
Cuando crezcan, los niños serán papás y las niñas serán mamás.
Tanto los niños como las niñas pueden disfrutar jugando a las casitas, con las muñecas, con los bloques o trepándose en los árboles.

MATERIALES: Papel de dibujo en hojas de 11" x 14" al menos, creyones o lápices de colores.

PROCEDIMIENTO: Converse con los niños sobre las características que distinguen a los niños de las niñas. Use preguntas como las siguientes para estimular el diálogo:

¿Cómo sabemos que los niños son niños y las niñas son niñas?
¿Qué hace a ___(nombre de una niña)___ ser una niña?
¿Qué hace a ___(nombre de un niño)___ ser un niño?
¿Cuando _____ crezca, seguirá siendo niño?
¿Por qué?
¿Cuando _____ crezca, seguirá siendo niña?
¿Por qué?
Cuando tú seas grande, ¿Seguirás siendo niño o niña?
¿Qué les gusta hacer a los niños?
¿Qué les gusta hacer a las niñas?

Una vez concluido el diálogo, invite a los niños a hacer dibujos de niños y niñas. Rotule cada uno con el nombre del autor. Discuta algunos de dichos dibujos en grupo grande y exhíbalos en el tablón de edictos o en una de las paredes del centro.

OBSERVACIONES: Es muy probable que los niños más pequeños definan sus conceptos sexuales a base de las características físicas estereotipadas asociadas a los géneros en nuestra sociedad. Quizás, a base de la vestimenta, del largo del cabello, del uso de pantallas o de las actividades que se le han asignado a cada género tradicionalmente. Por otro lado, algunos plantearán que, al crecer, no continuarán siendo niños o niñas, sino que cambiarán de sexo. La mayoría de los niños de tres, y cuatro años no tiene claro todavía que el sexo está dado por los genitales, que es inmutable y que no está determinado por la vestimenta o actividades que nos gusta hacer. Aproveche la oportunidad que le brinda la discusión de los dibujos tanto como el diálogo inicial, para hablar sobre lo anterior. Si en estos diálogos, surge la necesidad de referirse a los genitales, use los términos correctos (pene, testículos, vulva, vagina) de una manera natural. No permita que los niños hagan burla o se rían cuando se habla de estos asuntos.
Una forma de variar esta actividad es distribuir (o colocar) muñecas anatómicas en el área del hogar. Use estas muñecas para dramatizar una situación en la que las muñecas se preguntan qué hace a cada una "un niño o una niña" (Derman-Sparks and the ABC Task Force, 1989).

Área: Desarrollo social.
Subtema: Clarificación de conceptos de identidad sexual.
Título: El libro de los niños y las niñas.
(Derman-Sparks and the ABC Task Force, 1989)

Objetivo: El niño clarificará algunos papeles estereotipados asociados a los géneros.

Concepto: Papeles asociados a los géneros.

Idea fundamental: Tanto los niños como las niñas pueden disfrutar martillando, jugando con bloques y con muñecas.

Materiales: Papel de construcción, papeles de maquinilla, perforadora, un pedazo de cinta, revistas para recortar láminas, pega, tijeras y marcador negro.

Procedimiento: Antes de la actividad, prepare el formato del libro, ensamblando las hojas de papel de maquinilla y dos pedazos de papel de construcción como portada y contraportada. Más tarde, organice un grupo pequeño de niños con el fin de preparar un libro sobre los niños y las niñas. Tenga los materiales a mano y explique el propósito de la tarea. Luego, diga a los niños:

"Algunas personas creen que una niña es alguien a quien le gusta jugar a las casitas, pero Juanito es un niño y juega a las casitas. ¿Qué podemos escribir en el libro sobre lo que le gusta hacer a Juanito? ¿Qué podemos escribir sobre lo que le gusta hacer a las niñas?"

Con esta introducción, fomente un diálogo, con el fin de obtener ideas sobre lo que se escribirá en cada página del libro. Tome dictado de los niños, dejando espacio suficiente en la página para que los niños hagan dibujos o peguen láminas alusivas al texto.

Área: Desarrollo social.
Subtema: Clarificación de conceptos de identidad sexual.
Título: Sobre los hombres y los niños/ Sobre las mujeres y las niñas. (Derman-Sparks and the ABC Task Force, 1989)

OBJETIVO: El niño identificará vestimentas y papeles asociados a los géneros masculinos y femeninos.

CONCEPTOS: Papeles masculinos.
Papeles femeninos.

IDEAS FUNDAMENTALES: Los hombres y las mujeres, tanto como los niños y las niñas, se pueden vestir de diversas formas.
También, pueden arreglarse el pelo de muchas maneras y gustar de distintos colores tales como el rosa, el blanco o el azul.
Asimismo, pueden gustar de las mismas actividades, tales como cuidar un perro, montar a caballo o cocinar.

MATERIALES: Revistas con láminas de colores donde aparezcan hombres, mujeres, niños y niñas vestidos de maneras variadas y desempeñando varios papeles —tradicionales y no tradicionales—, tijera, pega, papel de construcción de color claro.

PROCEDIMIENTO: Converse con los niños sobre cómo se visten los hombres y las mujeres, así como los niños y las niñas. Discuta con ellos cómo ambos géneros llevan el cabello, los accesorios que usan, los colores de sus vestimentas y las actividades que disfrutan. Acepte todo lo que se diga, pero aproveche la oportunidad para recalcar actitudes no sexistas, tales como que hoy día tanto los hombres como las mujeres pueden llevar el pelo largo, usar pantalones, o ponerse una camisa rosa.

Después de la conversación, distribuya los materiales e invite a los niños a recortar y pegar láminas de hombres, mujeres, niñas y niños. Rotule los trabajos con los nombres de los niños. Exhíbalos en un tablón de edictos o en una pared rotulada con el título "Sobre los hombres y los niños" y "Sobre las mujeres y las niñas". Antes de pegar los trabajos, discuta con los niños cuáles deben ir bajo el título "Sobre los hombres..." y cuáles bajo el título "Sobre las mujeres..."

Área: Desarrollo social.
Subtema: Clarificación de conceptos de identidad sexual.
Título: ¿Para quién son los regalos?
(Pope Edwards, 1986)

OBJETIVO: El niño clarificará los papeles asociados al hombre y la mujer adultos, de una manera no sexista.

CONCEPTOS: Papel femenino.
Papel masculino.

IDEAS FUNDAMENTALES: Hay mamás que salen a trabajar a la calle todos los días.
Hay papás que se quedan en la casa cuidando los niños cuando las mamás salen a trabajar.
Cuando el papá se queda en la casa cuidando los niños, prepara la comida, remienda la ropa que se rompe, lava la ropa y duerme a los niños.

MATERIALES: Una caja de cartón que contenga un maletín, un martillo, aguja y bolillo de hilo, un delantal y una caja de detergente.

PROCEDIMIENTO: Dramatice el siguiente relato:

"En casa de Angelito, su mamá sale a trabajar todos los días. Ella trabaja en una oficina y sale muy temprano por la mañana para llegar a tiempo a su trabajo. El papá de Angelito se queda en la casa cuidando de los niños. Su papá les prepara el almuerzo, les lava la ropa y, en la tarde, los acuesta para que duerman una siesta. Una noche, mientras el papá y la mamá de Angelito estaban conversando sobre lo que hicieron durante el día, llegó el cartero con una caja llena de regalos. El cartero dice: 'Traigo una caja llena de regalos para su papá y su mamá, y ustedes, niños, me deben ayudar a decidir qué regalo le damos a cada uno. Vamos a ver lo que hay aquí'".

Saque cada uno de los objetos de la caja y muéstrelos a los niños. Haga las siguientes preguntas para cada "regalo":

¿Qué es esto?
¿Para qué se usa?
¿Quién debe recibir este regalo, ¿el papá que se queda en la casa cuidando a los niños, cocinando y lavando, o la mamá que sale a trabajar todos los días?
¿Quién necesita esto más, ¿la mamá o el papá? ¿Por qué?

REFERENCIAS

Asher, S.R., P.D. Renshaw y S. Hymel, (1982). "Peer relations and the development of social skills." En S.G. Moore and C.R. Cooper (eds.), *The Young Child: Review of Research*, 3. Washington D.C.: National Association for the Education of Young Children.

Bandura, A. (1969). "Social learning theory of identification process." En G. Goslin (ed.), *Handbook of Socialization Theory and Research*. Chicago: Rand McNally.

Berkowitz, L. (1964). *Development of Motives and Values in the Child*. New York: Basic Books.

Brooks-Gunn, J.B. y W.S. Mathews (1979). *He and She: How Children Develop Their Sex Role Identity*. Englewood Cliffs, New Jersey: Prentice Hall.

Christie, J.F. (1982) "Sociodramatic play training. *Young Children*, 37(4), May, 25-31.

Coletta, A.J. y K. Coletta (1988a). *Year Round Activities for Three-year-old Children*. New York: The Center for Applied Research in Education, Inc.

_____ (1988b). *Year Round Activities for Four-year-old Children*. New York: The Center for Applied Research in Education, Inc.

Copple, C., I.E. Sigel y R. Saunders (1979) *Educating the Young Thinker: Classroom Strategies for Cognitive Growth*. New York: Van Nostrand.

Derman-Sparks, L. y the ABC Task Force. (1989). *Anti-Bias Curriculum*. Washington D.C.: National Association for the Education of Young Children.

Emmerich, E., K.S. Goldman, B. Kirsh y R. Sharabany (1977). "Evidence of a transitional phase in the development of gender constancy." *Child Development*, 48, 930-936.

Eisenberg, N. (1982). "Social development." En C.B. Koop y J.B. Krakow (eds.), *The Child Development in a Social Context*. Reading, Mass.: Addison-Wesley.

Finkelstein, N.W. (1982). "Aggresion: Is it stimulated by day care?" *Young Children*, 37(6), September, 3-9.

Freud, A. y S. Dann (1951). "An experiment in group upbringing." En R. Eisler; A. Freud; H. Hartman; y E. Kris (eds.), *The Psychoanalitic Study of the Child*. New York: International Universities Press.

Gesell, A. (1940). *The First Five Years of Life*. New York: Harper.

Hartup, W.W. (1977). "Peer relations: Developmental implications and interactions in same- and mixed-age situations." *Young Children*, 23(3), 4-14.

_____ (1978). "Children and their friends." En A. McGrugk (ed.), *Social Development*. London: Methuen.

Hartup, W.W. y Wates, B. (1967). "Imitation of a peer as a function of reinforcement from the peer group and rewardingness of the model." *Child Development*, 38(4), 1003-1016.

Hazen, N. (1984). "Social acceptance: strategies children use and how teachers can help children learn them." *Young Children*, 39(6), 26-35.

Hillard III, A. (1978). "How should we assess children's social competence." *Young Children*, 33(5), July, 48-49.

Honing Sterling, A. (1982). "Prosocial development in children." *Young Children*, 37(5), 51-62.

Hutt, C. (1972). "Neuroendocrinological, behavioral and intellectual aspects of sexual differentiation in human development." En C. Ouwstead y D.C. Taylor.(eds.), Gender *Differences: Their Ontogeny and Significance*. London: Churchill Livingstone.

Kinsey, A.C., W.B. Pomeroy y C.E. Martin (1948). *Sexual Behavior in the Human Male*. Philadelphia: W.B. Saunders.

Kohlberg, L. (1969a). "A cognitive developmental analysis of children's sex role concepts and attitudes." E.E. Maccoby (ed.), *The Development of Sex Differences*. Stanford, Calif.: Stanford University Press.

_____ (1969b). "Stage and sequence: the cognitive developmental approach to socialization." En D.A. Goslin (ed.), *Handbook of Socialization Theory and Research*. Chicago: Rand McNally.

_____ (1981). *Philosophy of Moral Development*. New York: Harper and Row.

Laosa, L.M. (1977). "Socialization, education and continuity: the importance of the socio-cultural context." *Young Children,* 32(5), July, 21-27.

Lewis, M. y J. Brooks-Gunn (1979). *Social Cognition and the Acquisition of Self.* New York: Plenum Press.

Maccoby, E.E. (1980). *Social Development.* New York: Harcourt Brace Jovanovich, Inc.

Maccoby, E.E. y C.N. Jacklin (1974). *The Psychology of Sex Differences.* Stanford, Calif.: Stanford University Press.

Moore, S.G. (1979). "Social cognition: Knowing about others." *Young Children,* 34(3), March, 54-61.

Nilsen, A.P. (1977). "Alternatives to sexist practices in the classroom." *Young Children,* 32(5), July, 53-58.

Piaget, J. (1932). *The Moral Reasoning in the Child.* New York: Hartcourt Brace and World.

Pope Edwards, C. (1983). "Talking witn young children about social ideas." *Young Children,* 39(8), December, 12-19.

_____ (1986). *Promoting Social and Moral Development in Young Children, Creative Approaches for the Classroom.* New York: Teachers College Press.

Putallaz, M. y J.M. Gottman (1981). "An introductional model of children's entry into peer groups." *Child Development,* 52(3), 986-994.

Rest, J.R. (1983). "Morality." En P.H. Mussen (ed.), *Handbook of Child Psychology,* 4th. edition, 3, Cognitive Development. New York: Wiley.

Roff, M. y S.B. Sells (1968). "Juvenile delincuency in relation to peer acceptance-rejection and socioeconomic status." *Psychology in the Schools,* (5),3-18.

Rogers, D.L. y D. Doerre Ross (1968) "Encouraging positive social interaction among young children." *Young children,* 41(3), March, 12-17.

Schikedanz, J.A., M.E. York, I.S. Stewart y D. White (1977). *Strategies for Teaching Young Children.* New Jersey: Prentice Hall.

Shantz, C.U. (1975). "The development of social cognition." En E.M. Hetherington (ed.), *Review of Child Development Research,* 5. Chicago: University of Chicago Press.

Shure, M.B. y G. Spivack (1978). *Problem Solving Techniques in Childrearing.* San Francisco: Jossey-Bass.

Similansky, S. (1968). *The Effects of Sociodramatic Play on Disadvantaged Preschool Children.* New York: Wiley.

Stengel, S.R. (1982). "Moral education for young children." *Young Children,* 37(6), September, 23-31.

Sterling Honing, A. (1982). "Prosocial development in children." *Young Children,* 37(4), July, 51-56.

_____ (1983). "Sex role socialization in young children." *Young Children,* 38(6), September.

Spivack, G. y M.B. Shure (1974). *Social Adjustment of Young Children.* San Francisco:Jossey-Bass.

Thomas, M.R. (1985). *Comparing Theories of Child Development.* Belmont, Calif.: Wadsworth Publishing Co.

Vaugh, B.E. and E. Waters (1980). "Social organization among preschool peers: dominance, attention, and sociometric correlates." En D.R. Omark; F.F, Stayer; y D.G. Freeman (eds.), *Dominance relations: Ethological Perspectives on Human Conflict.* New York: Garland Press.

Vygostky, L.S. (1976). "Play and its role in the mental development of the child." In J. Bruner; A. Jolly, y K. Sylva (eds), *Play, Its Role in Developmental Evolution.* New York: Basic Books.

Yarrow, M.R., B. Scott y C.I. Waxler (1973). "Learning concern for others." *Developmental Psychology,* 8, 240-260.

Unidad para el desarrollo emocional

INTRODUCCIÓN

El desarrollo emocional del niño preescolar es, tal vez el aspecto del desarrollo integral que con menos frecuencia se refleja en guías curriculares. Esto, quizá, responde a que las dimensiones emocionales o afectivas son difusas, subjetivas y, sobre todo, muy personales, lo que dificulta la planificación de actividades para atenderlas. En los programas educativos de nivel preescolar, lo que usualmente ocurre es que los maestros o adultos responsables tienen más o menos una idea de cómo lidiar con el desarrollo emocional en los años preescolares, enmarcando su labor general a la luz de estas nociones. Un repaso de algunas de las guías curriculares más conocidas señala que éstas, con gran precisión, incluyen una variedad de actividades para el desarrollo social, físico y cognoscitivo (Coletta y Coletta, 1988a; Coletta y Coletta, 1988b; Derman-Sparks and the ABC Task Force, 1989; Hohmann, Banet y Weikart, 1984; Roopanarine y Johnson, 1987). Sin embargo, salvo algunas excepciones, la mayoría ni tan siquiera hace referencia a los aspectos afectivos del desarrollo integral. Tal vez, las únicas excepciones son el *Programa de Bank Street College* y el *Enfoque Eriksoniano para la educación de infantes de 0 a 3 años de edad* (Roopanarine y Johnson, 1987). Estos dos currículos, tanto en sus marcos teóricos, como en las actividades y estrategias que recomiendan, se orientan explícitamente al desarrollo afectivo del niño de edad temprana.

Por otro lado, desde la década de los ochenta, varios programas educativos de nivel preescolar, en Estados Unidos y en Europa, han recalcado el desarrollo intelectual de los niños en sus currículos. Sin embargo, en términos generales, estos programas dejan pasar inadvertidos los aspectos emocionales del desarrollo, ignorando que lo afectivo está íntimamente ligado a la cognición, al aprovechamiento académico y al desarrollo óptimo de la personalidad infantil (Morrison y Thompson, 1980). La literatura pedagógica ha señalado constantemente que, por ejemplo, los niños de nivel primario con una autoestima alta y con confianza en sus propias habilidades tienen menos dificultades para aprender a leer que aquellos que tienen un concepto pobre de sí mismos. Estos estudios también han señalado que, en términos generales, los niños que desarrollan autoconfianza tienden a mostrar un mejor aprovechamiento académico que los niños que no la tienen (Hamachek, 1978). Un buen programa de nivel preescolar debe proporcionar un ambiente de aprendizaje más enriquecido y retador de lo que muchos hogares pueden ofrecer; pero, sobre todo, la libertad para que los niños lo exploren sin temor al fracaso (Sava, 1987). Mediante el proceso de exploración sin temor al fracaso, los niños desarrollan la autoconfianza necesaria para participar y sacar provecho de las experiencias de aprendizaje más variadas.

EL DESARROLLO EMOCIONAL A LA LUZ DE ERIKSON

En el capítulo uno se estableció que uno de los marcos teóricos que sirve de base a este currículo, es la teoría de desarrollo psicosocial de Erik Erikson. Esta teoría tiene un enfoque que ofrece puntos de referencias conceptuales sobre el desarrollo de los aspectos afectivos de la personalidad que emergen en interacción con el medio social. Sin embargo, la pertinencia de este marco teórico como base para un currículo de nivel preescolar, también se enmarca en el efecto positivo que tiene en los aspectos intelectuales del desarrollo de los niños. Sterling Honing (1987, p. 50) ha planteado que, a base de varias investigaciones sobre la teoría de Erikson, el clima emocional en el que ocurre el aprendizaje de infantes y de los maternales, ejerce una influencia significativa en la manera en que los niños se convierten en aprendices activos, automotivados, independientes, persistentes y hábiles ante la solución de problemas. No sería irrazonable pensar que los niños preescolares también derivarían el mismo beneficio, en sus procesos de aprendizaje, de un clima emocional estable y armonioso que propenda al óptimo desarrollo emocional.

Según Erikson, el desarrollo psicosocial del individuo es el producto de la resolución de diversas crisis con las cuales se confronta a lo largo de su vida. Durante los primeros cinco años de vida, el niño tiene que lidiar y resolver tres crisis que ocurren sucesivamente. Entre el nacimiento y un año de edad, el infante se debate entre el desarrollo de la confianza hacia los adultos y el de la desconfianza. El sentimiento de confianza resultará de la diligencia, del amor, de la ternura y de la sensibilidad con la cual la madre o el cuidador principal haya atendido sus necesidades básicas. Un infante que es víctima de negligencia, de maltrato, de la indiferencia, del trato frío, de una rutina poco sensible a sus necesidades, o que carece de un cuidador estable que lo entienda y lo maneje de manera predecible, desarrollará un sentimiento de desconfianza que se generalizará hacia todos los adultos con los que interactúe. Si esto último ocurriera, el infante estaría en una posición de desventaja para confrontar la próxima crisis psicosocial.

Durante el período comprendido entre los dos y tres años de edad, el niño se confronta con la segunda crisis emocional. En este momento el niño comienza a tratar de convertirse en un ser autónomo e independiente. Un niño que no haya resuelto la crisis anterior de manera satisfactoria, experimentará sentimientos de duda que obstaculizarán el desarrollo de su independencia. En última instancia, la duda engendrará inseguridad, atrapando al niño en un ciclo de dependencia de los padres u otros adultos cercanos. Aunque durante estos dos años, las personas más significadas para el niño son sus padres, es precisamente de los padres de quienes el niño comienza a independizarse. Los niños de dos y tres años, que tienen una relación de confianza con sus padres y se sienten más seguros, se aventuran mucho más arrojadamente a explorar el ambiente de forma independiente, que los niños que no han logrado desarrollar ese sentimiento de confianza. Este comportamiento también ocurre en el centro de cuidado maternal, ya que, para todos los efectos, el maestro se convierte en sustituto del padre y de la madre. Por lo tanto, una relación de confianza con el maestro o cuidador es esencial en el desarrollo del sentido de autonomía.

La última crisis con la cual se confronta un niño preescolar es su inquietud por desarrollar iniciativa frente a los sentimientos de culpa que se producen en él cuando la familia, la maestra o el cuidador, coartan sus iniciativas. En esta etapa del desarrollo psicosocial, el niño se debate entre su afán por iniciar actividades que le resultan interesantes, retadoras y satisfactorias en el plano social, cognoscitivo y afectivo. En este punto del desarrollo psicosocial del niño, los adultos deben ejercer la autoridad de manera controlada, sin restringir excesivamente la iniciativa que comienza a aflorar. Un niño cuya iniciativa sea restringida de forma indiscriminada en esta etapa, posteriormente será incapaz de atreverse a realizar actividades que sean producto de sus intereses particulares.

En resumen, un maestro de niños de tres y cuatro años debe estar consciente de las características generales del desarrollo emocional en esta etapa para facilitarlo y estimularlo. Por otro lado, este conocimiento le permitirá fomentar de manera más efectiva el desarrollo, de los aspectos cognoscitivo, social y físico en los años preescolares.

COMPONENTES DEL DESARROLLO EMOCIONAL

El desarrollo emocional o afectivo del niño preescolar consta de tres componentes. A saber: la autoestima y confianza en las propias habilidades; el manejo de emociones y sentimientos; y en fin, el autocontrol y la autonomía personal.

AUTOESTIMA

El concepto de autoestima se refiere al valor afectivo que el individuo atribuye a su persona y a sus capacidades. Otros términos relacionados con este concepto, que muchas veces se usan como sinónimos, son autoconfianza y concepto positivo de sí mismo. La autoestima es un aspecto del desarrollo emocional que emerge en interacción social. Este fenómeno es el producto de dos factores principales interactuantes. Por un lado, el concepto que tiene el niño de su persona y de sus propias habilidades. Por otro lado, las expectativas y visión que se forman las personas a su alrededor sobre el niño y sus capacidades. Los adultos comunican estas expectativas de manera sutil valiéndose de patrones de interacción que establecen, tanto como mediante las actitudes hacia el niño.

El maestro de niños de nivel preescolar debe ser un observador eficaz para identificar los indicadores que demuestran si el niño tiene o no tiene un concepto positivo de sí mismo. Según Survant (1972) se han identificado diez conductas que demuestran que un niño preescolar posee un autoconcepto positivo:

- No se atemoriza ante situaciones nuevas porque en el pasado ha tenido éxito al confrontar experiencias nuevas.

- Hace amigos con facilidad.

- Está dispuesto a explorar juguetes y materiales educativos nuevos, demostrando entusiasmo en actividades novedosas.

- Confía en el maestro aunque éste sea un adulto extraño para él o ella.

- Es cooperador y respeta reglas de convivencia.

- Es capaz de controlar su propio comportamiento y, en algunos casos, puede predecir las consecuencias del mismo.

- Es imaginativo y original en sus ideas.

- Se comunica con facilidad y soltura; a veces tiene dificultad para escuchar a otros debido a su deseo de compartir sus puntos de vista.

- Es independiente y requiere poca dirección del adulto.

- Parece ser un niño feliz.

Por el contrario, según Survant (1972) un niño con un autoconcepto pobre mostrará comportamientos como los siguientes:

- Se ve ambivalente o se rehúsa a confrontar situaciones nuevas.

- Tiende a mantenerse en un mismo tipo de actividad hasta que desarrolla suficiente confianza para realizar otra actividad distinta.

- Rechaza el contacto físico.

- Se aísla de otros niños o tiene un solo amigo.

- Habla poco.

- Puede ser posesivo con los juguetes.

- Puede requerir atención constante del maestro.

- Puede ser agresivo.

- Frecuentemente reacciona violentamente con rabietas o llanto ante situaciones que le provocan frustración.

- No parece ser un niño feliz.

Sin embargo, el maestro de nivel preescolar, no sólo debe ser capaz de identificar los indicadores anteriores por medio de la observación. Es fundamental que el maestro sepa cómo fomentar el desarrollo de un autoconcepto positivo en los niños. Survant (1972) hace las siguientes recomendaciones al efecto:

- Planifique actividades que sean retadoras pero que respondan a los niveles de destrezas del niño de manera que pueda tener éxito en ellas.
- Comunique (ofrezca, imparta) estímulo y refuerzo verbal con frecuencia.
- Acepte lo que el niño puede hacer; hágale comentarios honestos y positivos sobre sus logros. Si no puede hacer ningún comentario positivo, dígale que reconoce que trabajó mucho, o se esforzó y que usted aprecia ese esfuerzo.
- Ayúdelo a sentirse parte importante del grupo.
- Escuche al niño con atención e interés genuino.
- Solicite sus sugerencias y úselas.
- Demuéstrele que lo respeta, considera, valora y aprecia como el ser humano único que es.
- Sea paciente con el niño.
- Ofrezca oportunidades para que tome decisiones.

MANEJO DE EMOCIONES Y SENTIMIENTOS

El *Diccionario Vox de la Lengua Castellana* (Gili Gaya, 1986) define el término **emoción** como "agitación del ánimo producido por ideas, recuerdos, sentimientos y pasiones que se manifiestan mediante una conmoción orgánica más o menos visible". También define el término **sentimiento** como "impresión que causa en el ánimo las cosas espirituales; estado de ánimo".

Según Batcher (1981) las emociones y los sentimientos emergen de las interpretaciones de las situaciones de la vida diaria y de la construcción del significado que se les atribuye. Esta noción plantea una relación estrecha entre emociones, sentimientos y cognición. También implica que existe un componente social que es inseparable del proceso. Continúa elaborando Batcher (1981) que los niños experimentan la vida de manera distinta que el adulto. Por lo tanto, las emociones y los sentimientos que se generan en ellos, tienen que ser diferentes de los que experimentan los adultos. Los supuestos que plantea Batcher (1981) son compatibles con las ideas de Jean Piaget, que sugieren que el intelecto de los niños es diferente del intelecto de los adultos. Si en efecto, las emociones humanas son inseparables del intelecto humano, entonces la calidad de las emociones de los niños es distinta de la calidad de las emociones del adulto.

Un aspecto importante que no debe soslayarse, al hablar sobre el manejo de emociones y sentimientos en los niños preescolares, son los temores. Se ha señalado que existe un vínculo entre los temores infantiles y el nivel de desarrollo cognoscitivo (Kellerman,1981). Según Jean Piaget, los niños que están en la etapa preoperacional —preescolares— tienen dificultad para distinguir entre la realidad y la fantasía, tanto como para diferenciar el símbolo de la acción. Es por esto, por ejemplo, por lo que, al ver una lámina de un monstruo o una escena de cine que muestre algún personaje monstruoso, el niño preescolar creerá que el monstruo es real.

A lo largo de los años se han propuesto varias teorías para explicar el origen de los temores en los niños. Entre otras, se destacan estas tres teorías. La teoría conductista-ambientalista sugiere que los temores son aprendidos, ya sea por imitación, por asociación o por refuerzo. La teoría psicosexual-social plantea que los temores tienen una base genética común con otras tendencias irracionales que se manifiestan en la niñez. Por último, la teoría cognoscitiva-interaccionista sostiene que el temor es el resultado de la falta de esquemas o estructuras de pensamiento que le permitan al niño comprender el objeto o suceso con el que se confronta.

Kellerman (1981) identificó algunos temores comunes en los niños preescolares:

- Separación de los padres.

- Monstruos y otras criaturas imaginarias.
- Sueños y pesadillas.
- Animales.
- Oscuridad.
- Dormir en la oscuridad.
- Muerte.
- Médicos, hospitalizaciones.

El maestro del nivel preescolar debe tener en cuenta que los temores en los niños son un reflejo de sus niveles de desarrollo que si no se manejan adecuadamente, pueden tener un efecto negativo en la hechura emocional del niño.

AUTOCONTROL Y AUTONOMÍA PERSONAL

Cuando se habla de autocontrol en el ámbito de la educación, se piensa en disciplina. El término disciplina implica mecanismos externos para el control del comportamiento. Sin embargo, se sabe que los controles externos no son tan eficaces como los controles internos. La única excepción a este supuesto se presenta en el caso de los niños con problemas patológicos de comportamiento que sólo responden a controles externos aplicados en programas de modificación de conducta.

El autocontrol del comportamiento está estrechamente relacionado con el desarrollo de la autonomía en el niño. Durante la infancia, en el segundo y en el tercer año de vida, observamos que los niños se mueven de un estado de total dependencia de los adultos hacia niveles de desarrollo en los que son capaces de demostrar autonomía personal. Sin embargo, durante estos tres primeros años, carecen de mecanismos que permitan autocontrolar la autonomía ganada. Por esta razón los niños requieren de la supervisión constante de un adulto, el cual es responsable de establecer límites razonables al comportamiento. Un niño que haya podido desarrollar autonomía personal durante estos años, estará en una posición más ventajosa, no sólo para continuar cimentando una personalidad balanceada, sino para dirigir su desarrollo cognoscitivo y social mediante la exploración confiada y libre del ambiente. Más tarde, durante los años preescolares —a los cuatro y cinco años— los niños comienzan a dar muestras de iniciativa en lo que se refiere a las relaciones recíprocas que establecen y mantienen con las personas y las cosas que les rodean.

Gartrell, (1987) ha identificado nueve tipos de problemas de comportamiento en niños preescolares que son difíciles de manejar. Los niños que frecuentemente muestran estas conductas necesitan ayuda y orientación para que desarrollen mecanismos eficaces de autocontrol:

- Usar lenguaje soez o inapropiado.
- Hablar al mismo tiempo que habla el adulto; sobre todo, durante la hora de formar cerco.
- Ignorar instrucciones para recoger los materiales y juguetes.
- Gritar o hablar en voz alta.
- Jugar en el baño.
- Salir del salón sin permiso o en momentos que no son apropiados.
- Dañar los materiales educativos.
- Interrumpir las actividades educativas.
- Hacer rabietas.

Según Kanfer (1976) hay tres etapas en el proceso de establecer el autocontrol del comportamiento:

Etapa 1. Autocotejo del comportamiento — el individuo es capaz de observar su propio comportamiento y las situaciones en las que surge.

Etapa 2. **Autoevaluación** — el individuo compara su comportamiento con algún estándar para juzgar su adecuación.

Etapa 3 **Autorrefuerzo** — el individuo se administra a sí mismo refuerzos positivos o castigos en relación a su comportamiento.

Sin embargo, dado el nivel de desarrollo del niño preescolar, resulta improbable que sea capaz de autocotejar, autoevaluar y autorreforzar su comportamiento. Kohlberg (1976) descubrió que los niños preescolares se encuentran en un nivel preconvencional de desarrollo moral. En la primera etapa de este nivel, el niño modifica su comportamiento para evitar los castigos. Este es un aspecto del proceso de desarrollo de los niños preescolares que no puede perderse de vista al hablar sobre lo deseable de que el niño desarrolle mecanismos de autocontrol. Una implicación subyacente en el supuesto anterior es que los preescolares necesitan claves concretas y externas que les ayuden a desarrollar mecanismos de autocontrol.

A la luz de lo anterior, el maestro es una figura importante en el proceso. Hildebrand (1990) ha sugerido que el maestro puede guiar al niño hacia el autocontrol de manera indirecta o de manera directa. La guía indirecta se refiere a la planificación de actividades y a la organización del ambiente físico de manera que influya en el comportamiento de los niños. Implica el manejo de los materiales, equipos, personas y espacio de manera que indirectamente inclinen a comportamientos autocontrolados y autodirigidos por el niño. Por otro lado, la guía directa se define como un conjunto de técnicas verbales, físicas y afectivas cuyo propósito es influir en el comportamiento, con el fin de que el niño llegue a autocontrolarlo y autodirigirlo.

Guía indirecta. Según Hildebrand (1990), para ejercer guía indirecta se requiere un equilibrio entre la cantidad de adultos y la de niños en el centro. También necesita una programación diaria predecible y rutinaria para los niños. Al programar las actividades diarias es necesario distribuirlas en períodos de 30 a 45 minutos, alternando actividades sedentarias con actividades vigorosas. Sin embargo, esta programación debe ser flexible para acomodarse a las necesidades de los niños.

La organización del espacio es otro elemento importante que influye indirectamente en el comportamiento. El espacio debe suministrar claves para que el niño pueda inferir el comportamiento apropiado en cada área del salón. En el área de biblioteca, por ejemplo, una alfombrita, cojines, un sillón pequeño, buena iluminación, ventilación y una amplia variedad de libros, indican al niño que ese es un lugar donde no se grita o desordena. Algo similar debe ocurrir en cada área del salón. Si se ha establecido que en cada área no debe haber más de cuatro niños simultáneamente, entonces cada área no debe tener más de cuatro sillas o conjuntos de materiales educativos. Por último, el maestro debe considerar la planificación de actividades retadoras e interesantes que despierten en los niños el deseo de participar. No hay una manera más eficaz de fomentar el autocontrol en los niños preescolares, que proporcionarles oportunidades para participar en una amplia variedad de actividades.

Guía directa. Como se mencionó anteriormente, la guía directa utiliza tres medios fundamentales: físico, verbal y afectivo. Hildebrand (1990) identifica una serie de actividades que puede realizar el maestro en cada medio.

- Medio físico: incluye la proximidad, el contacto físico y el lenguaje no verbal para ejemplificar, restringir, llevar o sacar al niño de determinada situación como medio para recordarle que debe desarrollar autocontrol.

- Medio verbal: se basa en el diálogo para comunicarse y persuadir. Requiere sensibilidad y capacidad para escuchar las ideas, sentimientos e interrogantes de los niños, tanto como para dar respuestas lógicas y razonables.

- Medio afectivo: utiliza la demostración de afecto y emociones entre el niño y el maestro con el fin de influir positivamente en el comportamiento y ayudar al niño a desarrollar autocontrol.

Por otro lado, Gartrell (1987) hace las siguientes recomendaciones para ayudar al niño a desarrollar mecanismos para autocontrolarse:

1. Acepte al niño como es y trate de entender que su conducta refleja sus experiencias de vida.

2. Anticipe aquellas situaciones que propendan a que el niño pierda autocontrol e intervenga a tiempo para evitar que ocurran.

3. Provea de materiales educativos las áreas de aprendizaje que reflejen una amplia gama de intereses y habilidades de los niños.

4. Establezca y respete una rutina diaria, alternando períodos de actividades activas y pasivas.

5. Trabaje preferiblemente con grupos pequeños o de manera individual.

6. Planifique las actividades educativas pensando en las diferencias individuales y en los diversos niveles de desarrollo.

A tenor con lo anterior, en un currículo integrado resultaría imposible proponer actividades especiales cuyo objetivo principal fuera que el niño desarrollara autocontrol y autonomía personal. Por esta razón el objetivo de autocontrol y autonomía se encuentra implícito en todas y cada una de las actividades educativas que aparecen en las unidades curriculares dirigidas al desarrollo físico, social, emocional y cognoscitivo. Por lo tanto, se recomienda al maestro que tome en cuenta las recomendaciones que se han ofrecido en este capítulo para que, al seleccionar e implantar las actividades que se sugieren, facilite el desarrollo de autocontrol y de autonomía.

Objetivos en torno al desarrollo emocional del niño preescolar

A continuación se presenta el objetivo general y los objetivos particulares de la unidad:

Objetivo general

Por medio, y como resultado de las estrategias curriculares, los niños tendrán oportunidades para desarrollar una personalidad y una tesitura emocional saludables valiéndose de actividades que le permitan desarrollar autoestima y confianza en sus propias habilidades, adquirir autocontrol y autonomía personal, así como comprender y manejar sus emociones y sentimientos.

Objetivos particulares

A. Objetivos para el desarrollo de autoestima y confianza en las propias habilidades (Hamachek, 1972; Morrison y Thompson, 1980).

Por medio y como resultado de las actividades educativas, el niño:

A1 • Identificará a cada persona como alguien especial y valioso;

A2 • Se identificará a sí mismo como una persona especial y valiosa;

A3 • Valorizará su individualidad como una persona única;

A4 • Valorizará los talentos y habilidades que posee;

A5 • Expresará sus sueños y deseos secretos;

A6 • Valorizará su capacidad para producir trabajos creativos y personales.

B. Manejo de emociones y sentimientos (Morrison y Thompson, 1980)

Por medio y como resultado de las actividades, el niño:

B1 • Identificará sentimientos de alegría;

B2 • Compartirá sentimientos de alegría;

B3 • Aceptará los sentimientos de alegría;

B4 • Identificará sentimientos de tristeza;

B5 • Compartirá sentimientos de tristeza;

B6 • Aceptará sentimientos de tristeza;

B7 • Identificará sentimientos de coraje;

B8 • Compartirá sentimientos de coraje;

B9 • Aceptará sentimientos de coraje;

B10 • Identificará sentimientos de temor;

B11 • Compartirá sentimientos de temor;

B12 • Aceptará sentimientos de temor.

C. Autocontrol y autonomía personal.

NOTA: Todas las actividades educativas que aparecen en esta guía curricular, propenden al desarrollo de autocontrol y autonomía. Es por esta razón por lo que no se desglosan objetivos ni actividades particulares en esta sección.

A

Actividades para el desarrollo de la autoestima y confianza en las propias habilidades

(Hamachek, 1972; Morrison y Thompson, 1980).

Área: Desarrollo emocional.
Subtema: Autoestima y confianza.
Título: La caja mágica. (Morrison y Thompson, 1980)

OBJETIVO: El niño identificará a cada persona como alguien especial y valioso.

CONCEPTO: Persona especial.

IDEA FUNDAMENTAL: Cada persona es alguien único y especial.

MATERIALES: Una caja de cartón con tapa (puede ser una caja de zapatos), fotografías de cada uno de los niños y los adultos que conviven diariamente en el centro, pega, tijeras, papel de construcción, una cartulina grande y marcadores de colores.

PROCEDIMIENTO: Antes de la actividad, forre la caja de zapatos y su tapa con papel de construcción. También pegue cada uno de los retratos sobre un círculo de papel de construcción de aproximadamente 3 pulgadas de diámetro, de manera que el retrato se destaque.

Para realizar la actividad, reúnase con un grupo pequeño de niños en un cerco en el suelo. Sostenga la caja en las manos pero no diga lo que contiene o para qué se usará. Inicie la actividad conversando sobre cómo cada uno de nosotros es especial y distinto a los demás. Haga preguntas individuales a los niños para que le digan qué hace a cada uno de ellos especial y distinto de los demás. Luego de este diálogo, diga que en la caja están las caras de unas personas muy importantes y valiosas. Invite a cada niño a acercarse a la caja para destaparla y mirar dentro. Sin embargo, sólo deben mirar sin decir lo que ven. Cuando todos los niños hayan mirado dentro de la caja, invítelos a comentar sobre lo observado. Use preguntas guías como las siguientes:

¿Qué vimos dentro de la caja?
¿Por qué están los retratos de todos nosotros en la caja?
¿Por qué cada uno de nosotros es especial?

Concluya la actividad invitando a los niños a preparar un gran cartel titulado "Personas especiales", pegando cada uno de los retratos que había dentro de la caja en una cartulina. Asegúrese de que los niños que puedan escribir su nombre, lo hagan debajo de su retrato. Si los niños no pueden escribir su nombre todavía, el maestro debe hacerlo por ellos. Exhiba el cartel en algún lugar visible del salón.

Área: Desarrollo emocional.
Subtema: Autoestima y confianza.
Título: Yo soy una persona especial.

OBJETIVO: El niño se identificará a sí mismo como una persona especial.

CONCEPTO: Persona especial.

**IDEA
FUNDAMENTAL:** Yo soy una persona especial.

MATERIALES: La caja que se preparó para la actividad "La caja mágica" (con su tapa), un espejo de mano de aproximadamente 3" X 3", cinta adhesiva, papel de construcción, tijeras, marcadores, pega blanca y escarcha.

PROCEDIMIENTO: Coloque el espejo en el fondo de la caja, pegándolo con cinta adhesiva gruesa. Tape la caja.

Reúnase con un grupo pequeño de niños en un cerco, sin decirles lo que contiene la caja.

Para comenzar la actividad, pida a cada niño que se acerque para que vea dentro de la caja, pero sin comentar en voz alta lo observado (al mirar dentro, cada niño verá su cara reflejada en el espejo.)

Después que todos los niños hayan mirado, pida a cada uno que diga lo que vio. Inicie una discusión sobre las razones por las cuales cada persona que vimos dentro de la caja es especial y única.

Para concluir la actividad, provea a cada niño de cartulina, pega y escarcha para que preparen un trabajo artístico con escarcha con sus nombres. Exhiba estos proyectos en un lugar visible del centro. Si el niño puede escribir su nombre invítelo a que lo haga en el trabajo. De otra manera, escriba usted el nombre del niño.

Área: Desarrollo emocional.
Subtema: Autoestima y confianza.
Título: El árbol del yo.

OBJETIVO: El niño valorizará su individualidad como persona única.

CONCEPTO: Individualidad.

IDEAS FUNDAMENTALES: Yo soy diferente de cualquier otra persona.
Es bueno que yo sea diferente de otras personas.

MATERIALES: Cartulina blanca (una por niño), marcadores de colores, revistas con láminas de colores brillantes para recortar, tijeras, pega.

PROCEDIMIENTO: En cada una de las cartulinas, trace la silueta de un árbol sin dibujarle follaje.

Entregue una a cada niño. Antes de comenzar a trabajar con la cartulina, converse sobre cómo cada uno de ellos es como un árbol. Pregunte si alguna vez han observado los árboles; cómo cada árbol es distinto. Pregúntele si saben por qué los árboles son especiales. Dialogue con los niños sobre cómo los árboles son especiales; porque nos dan sombra; porque ayudan a limpiar el aire que respiramos; evitan que el viento se lleve el terreno y otros aspectos. Al establecer la semejanza entre los niños y los árboles, hable también sobre cómo los árboles, al principio, son pequeños pero luego crecen fuertes y altos. Después de esta conversación, sugiera a los niños que saben escribir su nombre, que lo escriban en la silueta del tronco. El maestro deberá escribir los nombres de los niños que todavía no pueden hacerlo.

Distribuya las revistas, tijeras y pega para que los niños completen el follaje del árbol con láminas de sus actividades o de sus objetos favoritos. Exhiba los trabajos en un lugar visible del centro.

Área: Desarrollo emocional.
Subtema: Autoestima y confianza.
Título: Mis talentos y habilidades.

OBJETIVO: El niño valorizará los talentos y habilidades que posee.

CONCEPTOS: Talentos.
                   Habilidades.

**IDEA
FUNDAMENTAL**:   Yo puedo hacer muchas cosas bien.
                 Algunas de las cosas que puedo hacer son dibujar, recortar, correr y jugar con
                   mis amigos.

MATERIALES: Teatro de marionetas, marioneta, cartulinas blancas, marcadores, revistas para
                   recortar y pega.

PROCEDIMIENTO: Reúna a los niños en un semicírculo en el suelo, frente al teatro de marionetas.
Uno de los maestros deberá trabajar la marioneta para que aparezca en el teatro e inicie un
diálogo con los niños sobre las cosas que a ella le gusta hacer y que hace bien. La marioneta
puede decir algo como lo siguiente:

"Buenos días amiguitos. Yo me llamo Juanita Marionetita y hoy estoy bien
contenta. ¿Y ustedes cómo están? Esta mañana vengo con muchos deseos de conversar con
ustedes sobre las cosas que les gusta hacer. Fíjense, a mí me gusta mucho, mucho, hacer
castillos de arena en la playa. También me gusta ver los barcos en el mar y jugar con mi carrito
rojo. ¿A cuántos de ustedes les gusta hacer castillos de arena? ¿A cuántos de ustedes les gusta
ver los barcos? ¿A cuántos de ustedes les gusta jugar con carritos? Ahora yo quisiera que cada
uno de ustedes me dijera cuáles son las cosas que más les gusta hacer."

Se debe dar oportunidad a cada niño para que se exprese, tratando de
mantener una fluidez en la conversación. También se debe recalcar la importancia de sentirse
especial por las cosas que nos gusta hacer.

Para concluir la actividad, el grupo debe dividirse en grupos pequeños para
preparar un cartelón donde el maestro escribirá lo que le dicten los niños sobre sus actividades
favoritas. Al concluir el dictado, cada subgrupo recortará y pegará las láminas que deseen para
ilustrar el dictado. Identifique cada cartelón con los nombres de los niños que lo prepararon
y exhíbalos en un lugar visible del salón.

Área: Desarrollo emocional.
Subtema: Autoestima y confianza.
Título: Mis deseos secretos.

OBJETIVO: El niño expresará sus deseos secretos.

CONCEPTO: Deseo secreto.

**IDEAS
FUNDAMENTALES:**   Todas las personas tenemos deseos secretos.
                       Un deseo secreto es algo que quisiéramos tener, pero que no le hemos dicho
                       a nadie.

MATERIALES: Un par de muñecas, marcadores, cartulinas blancas, pega, tijeras, revistas con
                       láminas de colores para recortar.

PROCEDIMIENTO: Reúna a los niños en un semicírculo, preferiblemente, en un grupo pequeño.
Utilice las muñecas para simular que ambas están conversando entre sí. Comience la actividad
diciendo algo como:

Ésta es María y ésta es Aurora. María y Aurora son dos amigas a quienes les
gusta conversar. Veamos de qué están hablando.

Acto seguido, dramatice la siguiente conversación entre las muñecas:

—Hola María. ¿Cómo estás?
—Muy bien. Hacía mucho tiempo que no nos veíamos.
—¿Dónde estabas?
—Pues yo estuve de paseo por el campo, visitando a mi abuela. Estoy bien
contenta porque yo deseaba mucho pasar unos días con mi abuelita en la finca. ¡Imagínate,
jugué con los conejos y ayudé a abuelita a darle comida a los pollitos!

Al concluir este diálogo, la maestra debe virar la muñeca hacia los niños y
dirigirse a ellos para preguntar:

Y ustedes amiguitos, ¿cómo están?
¿Cuántos de ustedes tienen algún deseo especial, como mi deseo, que era ir
a visitar a mi abuelita?

En este punto de la actividad, la maestra debe dar oportunidad para que los
niños contesten la pregunta a la muñeca de manera individual y hablen sobre sus deseos. Para
terminar la actividad, utilice la cartulina y un marcador para escribir los deseos de los niños.
Hágalo tomando dictado. Coloque el texto en la cartulina de manera que deje espacio para que
los niños peguen láminas recortadas que ilustren sus deseos. Rotule el trabajo de cada subgrupo
con los nombres de los niños participantes y exhíbala. Esta última parte de la actividad es más
efectiva si se hace individualmente.

A6

Área: Desarrollo emocional.
Subtema: Autoestima y confianza.
Título: Mi dibujo favorito.

OBJETIVO: El niño valorizará su talento para producir un trabajo artístico.

CONCEPTO: Mi dibujo favorito.

IDEAS FUNDAMENTALES: Yo puedo dibujar.
Cuando yo dibujo, creo dibujos bonitos que me gustan mucho.
A mí me gusta que otras personas vean mis dibujos y sepan que yo los hice.
Todos los dibujos que hago llevan mi nombre para que todos sepan que yo los hice.

MATERIALES: Témpera de distintos colores, pinceles gruesos, creyones de colores, papel de dibujo de al menos 11" X 14".

PROCEDIMIENTO: Organice esta actividad de arte comenzando con un diálogo con los niños sobre lo que desean dibujar. Estimúlelos a conversar sobre las cosas que cada niño prefiere dibujar y por qué lo prefieren.

Luego proceda con la sesión de dibujo/pintura.

Cuando los niños terminen de hacer sus trabajos artísticos, colóquelos en un tablón de edictos o en una pared visible para que se sequen y, simultáneamente se exhiban. Asegúrese de que cada trabajo está rotulado con el nombre de cada niño.

Vuelva a conversar con los niños sobre el trabajo de cada uno, destacando lo bien hechos que están e invitando a los niños a conversar sobre lo que dibujaron o pintaron.

B

**Actividades para fomentar
el manejo de emociones
y de sentimientos**

(Morrison y Thompson, 1980)

Área: Desarrollo emocional.
Subtema: Manejo de emociones y sentimientos.
Título: La ronda de la felicidad.

OBJETIVO: El niño identificará sentimientos de felicidad.

CONCEPTOS: Felicidad, alegría.
Alegre.

IDEAS FUNDAMENTALES: Hay ocasiones en las que nos sentimos felices y alegres.
Nos sentimos felices y alegres porque nos ha ocurrido algo bueno y que nos gusta.

MATERIALES: Una caja con el nombre de cada niño escrito en un papel pequeño y doblado.

PROCEDIMIENTO: Organice una ronda con los niños. Todos deben tomarse de la mano y formar un círculo. El maestro se colocará en el centro e invitará a uno de los niños a sacar un papel de la caja para determinar qué niño se parará en el centro del cerco. Este niño representará el papel del rey o de la reina alegre. La idea es que cuando el maestro pregunte: "¿Qué hace al rey o a la reina feliz?", el niño diga en voz alta tres cosas que le ponen alegre y le hacen feliz. Inmediatamente que el niño se exprese, los demás niños darán vueltas a su alrededor entonando la siguiente canción con la melodía de "Doña Ana no está aquí":

> El rey (o la reina) está feliz
> y alegre de verdad,
> le gusta sonreír
> y hacer a otros reír.

Repita la actividad, dando la oportunidad para que cada uno de los niños pase al centro de la ronda para decir qué le hace feliz y lo pone contento.

Área: Desarrollo emocional.
Subtema: Manejo de emociones y sentimientos.
Título: Compartir la felicidad y la alegría.

OBJETIVO: El niño compartirá sentimientos de felicidad y de alegría.

CONCEPTOS: Felicidad.
                  Alegría.
                  Compartir.

**IDEA
FUNDAMENTAL:**   Cuando nos sentimos felices y alegres, debemos compartir la felicidad y la
                  alegría con los demás.

MATERIALES: Una cartulina blanca grande y dura, papel de construcción amarillo y verde,
                  marcadores, pega y tijeras.

PROCEDIMIENTO: Use el papel de construcción amarillo para trazar y recortar un círculo grande
en el cual dibujará una cara alegre como la que aparece a continuación.

También recorte 20 ó 30 cuadrados de 3" X 3" y dos cuadrados de 4" X 4".
Con el papel de construcción verde recorte otro círculo idéntico al amarillo
y otros 20 ó 30 cuadrados de 3" X 3". Sin embargo, en vez de dibujar una cara alegre en el círculo,
dibujará una cara triste como la que aparece a continuación.

Pegue las diversas piezas de papel de construcción sobre la cartulina como se
ilustra a continuación, para crear "El cartel de los sentimientos". Es importante que debajo de
cada cara, pegue los cuadrados de 4" X 4" a modo de bolsillo, para que los niños puedan
introducir los pedazos de papel de construcción más pequeños.
Una vez haya preparado "El cartel de los sentimientos", estará listo para
realizar la actividad.
Esta actividad debe desarrollarse preferiblemente al final del día, como cierre
del programa diario. Distribuya los pedacitos de papel de construcción verdes y amarillos, de
manera que cada niño tenga dos; uno verde que representa los sentimientos de tristeza, y uno
amarillo, que representa los sentimientos de alegría y felicidad. Reúnase con los niños a

conversar sobre cómo se sintieron durante el día; si se sintieron alegres y felices o tristes. Dé la oportunidad a cada niño para que se exprese. Invítelos a decir qué cosas en particular de las ocurridas durante el día provocaron los sentimientos. Después de que cada niño se haya expresado, pregúntele cuál de los dos papelitos de los que sostiene en la mano representa los sentimientos que sintió durante el día. El niño deberá colocar el papel seleccionado en el bolsillo correspondiente, debajo de la cara alegre o de la cara triste.

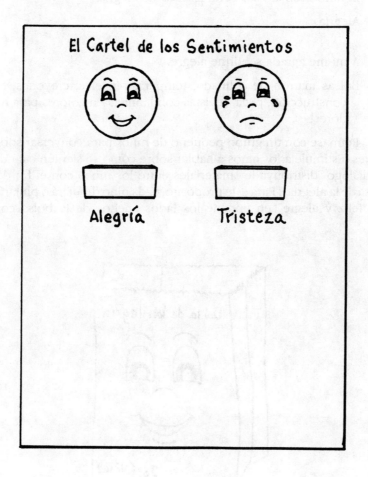

Área: Desarrollo emocional.
Subtema: Manejo de sentimientos y emociones.
Título: Mis sentimientos de alegría.
(Morrison y Thompson, 1980)

Objetivo: El niño aceptará sus sentimientos de alegría.

Concepto: Alegría.

Idea fundamental: A mí me agrada sentirme alegre.

Materiales: Bolsas marrón de colmado, témpera, pinceles, creyones, tijeras, papel de construcción, pega, revistas con láminas en colores para recortar y marcadores.

Procedimiento: Reúnase con un grupo pequeño de niños para conversar sobre las cosas que los ponen alegres. Estimule a los niños a hablar sobre cómo se sienten cuando están alegres. Al concluir el diálogo, distribuya los materiales entre los niños con el fin de que cada uno prepare la "Bolsa de la alegría". Para este propósito, cada niño dibujará o pintará una cara alegre u otro dibujo "feliz y alegre" en uno de los lados anchos de la bolsa como se ilustra a continuación.

Cada bolsa debe rotularse con el nombre del niño y con el título "Bolsa de la alegría". Por otro lado, los niños recortarán láminas "felices y alegres" que representen sus sentimientos de alegría y aquellas cosas que los hacen felices, para pegarlas en papel de construcción. Estas láminas deben colocarse dentro de la bolsa. Coloque las bolsas en un lugar visible y accesible del centro.

Área: Desarrollo emocional.
Subtema: Manejo de emociones y sentimientos.
Título: Las cosas que me ponen triste.
(Morrison y Thompson, 1980)

OBJETIVO: El niño identificará sentimientos de tristeza.

CONCEPTO: Tristeza.

IDEAS FUNDAMENTALES: En ocasiones nos sentimos tristes.
Está bien que nos sintamos tristes de vez en cuando.
Cuando estamos tristes, sentimos deseos de llorar.
Otras veces cuando estamos tristes, no deseamos jugar con nuestros amigos porque queremos estar solos.
La tristeza es un sentimiento como lo es la alegría.

MATERIALES: Bolsas marrón de colmado (grandes), témpera, creyones, papel de construcción, marcadores, pega, tijeras, papel de construcción de color claro y revistas con láminas en colores para recortar.

PROCEDIMIENTO: En la primera parte de la actividad, reúnase con un grupo pequeño de niños formando un cerco. Lo ideal es que se siente en el suelo con los niños en corro a su alrededor. Nárreles el siguiente relato:

"Un día la abuela Lola fue a la cocina a buscar un hueso para darle a su perro. Pero después de buscar en la nevera y en las tablillas, se dio cuenta de que no tenía nada que darle. Así que el perro se quedó sin un hueso para comer".

Después de concluir el relato, inicie un diálogo con los niños usando preguntas como las siguientes:

¿Se puede imaginar cómo se sintió la abuela Lola cuando se dio cuenta de que la nevera y las tablillas estaban vacías?
¿Cómo se sintió?
¿Alguno de ustedes se ha sentido alguna vez como la abuela Lola? ¿Cuándo? ¿Por qué?
¿Alguno de ustedes ha deseado tener algo que no han podido tener, como le pasó a la abuela Lola? ¿Cómo se sintieron?
¿Cómo se habrá sentido el perro sin un hueso para comer?
¿Los animales tienen sentimientos como las personas?
¿En qué momentos nos sentimos tristes? ¿Qué nos pone tristes?

En la segunda parte de la actividad, y para concluir, cada niño preparará la "Bolsa de la tristeza".

Para esto, provea a cada niño una bolsa grande color marrón, pintura, pinceles y creyones para que dibujen una cara triste como aparece en la página siguiente.

Cada niño también recortará pedazos de papel de construcción de color claro, sobre los cuales podrá escribir, dibujar o pegar láminas que representen sus sentimientos de tristeza y las cosas que lo ponen triste. El propósito es que cada niño coloque sus sentimientos de tristeza en la bolsa, a fin de que esta actividad le facilite un medio concreto para sacarlos de su psique. Rotule cada bolsa con el nombre del niño para colocarla en un lugar visible y accesible del centro.

Área: Desarrollo emocional.
Subtema: Manejo de sentimientos y emociones.
Título: El libro triste.

Objetivo: El niño compartirá sentimientos de tristeza.

Concepto: Tristeza.

Ideas
fundamentales: A veces, nos sentimos tristes.
Cuando estamos tristes y compartimos la tristeza con alguna persona que nos quiere, nos sentimos menos tristes.

Materiales: Papel de construcción de color claro, perforadora, papel de maquinilla, cinta "tripa de pollo", tijeras, revista para recortar láminas, pega y marcadores de punta fina.

Procedimiento: Antes de comenzar la actividad, debe preparar el formato de un libro casero en el cual dos hojas de papel de construcción serán la portada y contraportada, y las hojas de papel de maquinilla serán las páginas interiores del libro. Haga dos perforaciones al lado izquierdo y amarre las páginas usando la cinta como se ilustra a continuación.

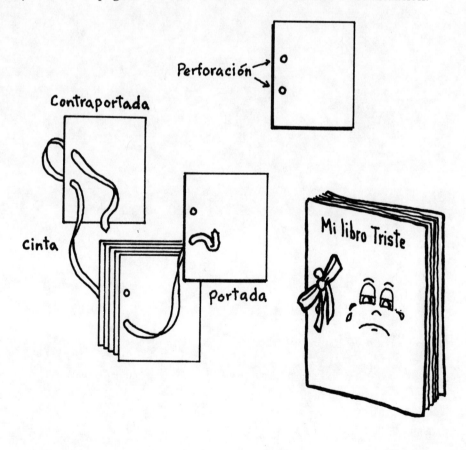

209

Para realizar la actividad, cada subgrupo de tres o cuatro niños debe tener disponible un libro casero. El maestro se sentará a conversar con los niños sobre cosas que los ponen tristes. Luego les sugerirá hacer un "libro triste", en el cual el maestro escribirá lo que los niños dicten. El maestro escribirá una oración por página, tal como la dicte el niño. Deberá dejar suficiente espacio en la parte superior de la página para que los niños recorten y peguen láminas que ilustren el texto dictado. En la portada, escriba el título del libro "El libro triste" y los nombres de los niños que lo prepararon. Exhíbalo en un lugar visible del centro. De ser posible, es más beneficioso que cada niño prepare su libro triste trabajando individualmente.

Área: Desarrollo emocional.
Subtema: Manejo de emociones y sentimientos.
Título: Acepto mi tristeza. (Morrison y Thompson, 1980)

Objetivo: El niño aceptará los sentimientos de tristeza.

Concepto: Tristeza.

Ideas fundamentales: Todos nos sentimos tristes en algunas ocasiones.
La tristeza es un sentimiento natural que está bien sentir en algunas ocasiones.

Materiales: Una cartulina blanca, marcadores de colores, papel de dibujo, creyones, témpera, plasticina.

Procedimiento: Reúnase con un grupo pequeño de niños; y nárrele el siguiente relato sobre el huevo Humpty Dumpty:

"Humpty Dumpty era un huevo feliz que acostumbraba a sentarse sobre un muro. Un día Humpty Dumpty se cayó del muro y se rompió en mil pedazos. Ni los caballeros del rey ni la gente del pueblo pudieron pegar los pedacitos del cascarón de Humpty Dumpty".

Acompañe la narración con una ilustración del huevo Humpty Dumpty como la que aparece a continuación.

Al concluir el relato, inicie un diálogo con los niños usando las siguientes preguntas guía como base:

Humpty Dumpty era feliz hasta el día en que se cayó del muro, su cascarón se rompió y nadie lo pudo componer. ¿Cómo se habrá sentido Humpty Dumpty?

¿Alguno de ustedes alguna vez se ha sentido como Humpty Dumpty? ¿Qué te hizo sentir así? ¿Qué hiciste cuando eso ocurrió?

Cuando te sientes triste como se sintió Humpty Dumpty al caerse del muro, ¿hay alguna persona cerca de ti que te hace sentir mejor? ¿Quién es?

¿Creen ustedes que sentirse triste es malo? Si uno se siente triste, ¿deberá uno llorar? ¿Por qué? ¿Deben llorar sólo las niñas? ¿Y los niños?

Concluya la actividad invitando a los niños a pasar al área de arte para que hagan pinturas y dibujos "felices y alegres" que nos ayuden a sentirnos mejor cuando estemos tristes.

OBSERVACIONES: Los niños también pueden hacer tarjetas para enviar a algún familiar enfermo o a niños enfermos en algún hospital cercano. Las tarjetas deben prepararse con dibujos espontáneos de los niños en pedazos de papel de 9" X 6" como el modelo que aparece a continuación. El maestro escribirá en el interior el mensaje que dicte el niño.

Área: Desarrollo emocional.
Subtema: Manejo de emociones y sentimientos.
Título: El coraje. (Morrison y Thompson, 1980)

Objetivo: El niño identificará sentimientos de coraje.

Concepto: Coraje.

Idea fundamental: Cuando alguien o algo nos molesta, nos da coraje.

Materiales: Papel de construcción de color claro, marcadores, tijeras, témpera, papel de dibujo.

Procedimiento: Con antelación, dibuje y recorte "caritas enojadas" y "caritas alegres" en papel de construcción, de manera que a cada niño le toquen dos o tres. Puede usar los modelos que aparecen a continuación.

Reúnase con un grupo pequeño de niños con el fin de conversar sobre el sentimiento de coraje. Entregue a cada niño una carita enojada y una carita alegre de manera que le sirvan de base al diálogo. La conversación puede estimularse usando preguntas como las siguientes:

¿Qué observamos en estas caritas?
¿Cómo se sentirán estas caritas?
¿Qué emociones nos comunican estas caritas?
¿Cómo saben ustedes que esas son las emociones que comunican?
¿Por qué estará alegre la carita alegre?
¿Por qué tendrá coraje la carita enojada?
¿Cuántos de nosotros hemos sentido coraje alguna vez?
¿Por qué nos hemos enojado?
¿Qué hacemos cuando nos da coraje?
¿Qué podemos hacer para que se nos quite el coraje?

Facilite a cada niño, papel de construcción claro y pega para que peguen sus caritas. Concluya la actividad tomando dictado de los niños —preferiblemente de manera individual— sobre lo sucedido. Anote el dictado debajo de las caritas pegadas. Si alguno de los niños prefiere escribir por sí mismo, permítaselo, aunque lo que escriba parezcan garabatos.

Otra manera de concluir la actividad es hacer dibujos o pinturas "que tengan coraje".

Área: Desarrollo emocional.
Subtema: Manejo de emociones y sentimientos.
Título: ¡Tengo coraje! (Morrison y Thompson, 1980)

Objetivo: El niño compartirá sentimientos de coraje.

Concepto: Coraje.

Ideas fundamentales: Cuando algo nos molesta, sentimos coraje.

Cuando tenemos coraje y lo compartimos con alguien, nos sentimos más aliviados y el coraje se va.

Materiales: Papel de dibujo, témpera, creyones.

Procedimiento: Reúnase con un grupo pequeño de niños; nárreles el siguiente relato:

"Había una vez una señora que vivía en un zapato. Ella tenía tantos hijos que no sabía qué iba a hacer. Los niños corrían, brincaban y gritaban a su antojo; la volvían loca haciendo travesuras. Una tarde le dio mucho coraje; les dio la sopa y los mandó a dormir".

Al concluir el relato, inicie una conversación con los niños usando las siguientes preguntas como base:

¿Creen ustedes que a la señora que vivía en el zapato le dio coraje con los niños porque no los quería? ¿Por qué le habrá dado coraje con los niños?

¿Qué cosas te dan coraje? ¿Qué haces cuando tienes coraje? Cuando te da coraje, ¿el coraje te crea problemas?

¿Estará bien que nos dé coraje?

¿Cómo podemos controlar el coraje y evitar que nos cause problemas?

Concluya la actividad invitando a los niños a pasar al área de arte para que dibujen o pinten aquellas cosas que les provocan coraje. Los niños mayores, con mayor destreza motora fina, podrían dibujar o pintar caras que muestren coraje. Otros podrían hacer dibujos de la señora que vivía en el zapato con sus hijos.

Área: Desarrollo emocional.
Subtema: Manejo de emociones y sentimientos.
Título: El árbol tiene coraje.

OBJETIVO: El niño aceptará sus sentimientos de coraje.

CONCEPTO: Coraje.

IDEA FUNDAMENTAL: A veces, a mí me da coraje.
Está bien que en algunas ocasiones me dé coraje y me enoje.

MATERIALES: Papel de construcción verde y marrón, marcadores de colores, cartulina blanca.

PROCEDIMIENTO: Siéntese en el suelo con un grupo pequeño de niños para pensar y conversar sobre lo siguiente. Antes de comenzar, debe pedir a los niños que se sienten tranquilos y sosegados.

"Vamos a conversar sobre varias cosas que trataremos de imaginarnos. Pensemos en un árbol, grande y lleno de hojas. ¿Todos los niños están pensando en el árbol?... ¿Todos se lo imaginan?... Vamos a imaginarnos que el árbol tiene mucho coraje. ¿Qué hace el árbol cuando tiene coraje?... ¿Cómo se siente el árbol?... Vamos a levantarnos para hacer como haría el árbol con coraje... Ahora el árbol empieza a calmarse... ya no tiene coraje... ¿Qué hace?... Vamos a hacer como haría el árbol cuando empieza a calmarse... El árbol está calmado... ya no tiene coraje... ¿Cómo se siente el árbol?"

Al concluir esta sesión de imaginación y diálogo, los niños pasarán al área de arte para dibujar, pintar, o recortar láminas de árboles con coraje y sin coraje. Exhiba los trabajos producidos por los niños.

OBSERVACIONES: Esta actividad es apropiada para niños de cuatro años.

Área: Desarrollo emocional.
Subtema: Emociones y sentimientos.
Título: Mis temores. (Morrison y Thompson, 1980)

OBJETIVO: El niño identificará sentimientos de temor.

CONCEPTOS: Temor.
Miedo.

IDEAS FUNDAMENTALES: Todos en algún momento sentimos miedo.
El miedo o temor es un sentimiento normal.
Cuando nos da miedo, a veces nos tiemblan las manos o la voz.
Otras veces, nos da deseos de llorar o de salir corriendo y alejarnos de lo que nos produce temor.

MATERIALES: Papel de construcción de diversos colores, pega, tijeras, papel marrón de envolver paquetes o cartulinas blancas, revista con láminas para recortar.

PROCEDIMIENTO: Reúnase con un grupo pequeño de niños y nárreles el siguiente relato:

"La pequeña señorita Anita se sentó en un banco a comer su cereal caliente. De pronto se le acercó una araña grande y se sentó a observarla. Tan grande y tan fea era, que la señorita Anita se asustó mucho y salió corriendo sin terminar de comer su desayuno".

Inicie un diálogo con los niños usando las siguientes preguntas como base:

¿Por qué se asustó tanto la señorita Anita cuando vio a la araña?
¿Cómo se habrá sentido la araña cuando vio que la señorita Anita salió corriendo atemorizada?
¿Qué cosas te producen miedo?
¿Qué haces cuando tienes miedo?
¿Cómo te sientes cuando tienes miedo?

En algunas ocasiones, cuando tienes miedo, ¿actúas como si no lo tuvieras? ¿Por qué? Reitere a los niños que el miedo es una emoción natural; que todos sentimos miedo en algunas ocasiones, y que no hay que sentirse avergonzado de nuestros temores.

Al terminar el diálogo, invite a los niños a pasar al área de arte para que hagan un mural sobre las cosas que les producen miedo. Para realizar la última parte de la actividad, coloque un pedazo grande de papel (por lo menos 5' x 3') sobre una pared o en el piso. Los niños recortarán láminas de cosas que les producen miedo y las pegarán para crear un mural. Los niños que lo prefieran pueden hacer dibujos sobre las cosas que les atemorizan.

B11

Área: Desarrollo emocional.
Subtema: Emociones y sentimientos.
Título: Comparto mis temores.
(Morrison y Thompson, 1980)

OBJETIVO: El niño compartirá sentimientos de temor.

CONCEPTOS: Miedo.
Temor.

IDEA FUNDAMENTAL: Al compartir nuestros temores con alguna persona, nos sentimos menos temerosos.

MATERIALES: Ninguno.

PROCEDIMIENTO: Organice un juego en el patio, en el cual uno de los niños representará a la señorita Anita; otro será la araña.

La señorita Anita se sentará de espaldas, sobre un cojín mientras la araña se acerca despacio por detrás, le toca suavemente la cabeza y sale corriendo. La señorita Anita la persigue para atraparla y traerla al lugar donde está el cojín.

Continúe con el juego, dando oportunidad en cada ocasión para que otros niños desempeñen los papeles de la araña y de la señorita Anita.

B12

Área: Desarrollo emocional.
Subtema: Manejo de emociones y sentimientos.
Título: El gato que asustaba.
(Morrison y Thompson, 1980)

OBJETIVO: El niño aceptará los sentimientos de temor.

CONCEPTOS: Temor.
Miedo.

IDEAS FUNDAMENTALES: Sentir temor en algunas ocasiones está bien.
No debemos avergonzarnos de sentir temor ante algo.

MATERIALES: Ninguno.

PROCEDIMIENTO: Reúnase con un grupo pequeño de niños y nárreles el siguiente relato:
"Había una vez un gato que se fue a una ciudad lejana para ver a la reina. Cuando regresó, otro gato le preguntó: 'Gatito, gatito, ¿qué hiciste en la otra ciudad, además de ver a la reina?' El gato le contestó: 'Asusté a un ratón que encontré debajo de una silla'".

Al concluir el relato, inicie una conversación con los niños basada en las siguientes preguntas:

¿Qué creen ustedes que era más importante para el gato? ¿Ver a la reina o asustar al ratón?

¿Conocen ustedes a alguien a quien le gusta asustar a las personas? ¿Quién es? ¿Qué hace para asustar?

Cuando alguien te asusta, ¿cómo te sientes?

¿Cuándo será el miedo nuestro amigo y cuándo será nuestro enemigo?

Asegúrese de dirigir la discusión con la finalidad de que los niños acepten los sentimientos de temor. Es importante ayudarles a entender que, en ocasiones, el temor puede salvarnos de peligros. Dé algunos ejemplos tales como cuando el niño se siente temeroso de bañarse en la playa solo; o de cruzar la calle sin la supervisión del adulto; o de alguna persona extraña que se le acerca en la calle. Explique a los niños por qué en estos casos, el miedo nos ayuda a protegernos. Sin embargo, hay otras ocasiones en que el temor nos impide disfrutar, como por ejemplo, cuando deseamos aprender a correr bicicleta pero tememos caernos; o deseamos tirarnos por la chorrera pero no nos atrevemos.

Estimule a los niños a traer ejemplos de situaciones en las que el miedo nos ayuda a librarnos de peligros y de otras situaciones en que se convierte en un impedimento para disfrutar.

OBSERVACIONES: Otras actividades relacionadas que puede llevar a cabo son las siguientes:

• Siéntese con los niños en el piso, formando un semicírculo. El maestro dirá en voz alta "Cuando yo tengo miedo _____...". Cada niño debe completar la frase. Repita la frase en varias ocasiones consecutivas para que los niños tengan más de una oportunidad de completarla.

• Tome dictado de los niños, preferiblemente de manera individual. La idea es que el niño le dicte un cuento sobre aquello que "más asusta en el mundo". Al completar el dictado, el niño ilustrará el texto con un dibujo o con láminas.

REFERENCIAS

Batcher, E. (1981). *Emotion in the Classroom: A Study of Children's Experience.*

Coletta, A.J. y K. Coletta (1988a). *Year Round Activities for Three-year-old Children.* New York: The Center for Applied Research in Education, Inc.

_____ (1988b). *Year Round Activities for Four-year-old Children.* New York: The Center for Applied Research in Education, Inc.

Derman-Sparks, L. y the ABC Task Force. (1989). *Anti-bias Curriculum.* Washington, D.C.: National Association for the Education of Young Children.

Gartrell, D. (1987). "Assertive discipline: unhealthy for children and other living things." *Young Children, 42,* (2), January, 10-19.

Gili Gaya, M. (1986). *Diccionario General Ilustrado de la Lengua Española VOX.* Barcelona: Biblograf S.A.

Hamacheck, D.E. (1978). *Encounters With the Self.* New York: Holt, Rinehart and Winston.

Hildebrand, V. (1990). *Guiding Young Children.* New York: Macmillan Publishing Co.

Hohmann, M., Banet, B. y D.P. Weikart (1984). *Niños Pequeños en Acción.* México: Editorial Trillas.

Kanfer, F.H. (1986). *The Many Faces of Self-Control or Behavior Modification Changes its Focus.* Paper presented at the 8th. International Banff Conference, Banff, Alberta.

Kellerman, J. (1981). *Helping the Fearful Child.* New York: W.W. Norton and Co.

Kohlberg, L. (1976). "Moral stages and moralization." En T. Lickona (ed.), *Moral Development and Social Issues.* New York: Holt, Rinehart and Winston, 31-53.

Morrison, K. y M. Thompson (1980). *Feeling Good About Me.* Minneapolis: Educational Media Corporation.

Roopanaire, J.L. y J.E. Johnson (1987). *Approaches to Early Childhood Education.* Columbus, Ohio: Merrill Publishing Co.

Sava, S.G. (1987). "Development not academics." *Young Children,* 42, (3), 15.

Survant, A.C. (1972). "Building positive self-concepts." *Instructor,* 81, 94-95.

Sterling Honing, A. (1987). "The shy child." *Young Children,* 42, (4), 54-64.

REFERENCES

Unidad para el Desarrollo Cognoscitivo

INTRODUCCIÓN

El desarrollo cognoscitivo de los niños preescolares es un aspecto del desarrollo general que ha sido objeto de una gran cantidad de investigaciones desde la década de los sesenta. Durante los últimos treinta años, varios educadores se han interesado en los hallazgos que dan base a implicaciones relevantes para la creación de programas educativos que propendan a un desarrollo óptimo de la capacidad intelectual durante los años de la niñez temprana. A partir de 1965, por ejemplo, la creación del Programa Head Start desató un movimiento de gran influencia en los Estados Unidos, dirigido a desarrollar intervenciones educativas que compensaran la escasez de experiencias tempranas retadoras para el intelecto de los niños de recursos económicos limitados. El fin ulterior era establecer una base sólida para el aprovechamiento escolar y para el desarrollo de actitudes positivas hacia las actividades intelectuales. Desde entonces, se han creado, implantado y evaluado cientos de programas y modalidades educativas diversas cuyo fin es fomentar el desarrollo cognoscitivo durante los años preescolares. A medida que se ha acumulado evidencia empírica, los investigadores y educadores han comprobado que un ambiente hogareño y educativo enriquecido, no sólo beneficia el desarrollo intelectual de los niños de escasos recursos económicos, sino de todo niño, independientemente de su clase social.

Entre los programas educativos de corte cognoscitivo que mayor influencia han ejercido en el campo de la educación temprana están el Currículo de Lavatelli (1970), el Currículo Orientado al Desarrollo Cognoscitivo de Weikart (1971) y el Currículo de Kamii y DeVries (1974). Estos currículos se caracterizan por utilizar la teoría de Jean Piaget como marco conceptual de las actividades educativas que proponen. Lavatelli y Weikart, por ejemplo, aplican la teoría de Piaget de forma literal. Una aplicación literal de la teoría de Piaget implica que las áreas investigativas que desarrolló Piaget, tanto como las actividades clínicas que diseñó para explorar el proceso cognoscitivo de los niños, sirven de base para el desarrollo de las actividades curriculares. Sin embargo, Kamii y DeVries, aplican la teoría de Piaget de manera más global (DeVries y Kohlberg, 1987). La aplicación global de los principios piagetianos se refiere al desarrollo de actividades curriculares basadas en las implicaciones de la teoría y no en las actividades investigativas como tales. Una de las implicaciones educativas más importantes de la teoría de Piaget es que el niño es un organismo activo; que construye conocimiento a través de su interacción con el ambiente. Por lo tanto, este currículo propone actividades en las cuales los niños inician y mantienen interacciones que les permiten participar activamente en la construcción de conocimiento. Aunque cada uno de estos currículos es distinto en la manera en que usa la teoría de Piaget, todos recalcan la interacción del niño con objetos concretos, tanto como con las personas que le rodean. Es necesario puntualizar que ninguno de estos tres currículos se fundamenta en un marco teórico más amplio que explícitamente incluya los aspectos físico, social y emocional del desarrollo como se intenta hacer en el presente currículo. Por el contrario, se restringen a los aspectos del desarrollo cognoscitivo que se desprenden directa o indirectamente de la teoría de J. Piaget.

EL DESARROLLO COGNOSCITIVO A LA LUZ DE J. PIAGET

Pero, ¿qué es desarrollo cognoscitivo? Según Jean Piaget, el desarrollo cognoscitivo se define como cambios cualitativos en las estructuras mentales que resultan en el pensamiento abstracto, simbólico, deductivo e inductivo; en fin, en el pensamiento lógico. Esta definición de desarrollo cognoscitivo se basa en el supuesto de que existen tres factores fundamentales que ejercen influencia en el desarrollo del intelecto: la interacción con los objetos concretos, la interacción social y el proceso de maduración (Flavell, 1963; Phillips, 1981; Wadsworth, 1979). Sin embargo, debe quedar claro que para Piaget el factor más importante en el proceso de desarrollo cognoscitivo es la interacción y no la maduración. Según Piaget, la herencia genética que se expresa en la maduración, provee con dos dotes particulares: (1) el sistema biológico que permite un tipo de percepción particular a la especie humana, o sea el sistema nervioso y el cerebro; (2) y un modo, único de la especie humana, de procesar información sobre las transacciones con el ambiente y que, a su vez permite trascender las limitaciones que impone el sistema nervioso en el proceso de percepción (Flavell, 1963). Por lo tanto, la inteligencia no se hereda, pero sí la capacidad del sistema nervioso para construirla en interacción con el medio ambiente.

En la misma línea de pensamiento de Jean Piaget, se hace necesario aclarar la diferencia entre inteligencia y pensamiento. Para Piaget (1981) inteligencia se define como adaptación al ambiente. Sin embargo, este proceso de adaptación no tiene que estar necesariamente mediatizado por acciones mentales simbólicas ni abstractas, como es el caso de las adaptaciones que ocurren durante el primer año de vida. Por otro lado, Piaget define pensamiento como la capacidad para la representación simbólica de las acciones que se realizan en el plano concreto. La naturaleza simbólica del pensamiento evoluciona hasta el punto de que los adultos con pensamiento lógico, no tienen que realizar las acciones en el plano concreto para que éstas se lleven a cabo en el pensamiento como operaciones mentales simbólicas y abstractas. Este fenómeno se conoce como "internalización de la acción" (Kamii y DeVries, 1978).

En el capítulo I se explicaron los aspectos fundamentales de la teoría de Jean Piaget que son pertinentes para un currículo preescolar. En dicho capítulo se discutió la estructura de las etapas, el modelo de conocimiento propuesto por Piaget y las implicaciones educativas de la teoría. Esencialmente, Piaget planteó que el desarrollo cognoscitivo evoluciona por etapas que dependen de la interacción del niño con el ambiente. Estas etapas son cuatro: la sensoriomotora (desde el nacimiento hasta los dos años), la preoperacional (desde los tres hasta los siete años), la operacional concreta (desde los ocho hasta los doce años) y la operacional formal (desde los doce hasta los quince años en adelante).

Según Piaget, los mecanismos que permiten los cambios en las etapas y estructuras intelectuales —esquemas— son la acomodación y la asimilación. La acomodación es el proceso mediante el cual se crean esquemas nuevos o se modifican esquemas previamente construidos. Por otro lado, la asimilación es el proceso mediante el cual se enriquecen esquemas previamente construidos.

Por otro lado, el modelo del conocimiento propuesto por Piaget se basa en la noción de que el conocimiento es un fenómeno construido por el ser humano al interactuar con el medio ambiente. Esta idea se aparta de la visión empirista que ha definido el conocimiento como un fenómeno objetivo, que se transmite de generación en generación o de maestro a estudiante. Según Piaget, hay tres tipos de conocimiento: (1) conocimiento físico; (2) conocimiento social; (3) y conocimiento lógico-matemático. Cada uno de estos tres tipos de conocimiento se elabora de forma distinta a medida que el niño interactúa con el ambiente. El conocimiento físico se construye a medida que el niño explora los objetos con sus sentidos y con su sistema motor. El conocimiento social es el producto del proceso de socialización. Este último es el único de los tres tipos de conocimiento que depende de que otras personas lo comuniquen al niño. Finalmente, el conocimiento lógico-matemático se construye al establecer una relación mental cuantitativa entre los objetos, que no existe en los objetos sino en el intelecto.

Es necesario señalar que los objetos o eventos ambientales que son fuente de la interacción que da por resultado la construcción de conocimiento, están relacionados con el conocimiento previo que aporta el niño a la situación de interacción. Esto significa que, por ejemplo, unos bloques de colores no serán lo mismo para un niño de un año que para un niño de cinco años, ya que el conocimiento que posee un niño de un año sobre los bloques —sensoriomotor— es diferente del conocimiento que posee un niño de cinco años —preoperacional (Kamii y DeVries, 1978). Un niño de un año "sabe" que los bloques son objetos para chupar, golpear y lanzar. Sin embargo, el niño de cinco años "sabe" que los bloques son objetos de colores, de forma cuadrada, que se usan para construir. Por lo tanto, aunque físicamente sean los mismos bloques, en cuanto a las acciones que realizan cada uno de estos dos niños sobre ellos y al conocimiento que construyen con estas interacciones, no se trata de los mismos bloques (para más detalles sobre el marco teórico de J. Piaget, refiérase al capítulo I).

COMPONENTES DEL DESARROLLO COGNOSCITIVO

La aplicación de la teoría de Jean Piaget al proceso de desarrollo cognoscitivo del niño preescolar implica cuatro componentes fundamentales. Estos son la construcción de conocimiento físico-científico; la construcción de conocimiento lógico-matemático; el desarrollo del lenguaje oral y la construcción de conocimientos y destrezas para manejar el lenguaje escrito; y el desarrollo de la función simbólico-artística.

EL CONOCIMIENTO FÍSICO-CIENTÍFICO

La construcción de conocimiento físico-científico durante los años preescolares es el producto de actividades que envuelven **acción** y **observación** por parte de los niños (Kamii y Devries, 1978). En este sentido, dicen Kamii y DeVries (1978), las actividades curriculares no deben perseguir el objetivo de enseñar conceptos científicos en el sentido tradicional, sino ofrecer oportunidades para que el niño "actúe" sobre las cosas que le rodean. El conocimiento físico-científico que construye el niño preescolar incluye los siguientes aspectos:

- Los patrones de adaptación, funcionamiento y crecimiento de los organismos vivos, incluyendo animales, plantas y el cuerpo humano; lo que abarca observar y experimentar (Schikedanz, York, Santos Stewart and White, 1977).

- Las propiedades de los objetos, que abarca el uso de los sentidos para identificar forma, tamaño, color, textura (Smith, 1987).

- El movimiento de los objetos, que abarca empujar, halar, rodar, patear, brincar, soplar, chupar, lanzar, columpiar, dejar caer, retorcer y balancear los objetos con el cuerpo (Kamii y DeVries, 1978).

- Los cambios o transformaciones en los objetos, que abarca el cocinar, mezclar, derretir, congelar, descongelar sustancias (Kamii y DeVries, 1978).

- Las reacciones de diversos objetos cuando se exponen a ciertas condiciones, que abarca la capacidad de flotación de algunos objetos comparados con otros que no flotan, la producción de sombras, la capacidad de reflexión de la luz de los espejos y la capacidad del imán para atraer el hierro (Smith, 1987).

Sin embargo, no necesariamente todas las actividades educativas planificadas que impliquen manipulación de objetos conducen a la construcción de conocimiento físico-científico. Es necesario, además, tomar en cuenta varios aspectos para asegurarse de que las actividades educativas conduzcan a la construcción de conocimiento físico-científico (Kamii y DeVries, 1978, págs. 47-60):

- Al planificar las actividades:
  1. diseñe actividades que permitan que el niño actúe sobre los objetos y pueda observar la reacción que se produce en ellos;
  2. dirija la interacción para que el niño se percate de que sus acciones sobre los objetos producen los efectos deseados;
  3. ayude al niño a percatarse de cómo se producen los efectos deseados;
  4. describa los efectos y no trate de explicarlos, pues muchas veces esas complicaciones son incomprensibles para los niños.
- Al comenzar la actividad:
  1. introduzca la actividad de manera que estimule la iniciativa del niño mediante el uso de materiales y equipos que atraigan su atención y despierten la curiosidad;
  2. presente los materiales y diga algo así como "¿Qué podemos hacer con esto?" o ¿"Puedes tú hacer...?";
  3. presente la actividad de manera que estimule la cooperación entre los participantes, sin que esto sea imprescindible para su éxito.
- Para desarrollar la actividad:
  1. trate de imaginar lo que el niño está pensando al realizar la actividad, para establecer un patrón de interacción que estimule la construcción de conocimiento;
  2. estimule al niño a interactuar con otros niños para predecir el efecto de la acción; para producir determinado efecto; para percatarse de cómo se produce determinado efecto; para explicar las causas de determinado efecto;
  3. integre varios aspectos del desarrollo en las actividades dirigidas a la construcción de conocimiento físico-científico, como por ejemplo, lenguaje oral, escrito, destrezas físicas, y otros.
- Después de concluir la actividad:
  1. discuta lo ocurrido mediante el uso de preguntas abiertas, como: "¿Qué pasó cuando soplaste el pedazo de papel?"; "¿Qué tuviste que hacer para que el papel se fuera volando?"; "¿Qué ocurre cuando se rompe el cordón que sostiene al pedazo de papel?".

El propósito de estas discusiones no es que el niño le dé la respuesta correcta, sino ayudarle a reflexionar sobre su interacción con los materiales.

EL CONOCIMIENTO LÓGICO-MATEMÁTICO

En la educación tradicional, la enseñanza de las matemáticas se ha definido como la trasmisión de un conjunto de principios y operaciones que son externas al niño. Como consecuencia, a los niños se les ha enseñado matemáticas en actividades formales y abstractas cuyo fin es modificar la conducta matemática. El objetivo primordial de estas actividades es que el niño asimile las matemáticas. En la mayoría de los casos, estas actividades no se basan en la interacción del niño con objetos concretos, sino en el uso de ejercicios mimeografiados de papel y lápiz o en cuadernos de trabajo. Esta visión tradicional que impera en muchos salones de clase, se desprende de una filosofía educativa basada en la noción de la transmisión de la cultura y en la teoría conductista-ambientalista (Kohlberg y Mayer, 1972). Los conductistas sostienen que el conocimiento —y por ende, el conocimiento matemático— es un fenómeno ambiental/cultural que el niño debe absorber a través de sus sentidos. Por lo tanto, se presupone que la matemática tiene que ser asimilada por el niño mediante ejercicios y el juicio del maestro sobre lo que está correcto o incorrecto.

El marco teórico cognoscitivo-interaccionista y, en particular, la teoría de Jean Piaget, proponen una explicación radicalmente distinta sobre el desarrollo del pensamiento lógico-matemático (Kamii y DeVries, 1976; Piaget, 1970). Según este enfoque, el conocimiento lógico-matemático y, por ende, el concepto del número, es una construcción intelectual que no tiene una contraparte concreta en el mundo físico, como por ejemplo, tienen los conceptos "lluvia" o "rojo". Por el contrario, el conocimiento lógico-matemático es un conjunto de relaciones cuantitativas que el niño establece intelectualmente entre los objetos, personas y acontecimientos del medio ambiente. Estas relaciones —que resultan en la construcción del concepto del número— no existen independientemente en los objetos, acontecimientos o personas. Por lo tanto, no puede concluirse que el número es una propiedad del objeto, porque éste existe sólo como un concepto en la mente del ser humano.

LA CONSTRUCCIÓN DE CONOCIMIENTO LÓGICO-MATEMÁTICO

Aunque el conocimiento lógico-matemático no tiene existencia concreta en el ambiente, su construcción depende de la interacción con un ambiente físico y social lleno de oportunidades para cuantificar. Pero, ¿cómo se construyen el conocimiento lógico-matemático y el concepto del número? Para contestar a esta pregunta, es necesario repasar el proceso de construcción de conocimiento general según lo define Piaget.

En el capítulo 1 se estableció que el modelo de conocimiento de Piaget propone que existen tres tipos de conocimiento: físico, social y lógico-matemático. El conocimiento físico comienza a construirse muy temprano en la vida. Este es un tipo de conocimiento concreto que resulta de la observación y manipulación del ambiente. Por medio de esta exploración —sensoriomotora en esencia— el niño descubre las características físicas de los objetos que le rodean. Por lo tanto, construye conocimiento cualitativo sobre las propiedades tangibles de las cosas: colores, temperaturas, sabores y texturas entre otros. Piaget llamó a este proceso Abstracción Empírica.

A medida que el niño construye conocimiento físico, también construye conocimiento social. Sin embargo, como se dijo antes, la fuente del conocimiento social no es la manipulación ni la observación del ambiente, sino la influencia de la cultura. El conocimiento social se basa en normas de interacción y de comunicación que son únicas en cada sociedad. Por esta razón, es un fenómeno arbitrario que depende del proceso de socialización. Algunos ejemplos de conocimiento social son el lenguaje oral, el lenguaje impreso, las normas de conducta, los valores morales, los días de fiesta nacional, y otros.

El conocimiento lógico-matemático comienza a elaborarse después que el niño ha construido conocimiento físico y social que le servirá de base para la construcción del concepto del número. Según Piaget, el conocimiento lógico-matemático se construye al trascender los aspectos cualitativos que caracterizan al conocimiento físico y social, para establecer relaciones nuevas entre los objetos, acontecimientos y personas. Estas relaciones son de naturaleza cuantitativa. Por lo tanto, la fuente del conocimiento lógico-matemático está en la manera en que el individuo organiza la realidad (Kamii y DeVries, 1978, p.17). Piaget llamó a este proceso Abstracción Reflexiva. Veamos un ejemplo. Un caracol, un lápiz y una moneda son objetos distintos entre sí ya que sus características físicas y función social los diferencian. Sin embargo, si se trascienden sus atributos y usos, es posible establecer entre ellos, una relación nueva que es independiente de sus características físicas y de su organización espacial. Esta es una relación lógico-matemática que permite concluir que un caracol, un lápiz y una moneda son **tres objetos**. La relación cuantitativa **tres** es una construcción intelectual porque no es una propiedad de los objetos sino una invención cognoscitiva. Este proceso de construcción intelectual es pues, la base de la construcción del concepto del número en los niños.

Recomendaciones para fomentar la construcción de conocimiento lógico-matemático

A tenor con los principios de la teoría de J. Piaget, a continuación se ofrecen recomendaciones para fomentar la construcción de conocimiento lógico-matemático en el salón preescolar (Kamii y DeVries, 1976; Molina Iturrondo, 1984):

1. Provea con abundancia de objetos sueltos, como botones, chapas, bloques pequeños, caracoles, canicas, piedrecitas y otros, para que los niños puedan contarlos, establecer correspondencia biunívoca[1] entre ellos, formar conjuntos equivalentes, sortearlos, clasificarlos, compararlos, medirlos y pesarlos.

2. En la medida de lo posible, individualice con el niño al trabajar en actividades dirigidas a promover la construcción del conocimiento lógico-matemático.

3. Promueva la construcción de conceptos matemáticos que tengan significado personal para el niño, sobre todo, en situaciones que emerjan de la vida diaria del niño.

4. Use lenguaje que fomente la cuantificación entre grupos de objetos. Diga por ejemplo, "Vamos a cortar este bizcocho de manera que haya suficientes pedazos para cada uno de nosotros"; o "¿Hay aquí la misma cantidad de lápices como allí de creyones?".

5. Estimule a los niños a formar conjuntos con objetos sueltos.

6. Dé la oportunidad a los niños para que verifiquen su ejecución al realizar actividades matemáticas.

7. Estimule a los niños a pensar en diversos medios para establecer relaciones cualitativas y cuantitativas entre los objetos, personas y acontecimientos del ambiente.

8. Medite en torno a los errores de conceptualización matemática de los niños. Estos errores son reflejo de la calidad del entendimiento matemático que está desarrollando cada niño. Por lo tanto, no deben corregirse tajantemente, sino usarse para analizar por qué el niño dio una respuesta equivocada para variar la estrategia educativa.

El lenguaje oral y escrito

Durante los últimos treinta años, las ideas relativas a la capacidad de los niños preescolares para entender y manejar el lenguaje oral y escrito han cambiado sustancialmente. Por un lado, varias teorías nuevas sobre la naturaleza del proceso de desarrollo del lenguaje oral han debilitado la idea tradicional del lenguaje como fenómeno aprendido del ambiente. Por otro, las investigaciones sobre la capacidad de los niños preescolares para conocer y manejar el lenguaje escrito han demostrado que la interacción con un ambiente enriquecido en lenguaje impreso, es la clave en este proceso.

El lenguaje oral. Hasta fines de la década de los cincuenta, se pensaba que los niños aprendían el lenguaje del ambiente. Desde esta perspectiva conductista, el aprendizaje del lenguaje resultaba del establecimiento de cadenas de estímulos-respuestas que partían de la imitación de las conductas lingüísticas de las personas que rodeaban al niño. Sin embargo, esta visión comenzó a perder popularidad cuando Noam Chomsky (1957, 1966) planteó que el lenguaje y sus reglas gramaticales eran demasiado complejas para aprenderlas sin conocimiento o experiencia previa. Chomsky propuso que el ser humano nace con la capacidad innata para formar el lenguaje. Esta capacidad se basa en el conocimiento implícito que aporta la genética sobre las reglas lingüísticas:

- Fonología - reglas sobre los sonidos del lenguaje.
- Morfología - reglas sobre la formación de palabras.

---

[1] Correspondencia biunívoca: relación recíproca entre dos conjuntos de elementos que se establece cuando cada elemento del segundo conjunto corresponde a un elemento del primer conjunto.

- Semántica - reglas sobre el significado del lenguaje.
- Sintaxis - reglas sobre el orden de las palabras en la oración.

Uno de los argumentos que cuestionaron la explicación conductista se relaciona con la incorrección de las producciones lingüísticas de los niños. Varios investigadores observaron que durante el proceso de desarrollo del lenguaje, los niños no producen frases u oraciones idénticas a las que escuchan de los adultos. Por el contrario, sus producciones lingüísticas tienen características gramaticales diferentes a las del lenguaje convencional que escuchan. Si la explicación conductista hubiera sido correcta, entonces los niños deberían producir un lenguaje similar al que aprenden mediante el establecimiento de las cadenas de estímulos-respuestas. Sin embargo, esto no es lo que ocurre, ya que el lenguaje infantil tiene su propia gramática que se modifica conforme el niño progresa en la formación del lenguaje.

Por otro lado, un gran número de teóricos de orientación Piagetiana ha propuesto teorías de corte cognoscitivo-interaccionista para explicar el desarrollo del lenguaje (Edmonds, 1976). En resumen, estas teorías plantean que el lenguaje es el producto del desarrollo de la función simbólica, aspecto fundamental del desarrollo cognoscitivo. Por lo tanto, no es un fenómeno aprendido del ambiente, ni el producto de la genética. Por el contrario, según esta visión, el ser humano tiene la capacidad para construir el lenguaje a medida que emerge la capacidad para manejar, entender y producir símbolos y sus significados.

Los teóricos cognoscitivos también sugieren que los niños tienen la capacidad para generar hipótesis implícitas sobre las regularidades gramaticales del lenguaje que escuchan. Estas hipótesis se convierten en la base para la elaboración de las reglas lingüísticas relativas a la fonología, morfología, semántica y sintaxis (Edmonds, 1976). Clay (1979, p. 51) ha indicado que durante las primeras etapas del desarrollo lingüístico, cada oración es una hipótesis sobre el lenguaje. Si el niño se hace entender, la hipótesis se confirma. Cuando el adulto no comprende la oración, la hipótesis es rechazada para construir otra oración y, por ende, otra hipótesis. Estas explicaciones tienen implicaciones importantes para el desarrollo de actividades de artes del lenguaje, ya que se ha sugerido que los niños preescolares usan estrategias conceptuales similares para aprender a leer y escribir (Rossman, 1980).

El lenguaje impreso. Hasta hace pocos años, se creía que la exposición al lenguaje impreso —la lectura y la escritura— debía reservarse para los niños de 6 años, en primer grado. Esta decisión programática se basaba en la teoría maduracionista-normativa que propone que hasta que el niño llegue a la edad de 6.5 años, no tiene la maduración necesaria para beneficiarse de la enseñanza formal de lectura y escritura. Esta teoría fundamenta la orientación del currículo de *kindergarten* hacia el desarrollo de las destrezas de apresto: desarrollo y comprensión del lenguaje oral, destrezas visomotoras finas, discriminación visual, auditiva (Molina Iturrondo, 1983).

Sin embargo, desde los años sesenta, cientos de investigaciones han producido evidencia para sustentar una visión distinta sobre la capacidad de los niños preescolares para entender, manejar y producir lenguaje escrito. Las investigaciones señalan que el factor fundamental en este proceso es la exploración libre, creativa y juguetona del lenguaje escrito, desde tan temprano como el primer año de vida. Es necesario aclarar que no se trata, pues, de "enseñar a leer y a escribir" usando los métodos tradicionales basados en la fonética o en el método global. Por el contrario, se trata de fomentar la interacción del niño con un ambiente enriquecido con materiales impresos significativos que incluyen los libros de cuentos apropiados para su nivel de desarrollo y otros textos que se producen para atender las demandas del quehacer cotidiano, como listas de compras, de números telefónicos, cartas, recordatorios, y otros.

Componentes del desarrollo de la capacidad para manejar el lenguaje impreso. La literatura pedagógica señala que hay dos componentes principales en el desarrollo de la capacidad del niño preescolar para manejar el lenguaje impreso. Estos son la construcción de conceptos sobre el lenguaje escrito y las estrategias que usan los niños preescolares para construir conocimiento sobre el lenguaje escrito.

Conceptos sobre el lenguaje escrito. Varias investigaciones han proporcionado evidencia relativa a la capacidad de los niños preescolares para construir conceptos generales sobre el lenguaje escrito sin que medie la instrucción formal (Clay, 1979; Harste, Burke, and Woodward, 1981; Ferreiro y Teberosky, 1982). En estos casos, los niños han tenido oportunidades frecuentes para interactuar con el lenguaje impreso, tanto como acceso a adultos interesados en ayudarles a entender cómo funciona. Clay (1979) descubrió que, desde los años preescolares, los niños espontáneamente construyen los siguientes conceptos de lectura en interacción con el lenguaje impreso:

- Orientación del libro (portada).
- El texto impreso lleva el mensaje.
- Dirección del proceso de lectura, de izquierda a derecha y de arriba hacia abajo.
- Cada palabra pronunciada parea con una palabra en el texto impreso.
- Principio y final del texto.
- Orientación de la lámina (si está al derecho o al revés).
- Orientación de palabras y letras (si están al derecho o al revés).
- Secuencia de la línea.
- Secuencia de las palabras.
- Orden de las letras en una palabra.
- Significado de los signos de puntuación.
- Letras mayúsculas y minúsculas.

Por otro lado, Ferreiro y Teberosky (1982) encontraron que los niños preescolares que participaron en su estudio, tenían una idea clara sobre las características que debe tener un ítem impreso o escrito para que pueda ser legible. Estas características incluían que el ítem tuviera suficiente cantidad de caracteres —más de tres— y que hubiera variación entre los caracteres. Otros de sus hallazgos son los siguientes:

- Las letras y los numerales se usan con fines distintos.
- Las letras tienen nombres.
- Las letras se componen de vocales y consonantes.
- Cada letra tiene un sonido particular.
- Se lee de izquierda a derecha y de arriba hacia abajo.
- El texto lleva un mensaje relacionado con la lámina que lo ilustra.

Estrategias para construir conocimientos sobre el lenguaje impreso. No cabe duda de que los niños preescolares están conscientes de la palabra impresa que les rodea desde mucho antes de comenzar en la escuela. Pero, ¿cómo construyen tanto conocimiento sin que medie la instrucción formal? Según Harste, Burke y Woodward (1981), desde la temprana edad de tres años, los niños utilizan varias estrategias para comprender la función y características del lenguaje impreso. Estas son:

- Utilizar la función de los objetos que contienen el texto para descifrar el significado del mismo; por ejemplo, al confrontarse con un litro de leche para "leer", los niños dicen "la leche va ahí" o "pote de leche".
- Utilizar significados relacionados con el objeto que contiene el texto; por ejemplo, al confrontarse con una caja de gelatina, muchos niños dicen "postre de gelatina", "gelatina",

"Jell-O", "fresa", "receta".

- Utilizar la categoría sintáctica "palabra" para describir el texto impreso en los objetos familiares independientemente de que el texto sea una sílaba, frase u oración.

- Utilizar claves gráficas-contextuales para leer el texto, siendo ésta la estrategia más utilizada durante los años preescolares.

Por otro lado, Carter y Stokes (1982) identificaron tres estrategias principales:

- Extracción de significado a base de claves contextuales y de palabras familiares.

- Decodificación de las unidades más pequeñas del sonido para combinarlas y comprender su significado.

- Memorización y recitación de palabras, frases o textos completos de los libros de cuentos que se les leen con frecuencia.

Factores relacionados con el desarrollo temprano de la capacidad para manejar el lenguaje impreso. Dos factores principales están relacionados con el desarrollo temprano de la capacidad para manejar el lenguaje impreso en los niños preescolares. Uno de ellos es que el lenguaje impreso tiene que ser parte integral del ambiente del niño (Schiefflin y Cochoran-Smith, 1984). Lo anterior implica que en el ambiente debe haber abundancia de materiales impresos significativos para el niño, tanto como medios para explorar el lenguaje por medio de lectura y escritura creativa. Esta accesibilidad natural al lenguaje impreso tiene que ocurrir tanto en el ambiente hogareño como en el centro.

El segundo factor está relacionado con la orientación informal sobre la función del lenguaje impreso que deben impartir los adultos que rodean al niño. Esta orientación incluye el modelaje de la lectura y escritura para atender los asuntos cotidianos, la lectura individualizada de cuentos y ayuda sobre cómo se escriben palabras que son de interés para el niño, entre otras.

Sin embargo, la orientación que impartan los adultos no significa la enseñanza formal y estructurada de la lectura y escritura. Por el contrario, significa que los adultos deben facilitar oportunidades para la exploración abierta y creativa del lenguaje por medio de la escritura espontánea y de la lectura individualizada de cuentos al niño solo o en grupos pequeños (Schikedanz, 1978). La lectura de cuentos es especialmente beneficiosa ya que contribuye a que los niños:

- comprendan la naturaleza simbólica de la palabra impresa (Rossman, 1980);

- eventualmente puedan leer de manera decontextulizada; esto es, sin depender de la claves de contexto (Snow, 1983);

- construyan significado a partir del texto leído (Altwerger, Diehl-Faxon y Dockstader-Anderson, 1985);

- desarrollen nociones sobre la relación entre el texto y su expresión verbal (Schikedanz, 1981).

Esta orientación también incluye suministrar al niño interesado información sobre cómo se escriben las palabras; en fin, contestar a sus preguntas sobre cómo funciona el lenguaje escrito.

Chomsky (1977) ha planteado que la habilidad precoz para escribir palabras que son familiares es una fuente inagotable de motivación para leerlas. Las investigaciones señalan que muchos niños preescolares desarrollan las destrezas de escritura creativa mucho antes de que puedan leer. Para un preescolar, aprender a escribir implica: (a) aprender a trazar las letras del alfabeto; (b) establecer la relación que existe entre el lenguaje oral y escrito; (c) modificar el estilo y forma de la escritura dependiendo de la situación; y (d) predecir cómo el lector reaccionará ante lo que está escrito (Shickedanz, 1986). Estos cuatro objetivos se lograrán únicamente si el niño funciona en un ambiente donde el lenguaje impreso es un componente integral y si interactúa con adultos interesados en ayudarle a comprender cómo funciona la palabra escrita.

Sugerencias para estimular el desarrollo del lenguaje oral y escrito en el centro preescolar. A la luz de lo anterior, ¿cómo puede el currículo preescolar fomentar el desarrollo del lenguaje oral tanto como de la capacidad para leer y escribir? A continuación se ofrecen recomendaciones al efecto.

Lenguaje oral

1. Utilice lenguaje oral correcto y con buena dicción cuando interactúe con los niños.
2. Al participar en actividades con los niños, use el lenguaje oral para describir lo que ocurre, para hacer preguntas abiertas y estimular la discusión entre los niños.
3. Conceda tiempo en la mañana y en la tarde para que los niños y los maestros se reúnan en grupo para hablar sobre la agenda de trabajo del día (A.M.) y la evaluación de las actividades del día (P.M.), entre otros temas.
4. Después de cada excursión y de otras actividades educativas similares, dé oportunidad para que los niños conversen sobre sus experiencias.
5. Exponga a los niños a la narración de cuentos ya sea simple, dramatizada, con el felpógrafo, o con marionetas.
6. Expanda las producciones lingüísticas de los niños mediante la repetición de lo que dicen, corrigiendo cualquier error y enriqueciendo el comentario con datos adicionales.
7. Cree situaciones, juegos y planifique actividades que estimulen la conversación en los niños más callados.
8. Estimule a los niños a hacer preguntas sobre los sucesos y cosas que les rodean.
9. Introduzca poemas, rimas, trabalenguas y canciones como parte de las actividades diarias.
10. Invite a los niños a relatar cuentos y a recitar poemas de su propia creación.

Lenguaje escrito

1. Organice en el centro un área de escritura cercana al área de biblioteca.
2. En el área de escritura ponga a disposición una mesa, tres sillas al menos, papeles de diversas clases (de color, de computadora, con y sin rayas, libretas de recibo, chequeras viejas, libretas pequeñas, y otras), tijeras, lápices gruesos y finos, lápices de colores, marcadores de punta fina y gruesa, bolígrafos negros, azules y rojos, grapas, alfabetos desmontables (magnéticos, de madera, plásticos, de goma, y otros), diversos tipos de gomas para borrar, tarjetas blancas "index", sacapuntas, pega, sobres viejos, y revistas que puedan recortarse.
3. En el área de biblioteca tenga una variedad de libros para mirar (sólo con láminas), de referencia (cuya temática sea sobre ciencia, geografía y estudios sociales), diccionarios ilustrados y colecciones de cuentos.
4. Esté atento a las actividades espontáneas que inician los participantes para que intervenga con el fin de contestar a sus preguntas sobre el lenguaje escrito.
5. Integre el lenguaje escrito de manera significativa en todas las áreas del centro mediante el uso de rótulos, carteles con reglas de seguridad, listas, signos, y otros.
6. Estimule a los niños a realizar sus actividades espontáneas de lectura y escritura en las diversas áreas del centro; no las limite al área de escritura o de biblioteca.
7. Invite a los niños a "escribir" en los dibujos que hagan.
8. Tome dictado de los niños; escriba lo que el niño dicte tal y como el niño lo dice, sin corregirlo.

Lectura

1. Con frecuencia, lea cuentos a los niños individualmente o en grupo pequeño.

2. Durante el período de actividades espontáneas, asegúrese de que siempre haya en el área de biblioteca un adulto disponible para leer cuentos a los niños.

3. Relea los cuentos favoritos tantas veces como los niños lo deseen.

4. Al leer a los niños, permita que vean la página y texto que está leyendo.

5. Ocasionalmente, señale con el dedo el texto que está leyendo, de manera que los niños lo vean.

6. Permita que el niño sostenga el libro y pase las páginas.

7. Converse con el niño sobre las ilustraciones del libro.

8. Conteste a las preguntas de los niños sobre las ilustraciones o sobre la trama del cuento, aun cuando interrumpan la lectura.

9. Coloque los libros al alcance de los niños.

10. Elimine los libros rotos o deteriorados.

11. Mantenga accesibles todo el tiempo los libros favoritos.

12. Incorpore los libros nuevos de uno en uno, pero no retire los libros viejos que son favoritos.

13. Ocasionalmente, pida al niño que le "lea" el cuento a usted. No corrija la lectura aunque ésta no sea correcta o convencional. Permita que el niño lea a su manera.

14. Si utiliza discos de cuentos infantiles, use también los libros donde se recoge el texto.

15. Permita que el niño desempeñe un papel activo en la lectura; invítelo a pasar las páginas, indicar con el dedo dónde se debe comenzar a leer, dónde se debe terminar de leer, señalar dónde están las palabras y la lámina.

16. Si el niño desea pasar la página antes de que usted termine de leer, dígaselo: "no podemos pasar la página porque todavía me falta leer estas palabras".

17. Si al pasar la página el niño pasa dos o tres páginas juntas, hágaselo notar y explíquele por qué es necesario pasar sólo una página a la vez: "Fíjate que has pasado tres páginas que todavía no hemos leído. Volvamos atrás".

18. Si cometiera algún error al leer, esté atento para ver si el niño se da cuenta y le corrige. Esto es indicativo de que el niño conoce muy bien el texto y está atento a las palabras del texto.

19. Una vez que el niño conozca de memoria el texto de su libro favorito, al leerle el cuento y de forma casual, pregúntele dónde está la oración o frase que usted acaba de leer.

DESARROLLO DE LA FUNCIÓN SIMBÓLICO-ARTÍSTICA

Según Lansing (1976) los niños crean naturalmente configuraciones visuales —dibujos y pinturas— aunque no se les haya entrenado para ello, porque la capacidad para "hacer símbolos" es una necesidad humana básica. Sin embargo, esta capacidad es algo más que una mera necesidad humana. Igual que el lenguaje oral y escrito, el juego dramático y las construcciones tridimensionales, los dibujos y pinturas infantiles reflejan el desarrollo global de la función simbólica. Por función simbólica se entiende la capacidad cognoscitiva para producir, comprender y manejar objetos o ideas —signos— que representan otras ideas, ya sea con significado personal o convencional.

Según Jean Piaget, durante el primer año de vida el niño no ha desarrollado todavía las estructuras intelectuales necesarias para representar interna y simbólicamente las acciones que realiza con su cuerpo. Por lo tanto, su inteligencia no es aún simbólica sino estrictamente sensoriomotora. Sin embargo, para fines del primer año y medio de vida, el niño comienza a dar indicios de una capacidad incipiente para simbolizar en la forma de la "imitación diferida". Piaget define la imitación diferida como la capacidad para recrear una acción usando el cuerpo, en ausencia del modelo que se observó. Un niño, por ejemplo, observa una pala mecánica recogiendo tierra en un proyecto de construcción. A los dos días, al jugar con sus camiones, comienza a realizar movimientos corporales —inclinarse hacia el frente, bajarse, agarrar dos camiones e incorporarse— que son análogos a los movimientos de la pala mecánica. De hecho, la imitación diferida se convierte en el mecanismo cognoscitivo para comenzar a captar la acción y representarla simbólicamente en el plano intelectual. En este caso, vemos una buena ilustración de cómo el juego dramático —o simbólico— se convierte en una herramienta del pensamiento.

Posteriormente, en el período comprendido entre los dos y siete años, la función simbólica se desarrolla rápidamente. En esta etapa, florece el lenguaje oral; el niño desarrolla destrezas y conocimientos para manejar el lenguaje escrito; se afianzan las expresiones gráfico-simbólicas; se desarrolla el sentido musical; y se expande el juego dramático a un nivel sin precedentes en el proceso de desarrollo humano. Sin embargo, durante estos años, el niño todavía no puede simbolizar en ausencia de objetos concretos que aún son necesarios como claves concretas en el proceso de sustituir una realidad por otra.

El desarrollo gráfico-simbólico. El proceso de desarrollo gráfico-simbólico del niño puede resumirse en tres etapas principales (Lansing, 1976):

1. Etapa del garabateo (aproximadamente de los 2 a los 4 años de edad)

   - Garabato desordenado — se caracteriza por movimientos amplios de los músculos gruesos de los brazos, que dan por resultado trazos, marcas y puntos en el papel sin orden alguno, ni sentido de dirección uniforme. Dos aspectos estimulan el garabateo desordenado. Por un lado, las marcas visibles que deja el creyón en el papel; y, por otro, la sensación muscular agradable que le produce usar sus músculos gruesos al hacer los movimientos amplios que se traducen en los garabatos.

   - Garabato ordenado — a medida que el niño tiene experiencia con los creyones, adquiere el control muscular necesario para impartir dirección y forma a los garabatos. Ahora, los garabatos se caracterizan por la verticalidad o circularidad de los trazos, con ritmo y dirección definida.

   - Garabato con nombre — al final de la etapa del garabateo, el niño comienza a atribuir significado a sus garabatos. Esta es una etapa que pone de manifiesto la función simbólica emergente en toda su expresión, ya que los garabatos no presentan ninguna característica o parecido con la realidad que el niño dice que representa (Lansing, 1976). En este punto del proceso de desarrollo, un niño que haya tenido muchas oportunidades para explorar y producir lenguaje escrito, hará la distinción conceptual entre los garabatos que representan dibujos y los que representan lenguaje (Ferreiro y Teberosky, 1979).

2. Etapa figurativa (aproximadamente de los 3 a los 12 años de edad)

   - Etapa figurativa temprana — emerge en la escuela maternal y *kindergarten*. En esta etapa, los dibujos comienzan a representar la realidad concreta mediante el uso de la figura humana esquematizada conocida como "el renacuajo". También se comienzan a colocar otras figuras de objetos flotando en el dibujo, sin organización espacial definida.

   - Etapa figurativa intermedia — los dibujos se tornan más elaborados, llenos de detalles. Aparece la línea de base, que funciona como marco de referencia espacial donde se

234

anclan las figuras. También surge el dibujo tipo rayos X, en los que se dibuja el exterior e interior de los objetos simultáneamente con gran cantidad de detalles.

- Etapa figurativa tardía — desaparece la línea de base al sustituirse por la perspectiva. El niño comienza a dibujar los objetos lejanos más pequeños que los objetos cercanos. Las figuras humanas muestran características asociadas a los géneros y papeles sexuales, tanto como a los papeles profesionales.

3. Etapa de la decisión artística (aproximadamente de los 11 años en adelante)

- Esta etapa ayuda al niño a comprender mejor conceptos abstractos, el ambiente cultural que le rodea y a lidiar con la sexualidad emergente. Los dibujos que produce el niño son realistas, elaborados y reflejan tanto sus experiencias concretas como las fantasías.

SUGERENCIAS PARA FOMENTAR EL DESARROLLO DE LA FUNCIÓN SIMBÓLICA POR MEDIO DE LAS ARTES PLÁSTICAS EN EL NIVEL PREESCOLAR

1. Organice un área de arte en el centro preescolar con abundancia de materiales artísticos que estimulen al niño a dibujar, pintar, modelar, recortar y pegar espontáneamente. Asegúrese de que en esta área haya abundancia de papel de dibujo de 12" X 18", creyones, pasteles, marcadores finos y gruesos, tijeras, pega, revistas para recortar, papel de construcción, plasticina, pinceles, témpera, pintura dactilar, esponjas, bolígrafos y otros materiales similares.

2. Provea de pinceles gruesos y finos; así como de creyones gruesos y finos.

3. Permita que los niños usen el área de arte con plena libertad.

4. Evite actividades de artes plásticas que sean estructuradas ("los proyectos"), en las que todos los niños terminan con un producto igual.

5. Al planificar "proyectos de arte" hágalo de manera que la actividad sea abierta para que cada niño produzca un trabajo creativo y original.

6. Utilice poemas y cuentos como temas para que los niños hagan dibujos.

7. Refiérase a situaciones de la vida cotidiana para que los niños hagan dibujos sobre ellas. Sobre todo, sugiera temas que estén relacionados con unidades o temas que se estén discutiendo en el centro, como por ejemplo, los servidores públicos, las plantas o los animales.

.8. Después de una excursión, invite a los niños a dibujar sus experiencias.

9. Recurra a las actividades de artes plásticas para "cerrar" conceptualmente otras actividades que se desarrollen en el programa diario. Si por ejemplo, un día viene el dentista a dar una charla sobre la higiene dental, concluya la actividad invitando a los niños a crear una variedad de trabajos artísticos sobre este tema.

DESARROLLO DE LA CAPACIDAD MUSICAL

Un aspecto importante, aunque un tanto ignorado del desarrollo de la función simbólica del niño preescolar, es el desarrollo de la capacidad musical. Entre el primero y segundo año de vida, las canciones que los niños imitan o inventan al jugar, se convierten en un mecanismo de transición entre la experiencia sensoriomotora y la transformación de dicha experiencia en un ente simbólico (Zimmerman, 1984).

Sin embargo, la capacidad musical es evidente desde los primeros meses de vida. Se sabe, por ejemplo, que la percepción auditiva es uno de los sentidos más desarrollados en el recién nacido. Entre otras cosas, a pocas horas de nacidos, los neonatos pueden distinguir la voz de la madre entre un grupo de voces femeninas; y discriminar entre la voz femenina y masculina (Papalia y Olds, 1985). Posteriormente, durante los primeros meses de vida, los infantes diferencian entre las voces humanas y otros sonidos del ambiente, prefiriendo la voz humana (Ostwald, 1973). Por otro lado, se ha encontrado que a los cinco meses de nacidos, los infantes pueden diferenciar entre varios patrones melódicos y rítmicos (Chang y Trehub, 1977; Melson y McCall, 1970; Summers, 1984).

Durante el segundo y tercer año de vida, los niños comienzan a cantar espontáneamente. De primera intención, sus canciones son cortas, pero rápidamente se van alargando (Zimmerman, 1984). Más tarde, entre los dos y cuatro años de edad, al aprender canciones nuevas, los niños usan el ritmo antes que el tono (Davidson, McKernon y Gardner, 1981). También son capaces de cantar e imitar ritmos vocálicos, llevar el ritmo con los palitos y aplaudir al compás de un ritmo (Rainbow and Owen, 1979; Zimmerman, 1984). A los cuatro años, los niños preescolares ya pueden cantar una canción completa correctamente (Matter, 1982).

Pflederer (1967) utilizó la teoría de Piaget para estudiar el desarrollo de la capacidad musical en la niñez. Esta investigadora partió del supuesto de que para que los niños puedan entender conceptos musicales, como ritmo, melodía y armonía, tienen que pasar por las etapas de desarrollo cognoscitivo que propuso Piaget. La literatura pedagógica indica que varios investigadores han usado el concepto de conservación como base para el estudio de la capacidad del niño para manejar la melodía. Los hallazgos son coherentes en señalar una correlación entre el desarrollo del concepto de conservación,[2] como lo define Piaget, y la capacidad musical en la niñez. En resumen, la literatura pedagógica señala que los niños preescolares disfrutan con la música y son capaces de recrearla espontáneamente. Esta capacidad para manejar la música es un reflejo del desarrollo de la función simbólica según la define Piaget.

SUGERENCIAS PARA FOMENTAR EL DESARROLLO DE LA FUNCIÓN SIMBÓLICA POR MEDIO DE LA MÚSICA

1. Disponga un área de música en el centro, donde haya un tocadiscos, discos con canciones infantiles y otros géneros musicales apropiados para niños preescolares, grabadora, casetes, e instrumentos musicales rítmicos.
2. Planifique actividades musicales que propendan a la participación activa de los niños en la práctica del baile, las palmadas, las marchas y los instrumentos musicales rítmicos.
3. Participe activamente en las actividades musicales que planifique para los niños.
4. Planifique actividades musicales para grupos pequeños o, mejor aún, para el niño individualmente.
5. Utilice canciones diariamente en el centro.
6. Al traer canciones nuevas, prefiera canciones cortas y sencillas.
7. Organice actividades dirigidas a refinar la capacidad general de discriminación auditiva, usando sonidos del ambiente y sonidos musicales.

OBJETIVOS EN TORNO AL DESARROLLO COGNOSCITIVO EN LOS AÑOS PREESCOLARES

A continuación se presenta el objetivo general y los objetivos particulares de la unidad:

OBJETIVO GENERAL

Por medio y como resultado de las estrategias curriculares, los niños tendrán oportunidades para desarrollar sus capacidades cognoscitivas y ejercitar la función simbólica al realizar actividades

---

[2] Conservación. Según Piaget, se refiere a la capacidad cognoscitiva para entender que la identidad y cantidad de un objeto no cambia aun cuando sus características perceptuales se modifiquen.

que fomenten la construcción del conocimiento físico-científico, lógico-matemático, el lenguaje oral, destrezas y conocimientos para manejar el lenguaje escrito y el desarrollo de la función simbólico-artística mediante las artes plásticas y la música.

Objetivos particulares

A. Objetivos para la construcción de **conocimiento físico-científico** que incluye los patrones de adaptación, funcionamiento y crecimiento de los organismos vivos, así como las propiedades, movimiento, transformaciones y reacciones de los objetos sin vida.

Objetivos sobre patrones de adaptación, funcionamiento y crecimiento de organismos vivos

Por medio y como resultado de las actividades educativas, el niño:

A1 • identificará algunas características de los objetos que están a su alrededor;

A2 • establecerá la diferencia entre los objetos sin vida y los organismos con vida que hay a su alrededor;

A3 • describirá las características de los organismos vivos;

A4 • identificará ejemplos de organismos vivos;

A5 • describirá las características de los objetos sin vida;

A6 • identificará ejemplos de organismos sin vida;

A7 • identificará las plantas como organismos con vida;

A8 • describirá las características de las plantas;

A9 • describirá el proceso de crecimiento de una planta;

A10 • describirá las características de algunos animales conocidos;

A11 • describirá el proceso de crecimiento de un animal conocido;

A12 • se identificará a sí mismo como un organismo vivo;

A13 • identificará algunas funciones del cuerpo humano como organismo vivo;

A14 • mencionará prácticas de vida que mantienen saludable a nuestro organismo;

A15 • identificará las etapas en el proceso de crecimiento humano desde la concepción hasta la vejez;

A16 • mencionará una característica, al menos, de cada una de las etapas del proceso de crecimiento humano.

Objetivos sobre propiedades, reacciones y transformaciones de los objetos

Por medio y como resultado de las actividades educativas, el niño:

A17 • identificará algunas características de sustancias familiares;

A18 • describirá el proceso de transformación de diversas sustancias;

A19 • identificará los colores de objetos familiares;

A20 • identificará los colores primarios;

A21 • identificará los colores secundarios;

A22 • mencionará cómo se forman los colores secundarios a partir de los primarios;

A23 • identificará la forma de objetos familiares;

A24 • identificará la textura de objetos familiares;

A25 • describirá la reacción del hierro ante el imán;

A26 • describirá la forma de las gotas de diversas sustancias;

A27 • identificará la sombra como un fenómeno de la luz;

A28 • identificará el arco iris como un fenómeno de la luz;

A29 • describirá la capacidad de reflexión de la luz.

Objetivos sobre el movimiento de los objetos

A30 • identificará el aire como una sustancia que existe pero que no es directamente observable;

A31 • identificará el viento como un fenómeno del aire capaz de mover objetos;

A32 • describirá el movimiento del agua a través de objetos variados;

A33 • identificará objetos que flotan en el agua;

A34 • identificará objetos que se hunden en el agua;

A35 • describirá el efecto de un plano inclinado en el movimiento de ciertos objetos.

B. Objetivos para la construcción de **conocimiento lógico-matemático** que incluye conocimientos sobre medición, números y numeración, clasificación, geometría simple y dinero (Molina Iturrondo, 1984; Schikedanz, York, Santos Stewart y White, 1977).

Objetivos sobre medición

Por medio y como resultado de actividades educativas basadas en la comparación de objetos, el niño:

B1 • identificará el objeto más alto;

B2 • identificará el objeto más bajo;

B3 • identificará el objeto más largo;

B4 • identificará el objeto más corto;

B5 • identificará el objeto más grande;

B6 • identificará el objeto más pequeño;

B7 • identificará objetos que son del mismo tamaño;

B8 • identificará el conjunto donde hay más elementos;

B9 • identificará el conjunto donde hay menos elementos;

B10 • identificará el conjunto donde hay muchos elementos;

B11 • identificará el conjunto donde hay pocos elementos.

Objetivos sobre números y numeración

Por medio y como resultado de las actividades educativas, el niño:

B12 • establecerá correspondencia biunívoca;

B13 • establecerá la relación entre el numeral y el número del uno (1) al cinco (5).

Objetivos sobre clasificación

Por medio y como resultado de las actividades educativas, el niño:

B14 • sorteará objetos a base de una característica compartida;

B15 • clasificará objetos a base de una característica compartida.

Objetivos sobre geometría simple

Por medio y como resultado de las actividades educativas, el niño:

B16 • nombrará el círculo;

B17 • nombrará el triángulo;

B18 • nombrará el cuadrado;

B19 • nombrará el rectángulo;

B20 • identificará el círculo;

B21 • identificará el triángulo;

B22 • identificará el cuadrado;

B23 • identificará el rectángulo;

B24 • pareará las figuras geométricas;

B25 • sorteará círculos, triángulos, cuadrados y rectángulos a base de la forma;

B26 • clasificará círculos, triángulos, cuadrados y rectángulos a base de la forma.

Objetivos sobre dinero

Por medio y como resultado de las actividades educativas, el niño:

B30 • identificará las monedas de un centavo, cinco centavos y diez centavos por sus nombres;

B31 • establecerá la relación entre la cantidad de centavos y el numeral correspondiente hasta el cinco.

C. Objetivos para el desarrollo del **lenguaje oral, destrezas y conocimientos para manejar el lenguaje escrito.**

Por medio y como resultado de las actividades educativas, el niño:

C1 • describirá oralmente objetos variados;

C2 • describirá a sus compañeros oralmente;

C3 • describirá láminas oralmente;

C4 • relatará experiencias personales;

C5 • dictará experiencias personales;

C6 • participará en narraciones de cuentos;

C7 • participará en sesiones de lectura de cuentos;

C8 • relatará la trama de los cuentos que se le han leído;

C9 • escuchará poemas, rimas y trabalenguas;

C10 • creará poemas, rimas y trabalenguas;

C11 • dictará poemas, rimas y trabalenguas;

C12 • dictará mensajes variados;

C13 • dictará el texto de cartas y mensajes para seres queridos;

C14 • explorará la escritura espontánea y creativamente;

C15 • se familiarizará con las vocales;

C16 • identificará consonantes que le sean familiares;

C17 • se familiarizará con la función práctica de comunicación del lenguaje escrito, a través del juego dramático;

C18 • reconocerá su nombre;

C19 • escribirá su nombre.

D. Objetivos para el desarrollo de la **función simbólico-artística** mediante las artes plásticas y de la música.

Por medio y como resultado de las actividades educativas, el niño:

D1 • creará dibujos y pinturas;

D2 • producirá *collages*;

D3 • producirá trabajos artísticos variados y creativos utilizando las técnicas del grabado;

D4 • producirá figuras tridimensionales simples con plasticina;

D5 • creará murales;

D6 • escuchará música infantil y de otros géneros apropiados para niños;

D7 • cantará canciones infantiles;

D8 • moverá su cuerpo rítmicamente al compás de la música;

D9 • explorará el sonido de instrumentos musicales rítmicos.

Actividades para fomentar la construcción de conocimiento físico que incluye los patrones de adaptación, funcionamiento y crecimiento de los organismos vivos, así como las propiedades, movimiento, transformaciones y reacciones de los objetos sin vida

(Aguirre del Valle y Sandoval Padilla, 1979;
Kamii y DeVries, 1978; Morales, 1977;
Schikedanz, York, Santos Stewart y White, 1977)

Área: Desarrollo cognoscitivo.
Subtema: Patrones de adaptación, funcionamiento y crecimiento de organismos vivos.
Título: Objetos a mi alrededor.

Objetivo: El niño identificará algunas características de los objetos que están a su alrededor.

Conceptos: Blando - duro.
Frío - caliente.
Alto - bajo.
Grande - pequeño.
Color.

Ideas
fundamentales: A nuestro alrededor hay muchos objetos interesantes.
Muchos objetos a nuestro alrededor se parecen entre sí, pero otros son distintos.
Las características físicas distinguen los objetos entre sí.
Algunas de estas características son el color, la dureza, la temperatura y el tamaño, entre otros.

Materiales: Bolsa de estraza de tamaño grande, objetos del interior y exterior del centro que los niños escojan, por ejemplo, una bola pequeña, un bloque, un camión, una flor, una piedra, una hoja, y otros (asegúrese que algunas de estas cosas tengan vida y otras no).

Procedimiento: Reúnase con un grupo pequeño de niños a conversar sobre las cosas que hay en el ámbito interno y externo del centro. Este diálogo debe ocurrir preferiblemente después de haber dado una caminata tanto por el patio como por el interior del centro. En esta caminata debe estimular a los niños a observar con detenimiento las cosas que hay en esos espacios.

Al concluir el diálogo, invite a los niños a moverse por el salón y a salir al patio para que recojan cosas que les parezcan interesantes. Coloque estos objetos en la bolsa de estraza. Luego pida voluntarios para que saquen los objetos —uno por uno— con el propósito de describirlos. Ayude al niño con preguntas abiertas como las que aparecen a continuación:

¿Qué observas en este objeto que te llama la atención? ¿El color? ¿El tamaño? ¿La forma? ¿Su dureza?
¿Cómo es este objeto? Descríbemelo.
¿De qué color es? ¿Es duro o blando? ¿Es frío o caliente? ¿Es suave o áspero?
¿Se parecen en algo estos objetos? ¿En qué se parecen?
¿Son distintos entre sí estos objetos? ¿Cómo son distintos?

Concluya la actividad invitando a los niños a hacer dibujos o pinturas sobre los objetos interesantes que hay en el centro y en el patio.

Observaciones: Varíe esta actividad invitando a los niños a que traigan objetos interesantes de sus casas. En este caso, los niños describirán estos objetos. Este tipo de actividad estimula el ejercicio de las destrezas simples de pensamiento, tales como observar y recordar, comparar y contrastar.

Área: Desarrollo cognoscitivo.

Subtema: Patrones de adaptación, funcionamiento y crecimiento de los organismos vivos.

Título: Objetos sin vida y organismos con vida.

OBJETIVOS: El niño establecerá la diferencia entre los objetos sin vida y los organismos con vida.

El niño describirá las características de los organismos sin vida.

El niño identificará ejemplos de objetos sin vida.

El niño describirá las características de los organismos con vida.

El niño identificará ejemplos de los organismos con vida.

CONCEPTOS: Objetos sin vida.

Organismos con vida.

IDEAS FUNDAMENTALES: A nuestro alrededor hay muchas cosas.

Algunas de esas cosas son objetos sin vida.

Algunos objetos sin vida son las piedras, una silla, una bola y un bloque.

Se sabe que un objeto no tiene vida porque no respira, ni come, ni crece, ni se mueve, ni se reproduce.

Un objeto con vida es un organismo vivo.

Generalmente un organismo vivo crece, se mueve, respira, come y se reproduce.

Tenemos la responsabilidad de cuidar los objetos sin vida y los organismos vivos que hay a nuestro alrededor.

MATERIALES: Cartulina de color claro, marcadores negros, tijeras, pega, revistas para recortar.

PROCEDIMIENTO: Esta actividad debe realizarse al otro día de llevar a cado la actividad A1, ya que se basará en los objetos sin vida y organismos vivos que se recogieron y describieron anteriormente.

Comience la actividad conversando con los niños sobre las diversas cosas que observaron en la caminata y los objetos que recogieron. Introduzca el tema de los objetos sin vida y de los organismos vivos con preguntas como las siguientes:

¿Recuerdan las cosas que observamos cuando salimos de excursión por el patio del centro?

Todo lo que observamos, ¿tenía vida?

¿Qué cosas observamos que tenían vida?

¿Por qué sabemos que tenían vida?

¿Qué cosas observamos que no tenían vida?

¿Por qué sabemos que no tenían vida?

Solicite ejemplos de objetos sin vida y con vida. Después, invite a los niños a clasificar las muestras recogidas en dos grupos: el grupo sin vida y el grupo con vida.

Después de realizar esta actividad, prepare con los niños dos carteles de experiencia, uno alusivo a los objetos sin vida y otro alusivo a los organismos con vida. El propósito primordial es que cada cartel recoja las características fundamentales de las cosas sin vida y con vida. Los niños podrían ilustrar los carteles con láminas relacionadas con los temas, recortadas de revistas.

OBSERVACIONES: Ya que esta es una actividad larga, podría dividirse para llevarse a cabo en etapas, en días sucesivos. Por otro lado, hay varias maneras de dar seguimiento y continuidad a esta actividad. Entre otras, los niños pueden preparar exhibiciones de objetos sin vida y de organismos con vida. También pueden recortar láminas que ilustren este tema para hacer un mural colectivo o un *collage* individual en papel de construcción.

Otra manera de dar seguimiento a esta actividad es preparar libros caseros sobre cosas sin vida y cosas con vida (ver el capítulo 4 sobre el Desarrollo Emocional, actividad B5, página 209, para instrucciones sobre cómo hacer libros caseros).

Desarrolle este tema cabalmente asegurándose de discutir, ilustrar y llamar la atención del niño hacia:

— las diferencias fundamentales entre los objetos sin vida y los organismos vivos;
— las semejanzas entre los objetos sin vida;
— las semejanzas entre los organismos vivos;
— las clases o categorías que pueden crearse para clasificar los objetos sin vida y los organismos vivos.

Área: Desarrollo cognoscitivo.
Subtema: Patrones de adaptación, funcionamiento y crecimiento de los organismos vivos.
Título: Las plantas son nuestras amigas.

OBJETIVOS: El niño identificará las plantas como organismos vivos.
El niño describirá las características de las plantas.

CONCEPTOS: Plantas.
Organismo vivo.

IDEAS FUNDAMENTALES: A nuestro alrededor hay muchas plantas.
Hay plantas de distintas clases.
Algunas plantas son grandes, mientras que otras son pequeñas.
Hay plantas que tienen flores de colores brillantes, mientras que otras no tienen flores.
Casi todas las plantas son de color verde, pero hay excepciones.
Hay plantas moradas, blancuzcas y de muchos colores.
Las plantas son organismos vivos.
Ellas fabrican su propio alimento.
Para fabricar su alimento necesitan la luz del sol, agua y tierra.
Muchas plantas dan frutos que nosotros comemos, como por ejemplo, el mangó, el aguacate y la china.
Las frutas tienen semillas adentro.
Al sembrar las semillas, crecen plantas nuevas.

MATERIALES: Muestras de diversas plantas que se recojan en los alrededores del centro.

PROCEDIMIENTO: Organice una caminata por el vecindario cercano al centro, para que los niños observen las plantas que hay en los alrededores. Mientras caminan por el vecindario, converse con los niños sobre las plantas, sus colores, tamaño, forma de las hojas, flores, fruto y semillas. Llame la atención de los niños sobre los lugares donde crecen las plantas, por ejemplo, a la sombra de un árbol, o en la grama, en el borde de la calle, o en un tiesto.

Invite a los niños a recoger muestras de las plantas que encuentren en la caminata. Los niños pueden recoger hojas, flores, semillas, tallos, raíces y frutos.

De regreso en el centro, continúe el diálogo, pero ahora con el fin de que los niños describan las muestras que trajeron al salón. Converse con ellos sobre las partes de las plantas, sus colores, forma, tamaño y función. Asegúrese de comparar las diversas partes de las diferentes plantas, como también las diferentes partes de una misma planta. Compare, por ejemplo, diversas hojas entre sí, como también hojas con flores o flores con raíces. La comparación debe hacerse basándose en el tamaño, color y forma. Puede concluir la actividad de varias maneras. Por un lado, los niños podrían dibujar o pintar flores y plantas. También podrían recortar láminas de plantas para hacer un *collage* pegándolas sobre papel de construcción o podrían organizar una exhibición de los especímenes recogidos.

OBSERVACIONES: Una manera muy efectiva de introducir la actividad es traer diversos ejemplares de plantas sembradas en tiestos pequeños. Los niños deben cuidar estas plantas diariamente echándoles agua, abono y colocándolas al sol al menos una vez al día. También puede comenzar la actividad con uno de los dos poemas-adivinanza (Morales, 1977) que aparecen a continuación:

> Pequeña o grande,
> verde soy,
> con un rabito,
> pegada a la planta estoy.
> Como las palmas de la mano,
> mirando al sol siempre voy.
> Adivina tú amiguito,
> adivina tú quién soy.

> Flotando por el espacio,
> con el viento juguetón,
> llegaron por la mañana,
> los brillantes rayos del sol.
> Las hojas de todas las plantas
> se estiraron, se estiraron
> y abiertas como sombrillas
> luz del sol atraparon.

Una forma de dar continuidad al tema de las plantas es conversando con los niños sobre los beneficios que nos dan las plantas. Para iniciar la discusión de este tema puede usar preguntas como las siguientes:

¿Creen ustedes que las plantas son nuestras amigas? ¿Por qué?
¿Cómo nos ayudan las plantas?
¿Nos dan algo las plantas? ¿Qué nos dan?
¿Cómo sería nuestra vida sin plantas?

Asegúrese de hablar sobre el beneficio de las plantas en el sentido de que:

— proporcionan el oxígeno que respiramos;
— limpian el aire que respiramos;
— nos dan fresco;
— nos protegen del sol;
— ayudan a que caiga la lluvia;
— evitan que se pierda el terreno por acción del viento y de la lluvia;
— nos proveen alimento.

Área: Desarrollo cognoscitivo.
Subtema: Patrones de adaptación, funcionamiento y crecimiento de los organismos vivos.
Título: Las plantas crecen.

Objetivo: El niño describirá el proceso de crecimiento de una planta.

Concepto: Crecimiento.

Ideas fundamentales: Los organismos vivos, a diferencia de las cosas sin vida, crecen.

Crecer significa que al principio, cuando se nace, el organismo es pequeño, pero poco a poco va aumentando de tamaño y de peso.

Como las plantas son organismos vivos, crecen.

Para que una planta crezca es necesario sembrar una semilla.

Para que esa semilla se convierta en una plantita hay que echarle agua, abono, y proporcionarle luz del sol.

Hay plantas que sólo crecen de semillas pero otras también crecen de pedacitos del tallo de otra planta igual.

Materiales: Vasos sanitarios perforados por debajo para facilitar el drenaje, tierra para sembrar, abono, agua, semillas de habichuelas, ganchitos de cohitre, culantro o cualquier otra planta que nazca fácilmente de ganchos.

Procedimiento: Inicie la actividad dialogando con los niños sobre cómo crecen las plantas. Haga preguntas abiertas como las siguientes para estimular la conversación:

¿Alguno de ustedes ha sembrado una semilla alguna vez? ¿Han sembrado una planta? ¿Cómo lo hicieron?

¿Saben ustedes cómo nace una planta? Díganme cómo creen que nace.

Y después que nace, ¿cómo crece?

¿Qué hace crecer a las plantas?

Este diálogo servirá de introducción a la actividad, que consistirá en sembrar semillas de habichuelas para observar cómo germinan y crecen. Los niños prepararán los vasitos con tierra y sembrarán las semillas. Ellos serán responsables de echarle agua, abono, ponerlas al sol. Bajo la tutela del maestro, todos los días deberán observar los cambios que se operan en las plantas por efecto del proceso de crecimiento.

También deben sembrar los ganchitos de cohitre o culantro, cuidarlos y abonarlos como se hizo con las semillas, para observar cómo prenden y crecen.

El proceso de germinación, nacimiento y crecimiento de estas plantas tomará tiempo. A lo largo de este período, reúnase con los niños con frecuencia para discutir lo observado y comparar el crecimiento de las plantas que germinaron de semillas, con el crecimiento de las plantas que se sembraron de ganchitos. Converse con los niños sobre cómo se alargan los tallos, nacen hojas nuevas, cambia el color de las hojas, y otros.

Observaciones: Para dar seguimiento a esta actividad, repítala variando las condiciones de agua, luz y abono de las semillas o ganchitos para observar y comparar el efecto que tienen en las plantas. Puede echar mucha agua a una de las semillas o plantitas; a otra, una cantidad moderada; y a otra no echarle agua. Asimismo, puede variar la cantidad de abono o la exposición al sol. Invite a los niños a observar y a conversar sobre el efecto de estos cambios en el crecimiento de las plantas.

Este tipo de actividad es ideal para preparar un cartel o gráfica para recopilar las observaciones sobre el crecimiento de las plantitas. Prepare el cartel como el modelo que va a continuación.

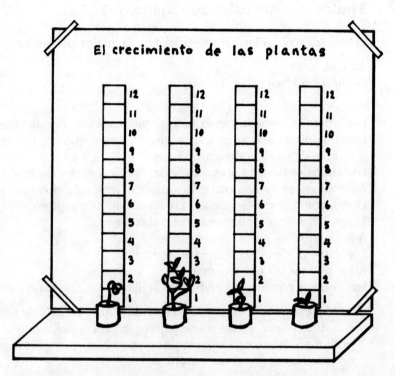

Según las plantas vayan creciendo, sombree con marcador amarillo o rojo, la sección correspondiente al crecimiento en la "regla" que aparece dibujada detrás de cada plantita en el cartel. Esta es una manera visual y concreta que facilita que los niños comparen el crecimiento de las plantas y se percaten de los cambios en tamaño que se operan en ellas.

A continuación se presenta un poema (Morales, 1977) que puede usarse en el desarrollo de esta actividad:

Flores, frutas y vegetales,
todo esto nos dan las plantas,
trabajando muy calladas,
aire puro y sombra fresca,
troncos para escondernos
y ramas para subir,
en verdad es que tenemos
un tesoro en el jardín.

Área: Desarrollo cognoscitivo.
Subtema: Patrones de adaptación, funcionamiento y crecimiento de los organismos vivos.
Título: Animales que conozco.

OBJETIVO: El niño describirá las características de animales conocidos.

CONCEPTOS: Animal.
Organismo vivo.

IDEAS FUNDAMENTALES: Los animales como el perro, el gato y la vaca son organismos vivos.
Estos animales son organismos vivos porque crecen, comen, respiran, se mueven y se reproducen.
Los animales tienen hábitos de vida, como comer y dormir.
Algunos animales, como el gato y el perro tienen el pelo suave y un rabo largo.
Otros, como el conejo, tienen las orejas largas y bigote.
Los pollitos tienen plumas suaves, alas y pico.
A los perros les gusta comer carne.
Los gatos prefieren la leche y el pescado.
A los pollitos les gusta comer maíz y gusanitos.
Los conejos comen una yerba que se llama cohitre, zanahorias y lechuga.

MATERIALES: Libros que ilustren y elaboren sobre los hábitos de vida de algunos animales comunes, como perro, gato, pájaro, vaca, lagartijo, ratón, güimo, peces, pollito y conejo, caja o jaula donde pueda vivir uno de estos animalitos, comida, agua, papel de periódico.

PROCEDIMIENTO: Introduzca el tema de los animales leyendo a los niños libros sobre los animales y sus hábitos (Schikedanz, York, Santos Stewart y White, 1977). Sería conveniente que trajera revistas para que los niños recorten ilustraciones de animales para pegar sobre papel de construcción o cartulina. Basándose en las lecturas y en el conocimiento de los niños sobre los animales, converse sobre qué comen diversos tipos de animales, dónde viven y cómo crecen.

Después de esta etapa introductoria, traiga al salón algún animalito recién nacido o joven —conejo, ratón, güimo, pollito u otro— para que viva en el centro por un tiempo. El propósito es que los niños participen en las actividades de cuidarlo y alimentarlo, se familiaricen con sus hábitos, observen su comportamiento y sus características. Es conveniente que, al traer el animal al salón por primera vez, estimule a los niños a tocarlo y a observarlo con detenimiento para describirlo. Más adelante, cuando los niños hayan tenido oportunidad de observar el comportamiento diario del animal, converse con ellos sobre sus características, sus hábitos de sueño, sus alimentos preferidos, y otros.

Use preguntas como las siguientes para estimular la reflexión y el diálogo:

¿Qué animalito es éste que he traído al centro?
¿Para qué habré traído este animalito al centro?
¿Alguien sabe qué come este animalito?
¿Qué necesitará este animalito para poder vivir y crecer?
¿Cómo debemos cuidar a este animalito?

Observaciones: Para dar seguimiento a esta actividad organice una excursión a un zoológico para que los niños observen y conversen sobre los animales que viven allí. Puede también preparar un cartel de experiencia con los niños sobre el animalito que vive en el centro, o preparar un libro casero sobre el tema de los animales; o un libro original con cuentos, alusivos a los animales, creados por los niños.

Área: Desarrollo cognoscitivo.
Subtema: Patrones de adaptación, funcionamiento y crecimiento de organismos vivos.
Título: Los animales crecen.

OBJETIVO: El niño describirá el proceso de crecimiento de un animal que le sea familiar.

CONCEPTO: Crecimiento.

IDEAS FUNDAMENTALES: A nuestro alrededor hay animales.

Algunos de estos animales son los pájaros, los perros, los gatos, los lagartijos y los pollitos.

Todos los animales nacen pequeñitos, pero crecen pronto.

Para crecer, los animales necesitan alimento, agua, buena ventilación, sitio para moverse y luz del sol.

Cuando los animales crecen, pueden tener hijos.

MATERIALES: Un animalito recién nacido o joven, jaula o caja donde pueda vivir, agua, alimento, papel de dibujo, creyones, pinceles, témpera, grabadora, audiocinta

PROCEDIMIENTO: Esta actividad da continuidad a la actividad anterior, ya que su propósito es que los niños observen cómo crece un animalito.

Para este fin, es conveniente traer al salón ratoncitos pequeños, conejos o pollitos —que son animales que crecen rápidamente— de manera que los niños, al cuidar diariamente de ellos, puedan percatarse del proceso de crecimiento.

Converse con los niños con frecuencia sobre lo que observan en el animalito con relación a su crecimiento y cambios que éste conlleva.

Ayude a los niños a anotar sus observaciones tomando dictados sobre el crecimiento y hábitos de vida del animalito, que luego cada niño ilustrará con un dibujo o láminas.

También puede estimular a los niños a dibujar al animalito, o a grabar sus comentarios sobre cómo va creciendo (Schikedanz, York, Santos Stewart y White, 1977).

Área: Desarrollo cognoscitivo.
Subtema: Patrones de adaptación, funcionamiento y crecimiento de los organismos vivos.
Título: Mi cuerpo.

OBJETIVOS: El niño se identificará a sí mismo como un organismo vivo.

El niño identificará algunas funciones del cuerpo humano como organismo vivo.

El niño mencionará prácticas de vida que mantienen a nuestro cuerpo saludable.

El niño identificará las etapas en el desarrollo humano desde la concepción hasta la vejez.

El niño mencionará una característica, al menos, de cada una de las etapas del proceso de desarrollo humano.

CONCEPTOS: Cuerpo.
Organismo vivo.
Saludable.

IDEAS FUNDAMENTALES: Las personas somos organismos vivos.

Somos organismos vivos porque crecemos, comemos, respiramos, nos movemos y nos reproducimos.

Cuando comemos, respiramos, nos movemos y nos reproducimos, lo hacemos con nuestro cuerpo.

Comemos con la boca y respiramos por la nariz.

Al mover nuestro cuerpo, lo hacemos con las piernas, pero también podemos mover los brazos, las manos, los dedos y la cabeza.

Al crecer, nuestro cuerpo aumenta de tamaño y peso.

Cuando estábamos en la barriga de nuestra mamá éramos tan pequeñitos que casi ni nos veíamos.

Poco a poco fuimos creciendo hasta que nacimos.

Cuando uno nace es pequeño y delicado.

Los bebés toman leche en biberón o de sus mamás.

Los bebés no tienen dientes ni pueden caminar.

Poco a poco el bebé crece y puede ir a la escuela.

Para entonces puede caminar, correr y comer todo lo que quiera porque ya le han salido los dientes.

Pero uno sigue creciendo y se convierte en un joven.

A los jóvenes les gusta bailar y estar con sus amigos.

Cuando los jóvenes crecen, se casan y se convierten en papás y mamás.

Con el tiempo, los papás y mamás se convierten en abuelos y abuelas.

Los abuelos son personas mayores que tienen el pelo blanco y han vivido muchos años.

Tenemos la responsabilidad de mantener nuestro cuerpo saludable, comiendo los alimentos, bañándonos todos los días, lavándonos los dientes, haciendo ejercicio y durmiendo bien.

Estar saludable quiere decir que no estamos enfermos.

Materiales:　　láminas o gráficas sencillas y atractivas sobre el cuerpo humano, con ilustraciones de bebés, niños preescolares y escolares, adolescentes, adultos y envejecientes

Procedimiento:　Invite a un pediatra o enfermera para que converse con los niños sobre el cuerpo humano, su funcionamiento, crecimiento y prácticas para conservarlo saludable. Debe darse participación activa a los niños partiendo del conocimiento que tienen sobre estos asuntos. Use preguntas abiertas para explorar lo que saben los niños antes de comenzar la charla:

> ¿Somos nosotros un objeto sin vida o un organismo con vida? ¿Por qué?
> ¿Qué cosas hacemos con nuestro cuerpo?
> ¿Qué podemos hacer para mantener nuestro cuerpo saludable?
> ¿Qué significa estar saludable?
> ¿Cuántos de nosotros estamos saludables? ¿Por qué sabemos que estamos saludables?

Una vez que los niños comiencen a conversar, el pediatra o la enfermera deberá iniciar su charla sobre el cuerpo y sus funciones básicas como respirar, comer y eliminar. También debe hablarse brevemente del proceso de crecimiento teniendo en cuenta la capacidad de comprensión de los niños. Esto es, cómo antes de nacer estábamos en la "barriga" de mamá; que nacemos pequeñitos e indefensos pero pronto crecemos, nos salen dientes y podemos caminar. Poco a poco, nos convertimos en niños o niñas, luego en jóvenes, adultos y, posteriormente, en envejecientes o "abuelitos". Es necesario ilustrar esta charla con láminas y también hacer referencia a lo que los niños saben sobre el comportamiento de los bebés, de los niños como ellos, de los jóvenes como sus hermanos o primos, de los adultos y envejecientes.

Observaciones:　Aunque esto puede parecer un tema complejo para niños preescolares, realmente no lo es si se trata con sencillez, partiendo de las vivencias y experiencias de los niños con sus propios cuerpos y su vida familiar. Una manera de dar un carácter más concreto a la actividad es invitar a alguna madre del centro con su bebé o a algunos abuelitos para que les hablen de sus vidas y experiencias del envejeciente. Para cerrar o dar continuidad a la actividad los niños y el maestro podrían preparar carteles de experiencia alusivos al cuerpo humano, a su proceso de crecimiento y a las prácticas que promueven la salud. También puede preparar libros caseros sobre el tema o hacer dibujos, pinturas o *collages* de láminas relacionadas con el tema.

A8

Área: Desarrollo cognoscitivo.
Subtema: Propiedades, reacciones y transformaciones de
             los objetos.
Título: Sustancias conocidas.

OBJETIVOS: El niño identificará algunas características de sustancias conocidas.
                   8.2 El niño describirá el proceso de transformación de algunas sustancias
                   conocidas.

CONCEPTOS: Sustancias líquidas.
                   Sustancias sólidas.
                   Agua — hielo.
                   Gelatina líquida — gelatina sólida.
                   Mantecado congelado — mantecado derretido.
                   Congelado — derretido.

**IDEAS
FUNDAMENTALES:**   El agua, la gelatina y el mantecado son ejemplos de sustancias que cambian
                   de forma según varíe la temperatura.
                   Si metemos el agua en el congelador, el frío la congela y se convierte en hielo.
                   Si sacamos el hielo del congelador y lo calentamos en la estufa, se derrite.
                   Al derretirse, se convierte en agua.
                   Cuando preparamos gelatina, primero mezclamos el polvo de gelatina con
                   agua.
                   Después la metemos en la nevera por un rato.
                   El frío de la nevera endurece la gelatina.
                   Cuando la gelatina se endurece decimos que se vuelve sólida.
                   Si dejamos la gelatina fuera de la nevera, se derrite.
                   El mantecado se mantiene sólido si está congelado.
                   Si dejamos el mantecado fuera del congelador, se derrite.

MATERIALES: Agua, cubeta de hielo, sobre de gelatina de fruta, gelatina sólida, molde,
                   mantecado congelado y derretido

PROCEDIMIENTO: Coloque los materiales en una mesa a la altura de los niños. Estimúlelos a
observarlos y a describirlos. Use preguntas abiertas como las siguientes:

¿Qué cosas tenemos en esta mesa? ¿Qué podemos decir sobre ellas?
¿Por qué algunas son líquidas y otras son sólidas? Por ejemplo, el agua y el hielo.
¿Qué hacemos para convertir el agua en hielo? ¿Y para convertir el hielo en agua?
¿Cómo logramos que la gelatina se endurezca?
¿Qué le ocurre al mantecado si lo dejamos fuera del congelador?
¿Cómo logramos que este mantecado derretido se vuelva sólido?

Proceda a preparar el sobrecito de gelatina conforme a las instrucciones del
paquete. Los niños deben tener una participación activa —abrir el paquete, mezclar y vaciar
en moldes. Invítelos a comparar la gelatina líquida con la gelatina sólida para que noten la
diferencia entre ambas. Haga lo mismo con el hielo y el agua; y con el mantecado sólido y
derretido. Después, eche agua en la cubeta y colóquela, junto con el mantecado, en el
congelador. Ponga la gelatina en la nevera. Pida a los niños que hagan predicciones sobre lo

que ocurrirá con cada una de las sustancias. Más tarde o al otro día, regrese con los niños a cotejar las transformaciones que tuvieron lugar. Estimúlelos a conversar sobre lo que le ocurrió a las sustancias.

OBSERVACIONES: Otras actividades que se pueden realizar con los niños para ayudarles a observar y entender el proceso de transformación de las sustancias, son las siguientes:

a. Hacer mantequilla casera.

Para realizar esta actividad se necesita un cuartillo de crema de leche espesa y un envase plástico que cierre herméticamente. La crema se coloca en el envase, con una pizca de sal y se agita hasta que se forme la mantequilla. Los niños deben desempeñar un papel activo, echando la crema en el envase y agitando. Durante el transcurso de la actividad haga preguntas abiertas que estimulen a meditar y a especular sobre lo observado. Use preguntas tales como:

¿Qué pasa con la crema cuando se agita?

¿En qué creen ustedes que se convertirá la crema si la agitamos?

Para concluir la actividad, los niños pueden consumir la mantequilla con pan o galletas.

b. Hacer burbujas de jabón.

Prepare con los niños, agua de jabón con detergente líquido de fregar. Provea a los niños con sopladores para hacer burbujas de jabón. Para hacer burbujas, puede también usar vasos sanitarios a los que se les ha quitado el fondo. Discuta con ellos la transformación que se opera en el agua de jabón para convertirse en burbujas. Use preguntas abiertas, como:

¿Qué tienen dentro las burbujas de jabón?

¿Cómo se forman?

¿Alguien sabe por qué flotan en el aire?

c. Hacer moho.

Invite a los niños a colocar clavos de hierro y objetos de acero inoxidable en un molde lleno de agua. Los niños deben observar diariamente los cambios que se operan en los objetos por efecto de la humedad. Los objetos de hierro se enmohecerán, pero no los objetos de acero inoxidable.

Área: Desarrollo cognoscitivo.
Subtema: Propiedades, reacciones y transformaciones de los objetos.
Título: Los colores de los objetos.

OBJETIVOS: El niño identificará los colores de objetos familiares.
El niño identificará los colores primarios.
El niño identificará los colores secundarios
El niño describirá cómo se forman los colores secundarios a partir de los primarios.

CONCEPTOS: Color.
Colores primarios: rojo, azul, amarillo.
Colores secundarios: anaranjado, violeta, verde.

IDEAS FUNDAMENTALES: Todo lo que vemos tiene color.
Vemos el color con nuestros ojos.
Algunos colores son el rojo, azul y amarillo.
El rojo, el azul y el amarillo se conocen como colores primarios.
Estos colores se llaman primarios porque al mezclar dos de ellos sacamos otro color nuevo.
Si mezclamos rojo y amarillo obtenemos anaranjado.
Si mezclamos rojo y azul obtenemos violeta.
Si mezclamos azul y amarillo obtenemos verde.
Los colores que obtenemos al mezclar los colores primarios se llaman secundarios.

MATERIALES: Témpera roja, azul y amarilla, varios potes de comida de bebé vacíos (al menos tres para cada niño), pinceles, papel de dibujo grande, objetos diversos de colores primarios

PROCEDIMIENTO: Para realizar la actividad comience seleccionando varios objetos en colores primarios y secundarios. Colóquelos en una mesa accesible a los niños. Converse con ellos sobre las características de los objetos; sobre todo, sobre sus colores. Luego, pase al área de arte para que los niños hagan pinturas con témpera mezclando únicamente los colores primarios: rojo, azul y amarillo. Llame la atención del niño ante el hecho de que, al mezclar dos colores primarios, se forma un color nuevo. Pregúntele si sabe cómo se llama este color nuevo o cómo se formó. Luego los niños harán pinturas usando estos colores. Rotule y exhiba estos trabajos en un área visible del centro.

OBSERVACIONES: A lo largo del desarrollo del programa diario, día tras día, debe aprovechar todas las oportunidades posibles para describir los objetos en cuanto a la característica de color. Si por ejemplo, se desea que el niño traiga una bola, refiérase a ella como "la bola roja", y así sucesivamente con todos los objetos. Por la mañana, a la hora del círculo, invite a los niños a decir de qué color están vestidos, ellos y sus compañeros. También puede seleccionar un objeto del centro para que, diariamente, lo describan y digan de qué color es.

A10

Área: Desarrollo cognoscitivo.
Subtema: Propiedades, reacciones y transformaciones de los objetos.
Título: La forma de las cosas.
(Schickedanz, York, Santos Stewart y White, 1977)

Objetivo: El niño identificará la forma de objetos comunes.

Conceptos: Forma.
Redondo.
Cuadrado.
Triangular.
Rectangular.

IDEAS FUNDAMENTALES: Todos los objetos que están a nuestro alrededor tienen forma.
Hay objetos con forma redonda.
Otros tienen forma cuadrada, triangular o rectangular.
La forma de los objetos redondos nos recuerda a un círculo.
La forma de los objetos cuadrados nos recuerda a un cuadrado.
Los objetos triangulares se parecen a un triángulo.
Los objetos rectangulares se parecen a un rectángulo.

MATERIALES: Papel de construcción de diversos colores, objetos planos como libro pequeño, monedas, cajas de fósforos vacías, un bloque de madera en forma de triángulo, y otros.

PROCEDIMIENTO: Converse con los niños sobre la forma de los objetos seleccionados.

Invítelos a colocarlos sobre papel de construcción para ponerlos al sol durante algunos días. La luz del sol desteñirá la parte expuesta del papel, quedando marcada la forma del objeto. Converse con ellos sobre las formas que quedaron marcadas, cómo se llaman y a qué se parecen.

Para concluir la actividad los niños pueden recortar las formas marcadas para pegarlas sobre cartulina y rotularlas con sus nombres.

CAPÍTULO CINCO **A11**	**Área**:	Desarrollo cognoscitivo.
	Subtema:	Propiedades, reacciones y transformaciones de los objetos.
	Título:	La textura de las cosas.
		(Schikedanz, York, Santos Stewart y White, 1977)

OBJETIVO: El niño identificará la textura de objetos comunes.

CONCEPTOS: Textura.
Blando — duro.
Suave — áspero.

IDEAS FUNDAMENTALES: La textura es lo que sentimos al pasar los dedos sobre un objeto.
Hay varios tipos de texturas.
Algunas son ásperas como la textura de la arena y del papel de lija.
Otras son suaves, como la textura de la seda y del cristal.
También hay texturas duras y blandas.
El concreto y la madera tienen texturas duras.
El algodón y la lana tienen texturas suaves.

MATERIALES: Pedazos de tela de terciopelo, seda, corduroy (en otros países pana), mahón, madera, papel de lija, arena, azulejo, papel de aluminio y otras similares, un pedazo de panel de madera prensada de 3' x 3' ó una cartulina gruesa, marcador negro, pega blanca.

PROCEDIMIENTO: Antes de la actividad, pegue las muestras de los materiales con texturas, en un pedazo de panel de madera prensada o de cartulina. Rotúlelo "Texturas". Deje espacio suficiente debajo de cada material para escribir el nombre de la textura de cada uno. A continuación se presenta un modelo.

Para realizar la actividad inicie una conversación con un grupo pequeño de niños, sobre cómo se sienten los objetos cuando uno los toca. Traiga a la atención de los niños, el cartel o panel de madera prensada con las texturas, para que las toquen. Pregunte a los niños si los objetos son duros o blandos, si son suaves o ásperos. A medida que los niños contesten, escriba debajo de cada material la palabra que mejor describe la textura.

Área: Desarrollo cognoscitivo.
Subtema: Propiedades, reacciones y transformaciones de los objetos.
Título: Imán y hierro.

OBJETIVO: El niño describirá la reacción del hierro ante el imán.

CONCEPTOS: Hierro.
Imán.
Magnetismo.

IDEA FUNDAMENTAL: El imán tiene la característica de atraer al hierro.

MATERIALES: Un imán, picadura de hierro, objetos variados que sean susceptibles a la atracción del imán tales como tuercas, clavos, tornillos, y otros.

PROCEDIMIENTO: Coloque los materiales en un lugar accesible del centro. Estimule a los niños a manipular y a explorar el imán con relación al efecto que ejerce en los demás objetos. Luego discuta con los niños sus ideas acerca de lo observado. Use preguntas abiertas para estimular al diálogo:

¿Qué pasó cuando acercaste el imán al clavo, a la picadura de hierro y a las tuercas?
¿Habrá otros objetos en el salón o en el patio que se peguen al imán? Vamos a averiguarlo.
¿Por qué será que el clavo se pega al imán pero no nuestro dedo o la ropa?

El propósito de esta actividad no es que los niños den respuestas correctas, sino que observen y mediten en lo que han visto.

Área: Desarrollo cognoscitivo.
Subtema: Propiedades, reacciones y transformaciones de los objetos.
Título: Gotas y más gotas.
(Schikedanz, York, Santos Stewart y White, 1977)

Objetivo: El niño describirá las formas de las gotas de diversas sustancias.

Concepto: Gota.

Ideas fundamentales: Cuando las sustancias líquidas se derraman, forman gotas.
Una gota es un glóbulo o bolita de líquido.

Materiales: Goteros plásticos, moldes de aluminio (uno por niño), jabón de fregar platos, sal, colorante vegetal, vinagre, varios envases plásticos, agua.

Procedimiento: Coloque los materiales en un área de trabajo para tres o cuatro niños. Prepare con los niños varias mezclas de agua —sola, con sal, con colorante, con jabón, y otras—; cada una en un envase distinto. Rotule cada envase para distinguir las mezclas. Invite a los niños a poner varias gotas de cada mezcla en el molde de aluminio, para observarlas. Los niños deben determinar cuáles son redondas y cuáles son planas. Discuta las observaciones con los niños para ayudarles a reflexionar en lo observado. Use preguntas abiertas como las siguientes para guiar la discusión:

¿Qué ocurrió con las gotas cuando las pusimos en el molde?
¿Cómo son las gotas? Descríbelas.
¿Por qué crees tú que algunas gotas son redondas y otras son planas?
¿Qué otros líquidos crees tú que producirán gotas planas y gotas redondas?

Proporcione otros líquidos tales como champú, leche, néctar y otros, para que los niños experimenten y exploren qué tipos de gotas se producen con cada uno.

Área: Desarrollo cognoscitivo.

Subtema: Propiedades, reacciones y transformaciones de los objetos.

Título: Sombras y luz.

Objetivo: El niño identificará la sombra como un fenómeno de la luz.

Concepto: Sombra.
Luz.

IDEAS FUNDAMENTALES: Una sombra en un área oscura que se forma cuando la luz choca con un objeto que no la deja pasar.
Todas las cosas y las personas producen sombras porque la luz no puede atravesarlas.
La sombra es oscura porque en ella no hay luz.

MATERIALES: Una lámpara o linterna.

PROCEDIMIENTO: En una mañana de sol, salga con los niños al patio para que observen cómo cada uno de ellos produce una sombra. Invítelos a bailar y a moverse para que observen cómo la sombra se mueve con cada uno de ellos. Llame la atención de los niños en torno a las sombras que producen otros objetos.

Al concluir esta primera parte de la actividad, pasen al interior del centro para proyectar, en una pared, las diversas sombras que producen las manos cuando se alumbran con una linterna. Fomente el diálogo entre los niños sobre las formas de las sombras y los objetos o animales a los que se parecen.

Área: Desarrollo cognoscitivo.
Subtema: Propiedades, reacciones y transformaciones de
              los objetos.
Título: El arco iris.

OBJETIVO: El niño identificará el arco iris como un fenómeno de la luz (Schikedanz, York,
                Santos Stewart y White, 1977).

CONCEPTO: Arco iris.
                Luz.

**IDEAS
FUNDAMENTALES:** El arco iris aparece en el cielo al salir el sol, después de un aguacero.
                  El arco iris se forma cuando los rayos del sol atraviesan las gotas de lluvia.
                  Las gotas actúan como un prisma que descompone la luz de los rayos del sol
                  en los colores que la componen.
                  El agua tiene la capacidad para descomponer la luz blanca en los colores que
                  la componen.
                  Los colores que componen la luz son el rojo, azul, amarillo, violeta, anaranjado
                  y verde.

MATERIALES: Prisma o jarra de cristal llena de agua, papel blanco de dibujo, creyones,
                  témpera, pinceles.

PROCEDIMIENTO: Converse con los niños sobre el arco iris. Use preguntas abiertas como las
                    siguientes para estimular al diálogo:

¿Cuántos de ustedes han visto un arco iris?
¿Alguien se imagina cómo se forma un arco iris?
¿Qué colores tiene?
¿Por qué sólo vemos el arco iris cuando sale el sol después de la lluvia?
¿Podemos hacer un arco iris aquí en el centro? ¿Alguien sabe cómo?

Coloque el jarro de agua (o el prisma) en el borde de una ventana o en
cualquier otro lugar donde lo atraviese un rayo de sol. Ponga el papel blanco frente al jarro,
de manera que cuando el rayo de sol lo atraviese, se refleje en el papel. Al atravesar el agua
(o prisma), la luz se descompondrá en los colores que la forman y formará un arco iris. Concluya
la actividad proporcionando papel de dibujo, creyones y témpera en colores primarios y
secundarios para que los niños dibujen y pinten el arco iris.

A16

Área: Desarrollo cognoscitivo.
Subtema: Propiedades, reacciones y transformaciones de los objetos.
Título: La luz se refleja.
(Schikedanz, York, Santos Stewart y White, 1977)

OBJETIVO: El niño describirá la capacidad de reflexión de la luz.

CONCEPTOS: Reflexión.
Reflejo.
Reflejar.
Luz.
Brilloso.

IDEAS FUNDAMENTALES: Los objetos brillosos tienen la capacidad para reflejar la luz.
Cuando un objeto refleja luz lo que ocurre es que la luz choca con ese objeto y se redirige en otra dirección.
Cuando un objeto no refleja luz es porque la absorbe.

MATERIALES: Espejo de mano, papel de aluminio, papel encerado, papel blanco, bandeja u otro objeto de aluminio o de acero inoxidable, y otros.

PROCEDIMIENTO: Converse con los niños sobre la luz del sol y cómo hay objetos que la reflejan mientras que otros no la reflejan. Provea de los materiales que se mencionaron en la sección anterior para que los niños experimenten y determinen cuáles reflejan luz y cuáles no lo hacen. Sería conveniente que los niños formaran dos grupos con los materiales: el grupo de los objetos que reflejan luz y el grupo de los objetos que no la reflejan. Después que los niños hayan formado ambas categorías, estimúlelos a conversar sobre lo que observaron; y sobre cuáles materiales reflejan mejor la luz del sol.

Área: Desarrollo cognoscitvo.
Subtema: Movimiento de los objetos.
Título: El aire.

OBJETIVO: El niño identificará el aire como una sustancia que existe pero no es observable directamente.

CONCEPTO: Aire.

IDEAS FUNDAMENTALES: El aire es una sustancia invisible que rodea todas las cosas.
Los seres vivientes respiramos aire.
Aunque no podemos verlo, el aire puede estar dentro de objetos cerrados tales como globos y botellas.
No podemos ver el aire pero sí sus efectos.

MATERIALES: Globos llenos y vacíos, sorbetos, bolsas plásticas, inflador de mano para llenar globos, envase plástico lleno de agua.

PROCEDIMIENTO: Traiga al centro varios globos llenos de aire y otros vacíos. Muéstreselos a un grupo pequeño de niños para iniciar una conversación sobre lo que ellos creen que hay dentro de los globos llenos. Demuéstreles cómo, a diferencia de los globos vacíos, los globos llenos flotan en el aire. Sin embargo, los globos vacíos caen inmediatamente al suelo. Provéales con el inflador de mano para que ellos mismos llenen algunos globos. Invítelos a experimentar con lo que ocurre cuando dejamos que el aire salga de los globos rápidamente —el globo retrocede con fuerza en el espacio a medida que el aire sale por la apertura. Entrégueles sorbetos para que soplen aire con fuerza sobre la mano y sobre los globos llenos. ¿Cómo se siente el efecto del aire expulsado con fuerza a través del sorbeto? ¿Cómo afecta al globo lleno el aire expulsado con fuerza a través del sorbeto? Invítelos a observar lo que ocurre cuando se mete un lado del sorbeto en un envase lleno de agua, mientras por el otro lado se sopla aire con fuerza: se forman burbujas de aire que suben a la superficie del agua.

Área: Desarrollo cognoscitivo.
Subtema: Movimiento de los objetos.
Título: El viento.

OBJETIVO: El niño identificará el viento como un fenómeno del aire capaz de mover objetos.

CONCEPTOS: Viento.
Aire en movimiento.

IDEAS FUNDAMENTALES: El viento es una corriente de aire que se mueve con fuerza.
Al moverse, el viento desarrolla suficiente fuerza para mover las nubes, las hojas y el pelo.
Cuando el viento sopla con mucha fuerza, como cuando hay tormenta o huracán, puede arrancar los techos de las casas y los árboles.
Gracias al viento podemos volar chiringas y ondear las banderas.

MATERIALES: Chiringas, banderas pequeñas, cintas, papeles de maquinilla, papel de construcción, tijeras, pega, revistas viejas para recortar.

PROCEDIMIENTO: Organice una excursión a cualquier lugar donde haya brisa fuerte y que sea ideal para volar chiringas. El propósito de la excursión es concienciar a los niños de la fuerza del viento que se requiere para volar chiringas. Para ilustrar esta fuerza también puede usar las banderas y las cintas.

A su regreso al centro, divida a los niños en grupos pequeños para que cada equipo prepare un libro casero con el tema "El viento". La portada y la contraportada del libro se crean con dos pedazos de papel de construcción. Las páginas interiores serán papeles de maquinilla grapados o pegados a los dos pedazos de papel de construcción. Los niños dictarán oraciones alusivas a sus experiencias al elevar las chiringas, ondear las banderas o agitar las cintas. Los libros pueden ilustrarse con dibujos o láminas recortadas y pegadas.

Área: Desarrollo cognoscitivo.
Subtema: Movimiento de los objetos.
Título: Agua que se mueve.

OBJETIVO: El niño describirá el movimiento del agua a través de objetos variados.

CONCEPTOS: Agua.
Movimiento del agua.

IDEAS FUNDAMENTALES: El agua es una sustancia que se acomoda a la forma de cualquier objeto. Cuando el agua se mueve de un envase a otro, cambia de forma según el envase.

MATERIALES: Bañito de bebé lleno de agua, tubos transparentes de diversos largos y diámetros, envases plásticos con diversos tipos de tapas y formas (de champú, de detergente de fregar, asperjadores para el cabello, y otros), colorante vegetal (opcional), delantales plásticos para los niños.

PROCEDIMIENTO: Prepare varias estaciones de trabajo en las que se reúnan tres o cuatro niños. En cada estación debe haber un bañito lleno de agua, tubos, envases plásticos y otros recipientes. El propósito de la actividad es que los niños experimenten con el agua, pasándola de un envase a otro. Para hacer más interesante la actividad, puede echar colorante vegetal al agua.

OBSERVACIONES: Las actividades de juego con agua deben realizarse con frecuencia y no de manera aislada o excepcional.

Área: Desarrollo cognoscitivo.
Subtema: Movimiento de los objetos.
Título: Objetos que flotan, objetos que se hunden.
(Schikedanz, York, Santos Stewart y White, 1977)

OBJETIVO: El niño identificará objetos que flotan en el agua.
20.2 El niño identificará objetos que se hunden en el agua.

CONCEPTOS: Flotar.
Hundirse.

IDEAS FUNDAMENTALES: Hay objetos que flotan en el agua.
Algunos de estos objetos son el corcho, las tapas y botellas plásticas de leche.
Sin embargo, hay otros objetos que se hunden en el agua.
Algunos objetos que se hunden en el agua son las llaves y las monedas.

MATERIALES: Corchos de diversos tamaños, llaves, pelotas de pimpón, pelotas plásticas, cuentas, bloques de madera, botones, botellas de leche vacías, tapas plásticas de diversos tamaños, pedazos de espuma sintética, piedras y otros, dos bañitos de bebé llenos de agua, uno rotulado "Objetos que flotan" y otro "Objetos que no flotan".

PROCEDIMIENTO: Prepare varias estaciones de trabajo de manera que cada una acomode a tres o a cuatro niños. Invite a los niños a jugar con los objetos para que descubran la capacidad de flotación de cada uno. A medida que descubran si un determinado objeto flota o no, deben ir formando dos grupos, colocando los objetos en el bañito correspondiente. Estimule a los niños a buscar maneras de hundir los objetos que flotan y de hacer flotar los objetos que se hunden.

OBSERVACIONES: Con toda probabilidad los niños se interesarán por la actividad de hacer flotar o hundir los objetos por el disfrute que les provocará como un juego. No es necesario que dirija a los niños a pensar por qué unos objetos flotan y otros no. Sin embargo, no debe sorprenderse si alguno de los niños comienza a hacer este tipo de pregunta. Lo importante en esta actividad es estimular la curiosidad de los niños y su interés por la experimentación.

Área: Desarrollo cognoscitivo.
Subtema: Movimiento de los objetos.
Título: Planos inclinados
(Schikedanz, York, Santos Stewart y White, 1977)

OBJETIVO: El niño describirá el efecto de un plano inclinado en el movimiento de ciertos objetos.

CONCEPTOS: Plano inclinado.
Deslizarse.
Plano llano.

IDEAS FUNDAMENTALES: Si colocamos dos bloques bajo uno de los lados de un pedazo de madera, creamos un plano inclinado.
El plano inclinado permite que los objetos con ruedas se deslicen a mayor velocidad que por un plano llano.

MATERIALES: Dos pedazos de madera de panel de 3' x 2', dos carritos con ruedas giratorias, dos bolas pequeñas, varios bloques de madera de diversos tamaños.

PROCEDIMIENTO: Cuando un grupo de niños juegue en el área de bloques, acérquese con los materiales que se requieren para llevar a cabo la actividad. Invítelos a experimentar creando planos inclinados con diversos ángulos de inclinación. El ángulo de inclinación dependerá de la altura de los bloques que se usen para crear los planos inclinados.

Antes que los niños empiecen a experimentar con los planos, converse con ellos sobre lo que creen que ocurriría al deslizar los carritos o las bolas desde la parte más alta hasta la parte más baja del plano. Use preguntas como las siguientes para guiar la discusión:

¿Qué ocurriría si tiráramos un carrito por el plano inclinado para abajo? ¿Y si lanzáramos una bola?

Si deslizamos el carrito y la bola al mismo tiempo, como si estuvieran en una carrera, ¿Cuál iría más rápido? ¿Cuál iría más despacio?

¿Qué pasaría si tratáramos de deslizar un bloque u otro objeto sin ruedas? ¿Y si el objeto fuera redondo? ¿Se deslizaría más rápido o más despacio?

¿Qué ocurriría si lanzáramos un carrito por el plano inclinado hacia abajo mientras que, al mismo tiempo, empujamos otro carrito por el plano llano? ¿Cuál iría más rápido?

OBSERVACIONES: Es probable que algunas de las preguntas anteriores tengan que refrasearse para acomodarlas a los diversos niveles de desarrollo de los niños. Sin embargo, no debe perderse de vista, que estas preguntas son únicamente para iniciar un diálogo dirigido a que los niños reflexionen. El propósito de estas preguntas no es que los niños den costestaciones correctas (de hecho, no van a dar contestaciones correctas).

B

**Actividades para fomentar la construcción
de conocimiento lógico-matemático que incluye
conocimientos sobre medición, números y numeración,
clasificación, geometría simple y dinero**

(Molina Iturrondo, 1984;
Kamii y DeClark, 1985;
Schikedanz, York, Santos Stewart y White, 1977)

Área: Desarrollo cognoscitivo.
Subtema: Medición.
Título: Torres altas y torres bajas.
(Molina Iturrondo, 1984)

OBJETIVOS: El niño identificará el objeto más alto.
El niño identificará el objeto más bajo.

CONCEPTOS: Alto.
Bajo.
Comparación.

IDEAS FUNDAMENTALES: Hay objetos altos y objetos bajos.
Para saber si un objeto es alto o bajo tenemos que compararlo con otro objeto.
Si comparamos una persona con un árbol, la persona es más baja, mientras que el árbol es más alto.
Sin embargo, si comparamos un árbol con una torre, el árbol es más bajo, y la torre es más alta.
Si comparamos la estatura de dos personas, también podemos determinar quién es más alto y quién es más bajo.

MATERIALES: Bloques para construir.

PROCEDIMIENTO: Cuando haya un grupo de niños jugando en el área de bloques, acérquese para invitarlos a construir torres con bloques; unas altas y otras bajas. Ayúdelos a comparar las torres para que identifiquen las torres más altas y las torres más bajas.

OBSERVACIONES: Hay muchas otras actividades que se pueden realizar para ayudar a los niños a comprender los conceptos alto y bajo, así como el proceso de medición. Entre otras:

a. Invite a los niños a que se organicen en parejas para determinar cuál de los dos niños es más alto y cuál más bajo.

b. Proporcione papel de estraza en rollo y creyones para que un niño esté acostado sobre el papel mientras otro trace su silueta. Después los niños deberán rellenar las siluetas con color, y el maestro debe destacar la dimensión de estatura en cada una. La actividad concluye invitando a los niños a compararse con las siluetas para determinar quién o qué es más alto, más bajo y en cuál de los dibujos "cabe" cada niño (Schikedanz, York, Santos Stewart y White,1977).

c. Coloque varios pedazos de papel de estraza o blanco (de rollo) sobre una pared con el fin de marcar la estatura de algunos niños en cada papel. Luego, páselos al suelo para que, en grupos pequeños, los niños peguen pedazos de papel de construcción en el espacio comprendido entre la marca de la cabeza y la de los pies. Los pedazos de papel deben cortarse en rectángulos de 1" X 3" y en 1" X 12". Los rectángulos de 1" X 3" deben ser de un color distinto a los de 1" X 12". Concluya la actividad comparando las marcas de las estaturas de los niños, así como la cantidad de rectángulos que se usaron para rellenar las figuras (Schikedanz, York, Santos Stewart y White, 1977).

Área: Desarrollo cognoscitivo.
Subtema: Medición.
Título: Fiesta de cordón.

OBJETIVOS: El niño identificará el objeto más largo.
El niño identificará el objeto más corto.

CONCEPTOS: Largo.
Corto.
Comparación.

IDEAS FUNDAMENTALES: Hay objetos largos y objetos cortos.
Para saber si un objeto es largo o corto, hay que compararlo con otro objeto.

MATERIALES: Un rollo de cordón grueso, tijeras.

PROCEDIMIENTO: Provea de los materiales al niño para que corte seis u ocho pedazos de distinto tamaño. Luego, los cordones se colocan en el suelo formando pares de manera que se facilite compararlos. Pida al niño que identifique cuál es el cordón más largo y cuál es el más corto en cada par.

Área: Desarrollo cognoscitivo.
Subtema: Medición.
Título: Objetos grandes y pequeños.

OBJETIVOS: El niño identificará el objeto más grande.
El niño identificará el objeto más pequeño.

CONCEPTOS: Grande.
Pequeño.
Comparación.

IDEAS FUNDAMENTALES: Hay objetos grandes y pequeños.
Para saber si un objeto es grande o pequeño hay que compararlo con otro.

MATERIALES: Los objetos que se encuentran en el centro.

PROCEDIMIENTO: Invite al niño a observar los objetos que hay en el centro. Estimúlelo a que se mueva por el centro para que señale un objeto grande y otro pequeño (en pares).

OBSERVACIONES: Esta actividad puede realizarse comparando hojas que se recojan en el patio o en una excursión. Los niños formarán pares con las hojas para determinar cuál es más grande y cuál es más pequeña.

B4

Área: Desarrollo cognoscitivo.
Subtema: Medición.
Título: Son del mismo tamaño.

OBJETIVO: El niño identificará objetos que son del mismo tamaño.

CONCEPTO: Del mismo tamaño.
Comparación.

IDEAS FUNDAMENTALES: Hay objetos que son del mismo tamaño.
Sabemos si dos objetos son del mismo tamaño, al compararlos.

MATERIALES: Papel de construcción de colores, tijera, regla, lápiz.

PROCEDIMIENTO: Recorte triángulos, rectángulos y cuadrados en tres tamaños idénticos entre sí; esto es, tres grandes, tres medianos y tres pequeños. Entremézclelos y colóquelos sobre una mesa con el fin de que el niño o la niña forme tres grupos a base del tamaño. Al conversar con el niño, y de manera informal, señálele que, en cada grupo, las figuras geométricas son del mismo tamaño.

OBSERVACIONES: La actividad anterior también puede llevarse a cabo con bloques de colores, en diversos tamaños, o bloques para construir. Para variar la actividad, invite al niño a observar con detenimiento los objetos que hay en el centro. Pídale que señale o coloque sobre una mesa, aquellos que son del mismo tamaño.

Área: Desarrollo cognoscitivo.
Subtema: Medición.
Título: El juego de más y menos.

OBJETIVOS: El niño identificará el conjunto donde hay más elementos.
El niño identificará el conjunto donde hay menos elementos.
El niño identificará el conjunto donde hay muchos elementos.
El niño identificará el conjunto donde hay pocos elementos.

CONCEPTOS: Más.
Menos.
Muchos.
Pocos.

IDEAS FUNDAMENTALES: Cuando reunimos una gran cantidad de objetos, podemos formar grupos.
Estos grupos se llaman conjuntos.
Los conjuntos pueden tener más o menos objetos.
También pueden tener muchos o pocos objetos.
Los objetos que forman un conjunto se llaman elementos.

MATERIALES: Un envase con mucha cantidad de botones.

PROCEDIMIENTO: Provea al niño con un envase de 6 onzas, al menos, con una gran cantidad de botones. Invite al niño a formar dos grupos o conjuntos con los botones. En uno de los conjuntos debe haber pocos botones con relación al segundo conjunto. Pida al niño que identifique el conjunto que tiene **más** botones, **menos** botones, **muchos** botones y **pocos** botones.

OBSERVACIONES: Esta actividad puede variarse colocando piedras, canicas o caracoles en dos cajas de zapatos. En una de las cajas se pedirá al niño que ponga **pocos** de estos objetos. En la otra caja, se le pedirá que ponga **muchos**. Converse con el niño informalmente de manera que el niño use los términos más, menos, poco y mucho en el diálogo.

Área: Desarrollo cognoscitivo.
Subtema: Números y numeración.
Título: Vasos y platos.
(Molina Iturrondo, 1984)

OBJETIVO: El niño establecerá correspondencia biunívoca.

CONCEPTOS: Correspondencia biunívoca.
Relación de uno-a-uno.

IDEAS FUNDAMENTALES: Se dice que existe correspondencia biunívoca cuando para cada objeto o elemento en el conjunto A, hay otro objeto o elemento correspondiente en el conjunto B.
Correspondencia biunívoca es, pues, la relación de uno a uno entre dos grupos de objetos o conjuntos de elementos.

MATERIALES: Platos, vasos y cucharas sanitarios.

PROCEDIMIENTO: Coloque los platos, vasos y cucharas en una mesa donde un grupo pequeño de niños y niñas pueda trabajar con ellos. Utilice preferiblemente el área del hogar, en una situación de juego que recree servir la comida. Pregunte si hay suficientes vasos, platos y cucharas para los niños que se sentarán a la mesa a comer. Antes de que contesten, invítelos a colocar los utensilios correspondientes para cada niño que esté jugando.

OBSERVACIONES: Esta actividad puede variarse de innumerables maneras. Por ejemplo, puede realizarse trayendo al centro varios envases con tapas, asegurándose de que se traen más tapas que envases. Cuando los niños coloquen cada tapa en su envase correspondiente estarán estableciendo correspondencia biunívoca. Como sobrarán tapas y faltarán envases, utilice los términos **más que** y **menos que**.

Área: Desarrollo cognoscitivo.
Subtema: Números y numeración.
Título: Números del uno al cinco.

OBJETIVO: El niño establecerá la relación entre el numeral y el número del uno (1) al cinco (5).

CONCEPTOS: De número.
Numeral.
Uno.
Dos.
Tres.
Cuatro.
Cinco.

IDEAS FUNDAMENTALES: El número es la idea de una cantidad determinada que tenemos en la mente, por ejemplo, el número dos representa la idea de la cantidad dos.
El numeral es el símbolo social y gráfico con que representamos la idea de cantidad que tenemos en la mente, por ejemplo 2.
Existe una relación estrecha entre el número y el numeral que lo representa.

MATERIALES: Una cartulina grande y dura de color claro, marcador negro, papel de construcción, cinta adhesiva, tijera, numerales del uno (l) al cinco (5) en cartón o goma, de aproximadamente 2" X 2"

PROCEDIMIENTO: Prepare la cartulina de manera que para cada numeral haya un bolsillo correspondiente en papel de construcción, tal y como aparece en la ilustración.

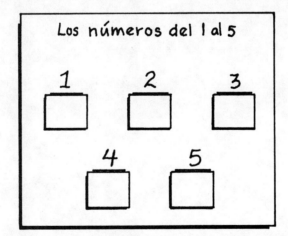

Aparte, recorte 15 rectángulos en papel de construcción en un tamaño adecuado para introducir en los bolsillos. El propósito de la actividad es que el niño establezca cuántos rectángulos representan la cantidad que ilustra el numeral.

OBSERVACIONES: No es posible pensar que el objetivo que se persigue con la actividad anterior se va a lograr de una sola vez. Por el contrario, el concepto del número se desarrolla gradualmente. Por lo tanto, es imperativo que para que el niño desarrolle el concepto del número del uno (1) al cinco (5), el maestro establezca un tipo de interacción diaria con el niño que fomente la capacidad para cuantificar durante las actividades de la rutina diaria. Para este fin se prestan juegos y actividades cotidianas como las siguientes:

a. Jugar peregrina, esto es, saltar sobre cuadrados numerados que se han dibujado en el suelo.

b. Votar usando boletos para resolver determinado asunto en el centro. Luego se cuentan los votos y de esta manera el niño está cuantificando en un asunto de carácter práctico (Kamii y DeClarke, 1985).

c. Pasar lista para determinar cuántos niños están presentes y cuántos están ausentes (Kamii y DeClarke, 1985).

d. Cortar un bizcocho en suficientes pedazos de manera que cada niño pueda comerse uno.

e. Establecer con el grupo la cantidad de niños que pueden trabajar simultáneamente en un área mediante un sistema de tarjetas numeradas. Esto implicará que en cada área habrá una cajita o envase plástico con tres, cuatro o cinco tarjetas del mismo color numeradas, dependiendo de la cantidad de niños que podrán trabajar en ella. Es importante asignarle un color distinto a cada área. A medida que los niños se muevan a cada área, cogerán una tarjeta que deberán entregar a la maestra.

f. Determinar cuántos materiales educativos o juguetes de un tipo hay; determinar cuántos niños pueden usar esos materiales o juguetes.

g. Distribuir galletas, materiales educativos, refrescos u otros, de manera que a cada niño le toque uno, dos, o la cantidad que sea, hasta el cinco.

A medida que los niños construyan el concepto del número del 1 al 5, debe ir aumentando la cantidad, de 5 a 10; de 10 a 15, y así sucesivamente.

Área: Desarrollo cognoscitivo.
Subtema: Clasificación.
Título: Formemos grupos de objetos.
(Schikedanz, York, Santos Stewart y White, 1977)

OBJETIVOS: El niño sorteará objetos a base de una característica compartida.
El niño clasificará objetos a base de una característica compartida.

CONCEPTOS: Sortear.
Clasificar.
Agrupar.

IDEAS FUNDAMENTALES: Cuando el niño sortea, ubica un objeto en la categoría correspondiente que ha sido establecida previamente por el adulto.
Cuando el niño clasifica, ubica el objeto en la categoría correspondiente que él ha establecido.
Tanto cuando se sortea como cuando se clasifica, el niño está agrupando.

MATERIALES: Un envase grande con una gran variedad y cantidad de botones que contengan muchos atributos compartidos de color, tamaño, forma y textura, entre otros; cartones de huevos vacíos (para formar grupos de botones en cada compartimiento).

PROCEDIMIENTO: Esta actividad debe realizarse en dos etapas, que pueden ocurrir en días distintos. En la primera etapa, siéntese a trabajar con el niño de manera que sea usted quien establezca las categorías que se usarán para agrupar los botones. Esto lo hará seleccionando botones distintos entre sí para poner cada uno en un compartimiento diferente del cartón de huevos. El niño debe fijarse en una propiedad de cada botón para tratar de encontrar otros que compartan la misma característica.

No pierda de vista que si está llevando a cabo esta actividad con un niño de tres años y tal vez alguno que otro de cuatro años, notará que tendrán gran dificultad para limitarse a buscar otros botones que tengan una sola propiedad en común. Lo que podrá suceder es que el niño se pondrá a jugar con los botones de una y mil formas, sin que necesariamente los sortee. Este acercamiento al proceso de sorteo por parte del niño es perfectamente natural. Por lo tanto, no debe limitarse ni inhibirse al niño. A medida que el niño se desarrolle cognoscitivamente será capaz de realizar la tarea.

En la segunda etapa de la actividad, será el niño el que seleccionará los botones que usará para clasificar. Esto implica que debe establecer la categoría que servirá de base para formar los grupos. Es probable que algunos niños de cuatro años sean capaces de clasificar a base de una característica compartida. Es poco probable que puedan clasificar a base de dos o más propiedades. Por lo tanto, no se sienta frustrado si no se logra el objetivo, porque lo importante es dar al niño la oportunidad de interactuar con los materiales para comenzar a confrontarse con tareas de clasificación.

OBSERVACIONES: Esta actividad puede llevarse a cabo usando semillas, fichas, tapas de botellas, retazos de telas, formas geométricas, bloques de colores, piedrecitas, caracoles, hojas y otros.

Área: Desarrollo cognoscitivo.
Subtema: Geometría simple.
Títulos: Formas geométricas.
(Schikedanz, York, Santos Stewart y White, 1977)

OBJETIVO: El niño nombrará el círculo.
El niño nombrará el triángulo.
El niño nombrará el cuadrado.
El niño nombrará el rectángulo.

CONCEPTOS: Figuras geométricas.
Círculo.
Triángulo.
Cuadrado.
Rectángulo.

IDEAS FUNDAMENTALES: Una figura geométrica es un espacio encerrado por líneas o superficies.
Hay muchas figuras geométricas, pero es fundamental que los niños preescolares conozcan al menos cuatro de ellas.
El círculo, el triángulo, el cuadrado y el rectángulo son las figuras geométricas que el niño preescolar debe conocer.

MATERIALES: Cartulina gruesa o cartón, marcador negro, semillas o fichas, una bolsa de tela, tijeras.

PROCEDIMIENTO: Prepare de antemano varios cartones de bingo, excepto que, en vez de escribir en ellos los numerales, dibujará formas geométricas. También prepare las tarjetas que el niño usará para "cantar" la forma geométrica que hay que marcar en el bingo. A medida que el niño saque una tarjeta con cada una de las formas geométricas, ayúdele a "cantarla" diciéndole cómo se llama. Finalmente los niños y las niñas aprenderán los nombres de las formas geométricas.

OBSERVACIONES: Otras actividades relacionadas que puede realizar son las siguientes:

a. Prepare varios moldes de cartón grueso con formas de figuras geométricas para que los niños los usen para trazar esas figuras. Mientras el niño trabaja, converse con él para ayudarle a identificar el nombre de la forma geométrica que esté trazando.

b. Lleve a los niños en una excursión por el vecindario con el propósito de que identifiquen y nombren las distintas formas geométricas que se observan en los edificios y en las calles.

Área: Desarrollo cognoscitivo.
Subtema: Geometría simple.
Título: Formas geométricas de papel.
(Schikedanz, York, Santos Stewart y White, 1977)

OBJETIVOS: El niño identificará el círculo.
El niño identificará el triángulo.
El niño identificará el cuadrado.
El niño identificará el rectángulo.
El niño pareará las figuras geométricas.

CONCEPTOS: Figuras geométricas.
Círculo.
Triángulo.
Cuadrado.
Rectángulo.
Parear.

IDEAS FUNDAMENTALES: Conocer el nombre de las figuras geométricas es esencial para identificarlas.
Además, es necesario reconocer las características o propiedades que distinguen unas figuras geométricas de otras.
Cuando el niño parea las formas geométricas, establece pares entre aquellas que pertenecen a una misma clase.

MATERIALES: Papel de construcción de diversos colores, tijeras, envase plástico de boca ancha.

PROCEDIMIENTO: recorte círculos, triángulos, cuadrados y rectángulos de varios tamaños y colores. Colóquelos en el envase plástico para tenerlos disponibles para los niños en el área de matemáticas o de juegos manipulativos. Esté atento de manera que cuando alguno de los niños se acerque a trabajar con las formas geométricas, usted intervenga para ayudarle a identificarlas y a parear aquellas que son iguales.

Área: Desarrollo cognoscitivo.
Subtema: Geometría simple.
Título: Grupos de formas geométricas.

Objetivos: El niño sorteará círculos, triángulos, cuadrados y rectángulos a base de la forma.

El niño clasificará círculos, triángulos, cuadrados y rectángulos a base de la forma.

Conceptos: Sortear.
Clasificar.
Forma.

Ideas fundamentales: Al sortear las formas geométricas, el niño agrupa las formas a base de la categoría que establece el adulto.

Al clasificar formas geométricas, el niño agrupa las formas a base de la categoría que él establece.

Materiales: El conjunto de formas geométricas recortadas en papel de construcción que se usó en la actividad anterior.

Procedimiento: Inicialmente, tenga a disposición las formas geométricas recortadas en papel para que el niño juegue con ellas libremente.

Intervenga para invitar al niño a sortear las formas, partiendo de aquellas formas que usted seleccione.

Estimule al niño con la pregunta: "¿Puedes encontrar otras formas geométricas que se parezcan a ésta?".

Para estimular al niño a clasificar las formas geométricas pregúntele: "¿Podrías formar un grupo con aquellas formas geométricas que sean iguales?".

Observaciones: Recuerde que muchos niños de tres y cuatro años podrían tener dificultad para sortear y clasificar. Esto no debe desalentarle, ya que es con la experiencia e interacción con materiales y actividades como ésta como los niños finalmente adquieren la capacidad para clasificar.

Área: Desarrollo cognoscitivo.
Subtema: Dinero.
Título: Pago con dinero.

OBJETIVOS: El niño identificará las monedas de un centavo, de cinco centavos y de diez centavos por sus nombres.

El niño establecerá la relación entre la cantidad de centavos y el numeral correspondiente hasta cinco.

CONCEPTOS: Moneda.
Centavo.
Un centavo.
Moneda de cinco centavos.
Vellón.
Moneda de diez centavos.

IDEAS FUNDAMENTALES: Cuando el niño realiza transacciones con monedas, está aplicando conceptos matemáticos de cantidad.

Las actividades que requieren el uso de monedas de uno, cinco y diez centavos ayudan al niño a establecer la relación entre la cantidad de centavos, el número y el numeral.

MATERIAL: Objetos variados que puedan usarse como mercaderías para vender en una tienda, tarjetas en blanco de 2" X 2", marcadores, varias monedas de uno, cinco y diez centavos.

PROCEDIMIENTO: Invite a un grupo pequeño de niños a jugar "a la tiendita". Uno de los niños será un vendedor y los demás niños vendrán a la tienda a comprar. Antes de comenzar la actividad reúnase con los niños para rotular la tienda con un nombre (por ejemplo "Tienda de los Niños") escrito en una franja de cartulina que pegará en la pared o colocará en la mesa que sirva de "tienda". Luego procedan a preparar las tarjetas con los precios de los artículos que se venderán.

Los precios no deben exceder de diez centavos. Una vez planificada la fase inicial de la actividad que se describió antes, los niños deben participar espontáneamente. Sin embargo, el maestro debe estar atento para intervenir o prestar ayuda en las transacciones que requieran pagar por un artículo y darle cambio al "cliente".

OBSERVACIONES: Este tipo, de actividad debe realizarse con frecuencia para que los niños tengan múltiples oportunidades para desarrollar el concepto del número en función del uso del dinero. No es posible pensar que los objetivos que se persiguen con esta actividad han de lograrse en una sola ocasión. Por el contrario, el maestro debe introducir variaciones a la actividad anterior para que los niños tengan muchas oportunidades de ensayar el uso correcto del dinero. Para tal fin varíe la actividad anterior de la siguiente forma:

a. Organice un restaurante en el área del hogar, con los menús donde aparecerán los precios de las comidas. Los menús deben ser preparados por los niños con su ayuda; ellos determinarán cuánto costará cada plato. En esta actividad, los clientes pedirán comidas por las que pagarán un precio que no debe exceder de los diez centavos.

b. Invite a un grupo pequeño de niños a abrir una oficina de correo, donde se vendan sobres, sellos y se envíen paquetes por cantidades determinadas de dinero. Uno de los niños será el encargado del correo y los demás vendrán a echar cartas, paquetes o a comprar sobres y sellos.

c. Proponga a los niños abrir una consulta de médico para atender enfermos; en ella los pacientes pagarán por los servicios recibidos. El niño que represente al médico, les tomará la temperatura a los pacientes, les pondrá inyecciones y cobrará por sus servicios.

d. Lleve a los niños en excursión a alguna tienda cercana al centro para que tengan la oportunidad de comprar dulces o galletas. Planifique esta actividad de manera que el encargado de la tienda tenga listos artículos cuyo precio no exceda de los diez centavos. Lo ideal es que cada niño pueda comprar un artículo, pagar y recibir el cambio correspondiente.

C

Actividades para fomentar el desarrollo del lenguaje oral, destrezas y conocimientos para manejar el lenguaje escrito

Área: Desarrollo cognoscitivo.
Subtema: Desarrollo del lenguaje oral y escrito.
Título: Los objetos que describo.

OBJETIVO: El niño describirá oralmente objetos variados.

CONCEPTO: Describir.

DESTREZA: Describir oralmente.

IDEAS FUNDAMENTALES: El lenguaje oral se desarrolla y enriquece a medida que se tienen oportunidades para usarlo.

MATERIALES: Objetos variados e interesantes traídos del hogar, escogidos en el centro o en el patio, como una cafetera, un pilón, un colador, caracoles, hojas, flores, y otros.

PROCEDIMIENTO: Para realizar esta actividad puede traer al centro un grupo de objetos interesantes que sirvan de motivo para iniciar un diálogo con un grupo pequeño de niños. Otra forma de comenzar la actividad es invitar a los niños a escoger varios objetos del centro o del patio, para luego conversar sobre ellos. Use preguntas como las siguientes para animar la conversación:

¿Qué es esto?
¿De qué color es?
¿Qué forma tiene?
¿De qué tamaño es?
¿Para qué se usa?
¿Qué otro uso podemos darle?
Usualmente, ¿dónde encontramos objetos como éste?
Al tocarlo, ¿cómo se siente?
¿Por qué te gusta? ¿Por qué no te gusta?

Concluya la actividad con una sesión de dibujo o pintura para que los niños dibujen sus objetos favoritos.

OBSERVACIONES: La actividad anterior puede variarse creando una "caja misteriosa" (Schikedanz, York, Santos Steward y White, 1977) llena de objetos pequeños, interesantes y reconocibles al tacto. El propósito de la actividad es que el niño, sin mirar, meta la mano en la caja para tocar un objeto. El niño podrá describirlo o tratar de identificarlo.

Otras estrategias para fomentar el lenguaje oral son:
a. Conversar con los niños informalmente sobre temas diversos, familiares para ellos, como, por ejemplo, los animales domésticos, las plantas, las chiringas, el mar o las montañas, entre otros.
b. Dialogar sobre las experiencias vividas en una excursión fuera del centro.
c. Organizar actividades de preparación de alimentos que requieran la descripción oral de una receta que previamente se ha escrito e ilustrado en una cartulina; del procedimiento que se debe seguir; y del uso correcto de los productos que se usarán.

Recuerde que el desarrollo del lenguaje oral depende de las oportunidades que tenga el niño para usar el lenguaje de manera significativa. Lo anterior implica que el maestro debe usar el lenguaje oral como instrumento mediador en todas las actividades que se llevan a cabo en el centro. Para tal fin, se debe usar un lenguaje claro, con vocabulario correcto y preciso. También se debe evitar el uso de palabras en inglés mezcladas con palabras en español.

Área: Desarrollo cognoscitivo.
Subtema: Desarrollo del lenguaje oral y escrito.
Título: Describo a mis compañeros.

Objetivo: El niño describirá a sus compañeros oralmente.

Concepto: Describir.

Destreza: Describir oralmente.

Ideas fundamentales: El lenguaje oral se desarrolla y enriquece en la medida en que se tienen oportunidades para usarlo significativamente.

Materiales: Rollo de papel de estraza, creyones, témpera, pinceles.

Procedimiento: Siéntese en el suelo con un grupo pequeño de niños formando un cerco. El grupo seleccionará, al azar, a uno de los niños para que se siente en el medio del cerco. Los demás niños deben observar las características del niño que está sentado en el medio, para describirlas. El maestro debe comenzar diciendo algo como lo siguiente:

"Antonio es un niño alto, de ojos negros..."

El niño que está a un lado del maestro debe repetir la oración, pero cambiando la característica que describe, por ejemplo:

"Antonio es un niño que usa pantalón corto..."

Una vez que los niños y las niñas participantes hayan tenido oportunidad para describir a su compañero, éste regresa al grupo para que otro niño lo sustituya. Concluya la actividad distribuyendo los materiales necesarios para que los niños y las niñas hagan dibujos de tamaño natural, de sus compañeros.

C3

Área: Desarrollo cognoscitivo.
Subtema: Desarrollo del lenguaje oral y escrito.
Título: Las láminas.

(Schikedanz, York, Santos Stewart y White, 1977)

OBJETIVO: El niño describirá láminas oralmente.

CONCEPTO: Describir.

DESTREZA: Describir oralmente.

IDEAS FUNDAMENTALES: Cuando el niño describe láminas no sólo está desarrollando su capacidad lingüística, sino también la capacidad para notar detalles, para fijar y mantener la atención, el concepto del todo y de las partes.

MATERIALES: Tarjetas *index* grandes, una caja de zapatos forrada con papel de construcción, pega, revistas para recortar láminas.

PROCEDIMIENTO: Antes de realizar la actividad, prepare un archivo con láminas que ilustren personas, animales, plantas, escenas familiares, y otras. Para crear el archivo, pegue cada lámina en una tarjeta *index*. Luego, coloque todas las tarjetas en la caja. Este archivo debe estar disponible en el área de lectura y escritura o en el área del hogar para que los niños se familiaricen con las láminas. Trabaje con grupos pequeños de niños para estimularles a describir oralmente las láminas y a nombrar los objetos o personas que ilustran.

OBSERVACIONES: Varíe la actividad anterior de las siguientes maneras:

a. Al trabajar con el archivo de láminas, escriba debajo de cada lámina el nombre del objeto o personas que ilustra a medida que el niño lo dicte. El niño debe tener acceso visual al texto mientras usted lo escribe. Otra posibilidad es que el niño "escriba" lo que desee debajo de cada lámina (aunque lo que escriba sean garabatos). Luego pregunte al niño qué fue lo que escribió o pídale que se lo lea.

b. Provea de tijeras y pega para que cada niño individualmente recorte láminas de revistas viejas para crear libros caseros sobre un tema que sea del interés del niño. Una vez que el libro esté terminado, el niño podrá hojearlo con el propósito de describir las láminas o relatar una trama basándose en las ilustraciones. Estimule al niño a "escribir" lo que desee debajo de cada lámina.

c. Las láminas también pueden usarse para crear carteles sobre un tema que interese al niño. El maestro puede tomar dictado para escribir debajo de la lámina lo que el niño desee que se escriba. También puede invitar al niño a "escribir" en el cartel.

C4

Área: Desarrollo cognoscitivo.
Subtema: Desarrollo del lenguaje oral y escrito.
Título: Mis experiencias personales.

OBJETIVO: El niño relatará experiencias personales.
El niño dictará experiencias personales.

CONCEPTOS: Relato.
Experiencias personales.

DESTREZA: Papel, lápiz o marcador.

PROCEDIMIENTO: Aproveche todas las oportunidades que surjan para conversar informalmente con grupos pequeños de niños sobre sus experiencias personales. Use preguntas abiertas que ayuden a cada niño a elaborar sobre algún asunto de su interés. Muestre la manera correcta de escuchar y aportar a la conversación. Es importante que los niños se percaten de que todos no pueden hablar simultáneamente. Este tipo de actividad también ayuda al niño a darse cuenta de que debe esperar su turno para hablar.

Enriquezca la actividad fomentando que cada uno de los niños le dicte alguna experiencia personal. Escríbala tal y como se la dicta el niño, sin hacerle cambios o correcciones. Después de escribir el dictado, léalo en voz alta para que el niño se percate de que se anotó lo que él dictó.

Área: Desarrollo cognoscitivo.
Subtema: Desarrollo del lenguaje oral y escrito.
Título: Narración de cuentos.

OBJETIVO: El niño participará en narraciones de cuentos.

CONCEPTO: Narración.

DESTREZA: Escuchar la narración.

IDEAS FUNDAMENTALES: La narración de cuentos es una actividad distinta a la lectura de cuentos.
En la narración de cuentos, el niño escucha la narración, pero no ve el texto.
La narración de cuentos ayuda al niño a desarrollar el lapso de atención y la comprensión del lenguaje oral.

MATERIALES: Felpógrafo o marionetas.

PROCEDIMIENTO: Seleccione varios cuentos favoritos de sus niños y apréndaselos de memoria para luego narrarlos. Puede narrarlos usando las palabras textuales del libro o modificar el texto para ajustarse a las circunstancias del momento. Lo que no debe hacer es cambiar los sucesos o la secuencia de éstos cada vez que narre el cuento.

Para narrar el cuento reúnase con un grupo pequeño de niños. Use las marionetas o el felpógrafo para dramatizar la acción y los personajes. La voz debe ser bien modulada, dando énfasis o cambiando la intensidad dependiendo del personaje que hable o de lo que diga. Organice sesiones de narración de cuentos, dos veces, al menos, por semana.

OBSERVACIONES: Es conveniente narrar cuentos que estén disponibles en la biblioteca del centro; que sean favoritos de los niños. Es mejor aún narrar los cuentos que, en otros momentos, se leen a los niños y a las niñas en grupos pequeños o individualmente.

Al seleccionar los cuentos, prefiera los que tienen una trama sencilla, así como texto repetitivo y predecible. Estas características permiten que el niño llegue a predecir los sucesos y el texto. Con el tiempo, los niños serán capaces de decir las palabras textuales o eventos que usted intencionadamente omita en la narración.

C6

Área: Desarrollo cognoscitivo.
Subtema: Desarrollo del lenguaje oral y escrito.
Título: Lectura de cuentos.

OBJETIVO: El niño participará en sesiones de lectura de cuentos.
El niño relatará la trama de los cuentos que se le han leído.

CONCEPTOS: Lectura de cuentos.
Principio del cuento.
Fin del cuento.
Dónde empiezo a leer.
Dirección de la lectura.

DESTREZAS: Escuchar la lectura de un cuento.
Fijar la atención en las láminas.
Fijar la atención en el texto.
Pasar las páginas.
Sostener el libro.

IDEAS FUNDAMENTALES: La lectura de cuentos es la actividad más beneficiosa para que los niños preescolares se familiaricen con el proceso de lectura.

Lo ideal es que la lectura de cuentos comience durante el primer año de vida del niño.

Para que la lectura de cuentos sea efectiva debe hacerse en grupos pequeños o, preferiblemente, de manera individual.

El niño siempre debe tener acceso visual al texto y desempeñar un papel activo en el proceso de lectura.

Desempeñar un papel activo implica que el niño podría sostener el libro, pasar las páginas, y decirle al lector dónde debe comenzar a leer o detener la lectura.

MATERIALES: Libros de cuentos con temas diversos, con poco texto, trama interesante e ilustraciones atractivas.

PROCEDIMIENTO: Las actividades de lectura de cuentos deben ocurrir frecuente y rutinariamente en el centro (al menos tres veces por semana). La lectura de cuentos debe llevarse a cabo con grupos pequeños de niños (no más de tres o cuatro niños) o, preferiblemente, con un sólo niño.

Los niños siempre deben tener acceso visual al texto que lee el adulto. Sus comentarios sobre las láminas, trama o texto no deben desalentarse. Ocasionalmente, el lector adulto debe señalar con el dedo el texto que está leyendo. Esta estrategia ayuda al niño a comprender que lo que se lee es el texto y no las láminas.

Si la actividad de lectura de cuentos ocurre con frecuencia, los niños y las niñas llegarán a tener libros favoritos que pedirán que se lean una y otra vez. También llegarán a aprenderse el texto de memoria, siendo capaces de sustituir cualquier palabra que el lector omita.

En ocasiones, se debe pedir al niño que "lea" el cuento al adulto, o que le relate la trama. No olvide que ni la "lectura" ni el relato serán convencionales, ya que el niño usará los recursos creativos más variados para "leer" o relatar el cuento.

Por último, para fomentar en los niños y en las niñas la comprensión de la lectura de cuentos, haga preguntas sobre la trama. Estas preguntas pueden ser generales o particulares. El propósito es ayudar al niño a reflexionar en lo que se leyó. Incluso, pregunte al niño de qué otra manera podría concluir el cuento o qué ocurriría si se modifican las acciones de alguno de los personajes.

OBSERVACIONES: El área de biblioteca del centro debe estar provista de una amplia variedad de libros atractivos para los niños. Algunos de estos libros deben ser de cuentos; otros deben ser libros de referencia como los libros sobre matemáticas o temas científicos; para mirar y diccionarios ilustrados.

Para organizar sesiones diarias de lectura de cuentos, reclute voluntarios de la comunidad, quienes podrían ser estudiantes universitarios, personas jubiladas o padres que deseen venir al centro una vez por semana para leer cuentos a los niños.

Área: Desarrollo cognoscitivo.
Subtema: Desarrollo del lenguaje oral y escrito.
Título: Poemas, rimas y trabalenguas.

OBJETIVOS: El niño escuchará poemas, rimas y trabalenguas.
El niño creará poemas, rimas y trabalenguas.
El niño dictará poemas, rimas y trabalenguas de su propia creación.

CONCEPTOS: Poemas.
Rimas.
Trabalenguas.

DESTREZAS: Escuchar.
Crear.
Dictar.

IDEAS FUNDAMENTALES: Exponer al niño a poemas, rimas y trabalenguas le facilita el desarrollo de la sensibilidad hacia el lenguaje y de la capacidad metalingüística.
La capacidad metalingüística se define como la capacidad del niño para pensar y reflexionar sobre el lenguaje.
Los niños deben tener oportunidad para expresar su creatividad mediante la creación espontánea de poemas, rimas y trabalenguas.

MATERIALES: Papel grande, marcador, creyones, revistas para recortar, láminas, pega, tijeras.

PROCEDIMIENTO: Al menos dos veces por semana, reúnase con un grupo pequeño de niños para leerles poemas, rimas y trabalenguas. Haga esta lectura más amena dramatizándola, o resaltándola mediante las modulaciones de la voz. Dé oportunidades a los niños para que improvisen poemas, rimas o trabalenguas de su propia creación. Tome dictado de todo en pedazos grandes de papel, de manera que cada niño pueda ilustrar su dictado con un dibujo o lámina. Rotule los trabajos para exhibirlos en el centro. Relea en voz alta las creaciones de los niños.

OBSERVACIONES: Se recomienda al maestro el libro *Tope tope tun, Arrullos, rimas y juegos* por Silvia Castrillón y Yezid Vergara publicado por Editorial Norma S.A. de Colombia, en 1987. Este libro recoge una colección de poemas, rimas y trabalenguas latinoamericanos apropiados para niños y niñas preescolares e infantes.

Área: Desarrollo cognoscitivo.
Subtema: Desarrollo del lenguaje oral y escrito.
Título: ¡Díctame algo!

OBJETIVO: El niño dictará mensajes variados.
                   El niño dictará el texto de cartas y mensajes para seres queridos.

CONCEPTO: Dictado.

DESTREZA: Dictar.

IDEAS FUNDAMENTALES: Cuando el adulto toma dictado del niño, le demuestra que el lenguaje escrito es lenguaje oral que se anota.

MATERIALES: Papel, lápiz o marcador, sobres, una caja grande de cartón (para forrarla y convertirla en un buzón)

PROCEDIMIENTO: Cuando haya un grupo pequeño de niños trabajando en el área de lectura y escritura, acérquese para invitar a los niños a dictarle mensajes variados o el texto de cartas para algún ser querido. La redacción de cartas, ya sean dictadas o "escritas" por los niños, es una actividad que fomenta el interés por el lenguaje escrito y, además, les hace disfrutar mucho. Para realizarla debe proveerles con sobres, papeles, lápices y una caja de cartón grande forrada y rotulada "buzón". Los niños dictan sus cartas; las ponen en los sobres; dictan el nombre del destinatario y la colocan en el buzón.

Después que los niños se marchen, el maestro deberá recoger y contestar las cartas. Las cartas se le entregarán a los niños en la semana siguiente. Esto implica que semanalmente cada niño recibirá una carta. El maestro le leerá la carta en voz alta y tomará dictado nuevamente para contestarla.

Con el tiempo, los niños desearán "escribir" por sí mismos las cartas. Estimúlelos y aliéntelos, aunque lo que escriban parezcan garabatos. Complemente esta actividad invitando a un cartero al centro o llevando a los niños de excursión al correo del vecindario.

Área: Desarrollo cognoscitivo.
Subtema: Desarrollo del lenguaje oral y escrito.
Título: ¡A inventar la escritura!

Objetivo: El niño explorará la escritura espontánea y creativamente.
El niño se familiarizará con las vocales.
El niño identificará consonantes que le sean familiares.

Concepto: Escritura espontánea y creativa.
Vocales.
Consonantes.

Destreza: Hacer trazos espontáneos que representen letras.
Trazar vocales y consonantes espontáneamente.

Ideas fundamentales: El aprendizaje de la escritura comienza durante los años de la niñez temprana.
Cuando el niño inicia la exploración espontánea de los trazos, tan pronto como en el primer año de vida, está iniciando el aprendizaje de la escritura.
La escritura no es sinónimo de caligrafía.
La escritura se refiere al proceso mediante el cual se representa el lenguaje oral usando símbolos gráficos.
La caligrafía, por otro lado, se refiere a la destreza para trazar o dibujar los símbolos gráficos de la forma más bonita y clara posible.
Durante los años preescolares, los niños deben tener múltiples oportunidades para explorar la escritura sin prestar atención a la caligrafía.
Los ejercicios de caligrafía deben reservarse para la escuela elemental.
A medida que el niño tiene oportunidades para interactuar con el lenguaje impreso/escrito convencional y producir lenguaje escrito no convencional, refina sus destrezas para trazar las letras y construye conceptos básicos sobre el lenguaje escrito.

Materiales: Diversos tipos de papel (de colores, con y sin rayas, de computadoras, libretas de varios tamaños, libretas de recibo, sobres y otros), marcadores, lápices, bolígrafos, varios tipos de alfabetos desmontables de sus bases (de madera, de goma, plásticos, magnéticos, y otros).

Procedimiento: Organice un área de escritura en el centro. Esta área debe convertirse en un centro de aprendizaje permanente en el salón tal como lo es el área de arte o del hogar. Debe, además, estar provista de una mesa, dos o tres sillas al menos, diversos tipos de lápices, marcadores, bolígrafos, tijeras, pega, una amplia variedad de papel, revistas para recortar y otros materiales que estimulen la exploración del lenguaje escrito. Es importante que el área de escritura esté localizada lo más cerca posible del área de biblioteca; incluso, lo ideal es que sean contiguas.

Los niños deben tener acceso continuo y espontáneo al área de escritura para facilitarles que se sientan en la libertad de "escribir" y "leer" cuando lo deseen. La exploración del lenguaje escrito debe ser creativa, sin perseguir ningún fin o producto predeterminado por el maestro. Es especialmente importante permitir y alentar las expresiones escritas y la "lectura" de los niños aunque éstas no sean las expresiones convencionales que esperamos de un lector competente; aunque lo que escriban parezcan meros garabatos o dibujos. También es necesario que los adultos del centro estén disponibles para intervenir —y prestar ayuda— cuando alguno de los niños lo requiera. Esta ayuda podría implicar:

- escribir una determinada palabra para el niño;
- deletrear una palabra;
- tomar dictado del niño;
- "traducir", usando lenguaje escrito convencional, lo que el niño dice que escribió usando garabatos o formas que parecen letras.

La interacción entre el niño y el maestro es esencial en este proceso. Es en virtud de esta interacción como el niño llega a identificar y a conocer las vocales y las consonantes que le sean familiares. También le permite comenzar a explorar cómo se "lee" lo que escribió. En este caso, el niño usualmente solicita al maestro que le lea lo que escribió. El maestro debe hacer un esfuerzo por leer lo que el niño escribió, aunque la palabra contenga combinaciones de letras ilegibles o inexistentes en el español.

Es conveniente que se estimule y aliente a los niños a explorar y a usar, como marco de referencia, los alfabetos desmontables. El maestro puede acercarse para trabajar con el niño que tenga interés en comenzar a combinar letras para ver "cómo suenan" o para formar palabras que le sean significativas, como, por ejemplo, su nombre.

El maestro debe abrir un expediente para cada uno de los niños y archivar cronológicamente los escritos que ellos producen. Al concluir cada semestre, los trabajos de cada niño deben analizarse para determinar cuál ha sido el progreso del niño en el proceso de producir escritura convencional.

Recuerde que este tipo de actividad no "enseña" al niño a escribir de un día para otro. Por el contrario, fomenta que el niño "se enseñe" a escribir a sí mismo, a su propio ritmo, mediante la estrategia del juego y a medida que construye conocimientos significativos sobre cómo se organiza el lenguaje escrito para que comunique significado.

Área: Desarrollo cognoscitivo.
Subtema: Desarrollo del lenguaje oral y escrito.
Título: Lectura y escritura creativa en el juego dramático.
(Schikedanz, 1976)

OBJETIVO: El niño se familiarizará con la función práctica de comunicación de la lectura y escritura por medio del juego dramático.

CONCEPTO: Comunicación.

IDEAS FUNDAMENTALES: El lenguaje escrito es un vehículo mediador de muchas transacciones sociales en nuestra sociedad.

Los niños se percatan de la función de comunicación del lenguaje escrito a medida que participan y observan cómo se utiliza en situaciones de la vida diaria.

Algunos ejemplos de estas situaciones son: hacer una lista de compras antes de ir al colmado, anotar los nombres y números de teléfonos de las personas a quienes tenemos que llamar, y leer las instrucciones en una caja de bizcocho o de papas majadas para saber cómo se preparan.

Además de observar y participar en estas actividades en el hogar, los niños deben tener oportunidades para recrear situaciones sociales que requieran la lectura y la escritura.

MATERIALES: Para integrar la lectura y escritura creativa en el juego "de las casitas":

- envases vacíos de alimentos, como cajas o botellas plásticas con las marcas de los alimentos impresas en las etiquetas;

- cartelones con recetas de comidas o platos para que se "preparen" en la cocina del área del hogar;

- una libreta con los teléfonos y direcciones de los niños, preparada por los niños y el maestro, que debe colocarse al lado del teléfono de juguete;

- sobres, papeles, libretas de cheque y recibos que ya no sirvan, lápices y bolígrafos, que los niños podrán usar para pagar cuentas o escribir cartas a familiares.

Para integrar la lectura y escritura creativa en el juego "El restaurante":

- vajilla y otros utensilios para preparar y servir comidas;

- rótulos que lean "ABIERTO" y "CERRADO" para colocar a la entrada del restaurante;

- pizarra magnética para escribir el menú del día;

- menús preparados por los niños y el maestro;

- libretas pequeñas y lápices para tomar las órdenes.

Para integrar la lectura y escritura creativa en el juego "En la oficina del doctor":

- camisetas o camisas blancas, equipo médico de juguete (jeringuillas, estetoscopio, curitas, y otros);

- rótulos que lean "OFICINA DEL DOCTOR" o "EL DOCTOR ESTÁ" u "HOSPITAL" para colocar a la entrada de la oficina o del hospital;

- libro de citas para escribir los nombres de los pacientes, preparado por los niños y el maestro;
- cartelón con el alfabeto para hacer exámenes de la vista;
- libretas pequeñas y lápices para que el doctor o la doctora escriba las recetas;
- lista de turnos para que los pacientes, al llegar a la oficina, se anoten.

Para integrar la lectura y escritura creativa en el juego "El salón de belleza" o "La barbería":

- toallas viejas, cepillos, peinillas, espejo, envases vacíos de champú, de *spray*, rolos, equipo de juguete para hacer la manicura, y otros;
- rótulos que lean "SALÓN DE BELLEZA ABIERTO", "SALÓN DE BELLEZA CERRADO", "BARBERÍA ABIERTA", "BARBERÍA CERRADA";
- cartelón con la lista de precios por concepto de recorte, peinado, lavado de cabeza, manicura, afeitada, y otros;
- libreta de citas para los clientes, preparada por los niños y el maestro;
- revistas variadas para los clientes mientras esperan su turno.

PROCEDIMIENTO: Los materiales que se describieron en la sección anterior, deben estar disponibles en el área del hogar, para que los niños y las niñas los usen espontáneamente en sus dramatizaciones. Sin embargo, no debe perderse de vista que la función del maestro es esencial en este proceso. El maestro tiene que estar atento a lo que ocurre en el área del hogar, para intervenir en los momentos en que sea necesario con el fin de prestar a los niños la ayuda necesaria para que la lectura y escritura creativa se integren en el juego. Este tipo de actividad debe realizarse frecuente y regularmente a lo largo del desarrollo del programa diario.

C11

Área: Desarrollo cognoscitivo.
Subtema: Desarrollo del lenguaje oral y escrito.
Título: Mi nombre.

OBJETIVO: El niño reconocerá su nombre.
El niño escribirá su nombre.

CONCEPTO: Nombre.

DESTREZA: Reconocer el nombre.
Escribir el nombre.

IDEAS FUNDAMENTALES: El nombre es una palabra con una gran carga afectiva para el niño.
Al ser una palabra tan importante, se convierte en la palabra ideal para que el niño la reconozca por contexto y aprenda a escribirla.

MATERIALES: Franjas de cartulina, papeles variados, marcadores, lápices, bolígrafos, cartulinas, y otros.

PROCEDIMIENTO: Hay múltiples oportunidades y ocasiones, a lo largo del día, para exponer al niño a su nombre de manera significativa. Esta frecuente exposición permitirá que el niño llegue a reconocer su nombre usando claves contextuales. Asimismo, el niño estará motivado a escribir su nombre, por lo que ésta es una de las primeras palabras que los niños aprenden a escribir.

Para ayudar al niño a que se familiarice con su nombre puede llevar a cabo las siguientes actividades:

- Al principio del año, siéntese con cada uno de los niños individualmente y escriba el nombre en una franja de cartulina. El niño debe ver cómo usted escribe el nombre.

- Todas las mañanas haga referencia a las franjas de cartulina con los nombres, para que los niños determinen quiénes están ausentes.

- Prepare varias cartulinas con bolsillos en los que quepan las franjas de cartulina. Coloque una en cada área del centro. El niño que seleccione trabajar en un área particular, deberá tomar la franja de cartulina con su nombre y colocarla en el bolsillo de la cartulina correspondiente.

- Identifique los apartados de los niños con sus nombres. Los niños deben participar en el proceso de escribir las franjas de cartulina y pegarlas en los apartados.

- Aliente a cada niño a escribir su nombre en los dibujos que haga, en los dictados que usted tome de él o en cualquier otra situación que lo amerite. Una buena manera de ayudarlo es escribir su nombre para que el niño lo copie luego.

OBSERVACIONES: No espere que los niños escriban el nombre perfecto. Al contrario, el proceso de desarrollar la destreza para escribir el nombre —o cualquier otra palabra— toma tiempo. Inicialmente, los niños escribirán garabatos o harán dibujos que parecen letras y aseverarán que esos representan su nombre. Sin embargo, poco a poco irán refinando los trazos. Por otro lado, no es aconsejable preparar moldes o ejercicios mimeografiados con el nombre punteado para que el niño le pase por encima con el lápiz.

D

**Actividades para fomentar
el desarrollo de la función
simbólico-artística por medio de
las artes plásticas y de la música**

Área: Desarrollo cognoscitivo.
Subtema: Desarrollo de la función simbólico-artística.
Título: Dibujos y pinturas.

OBJETIVO: El niño creará dibujos y pinturas.

CONCEPTOS: Dibujo.
              Pintura.

DESTREZAS: Dibujar.
              Pintar.

IDEAS
FUNDAMENTALES: La exploración creativa del dibujo y la pintura, le ofrece al niño un medio ideal para el desarrollo de la función simbólica.

Las actividades de dibujo y pintura deben apartarse del uso de moldes o dibujos mimeografiados o proyectos pre-hechos por el adulto en los que todos los niños terminan con productos similares o iguales.

El dibujo y la pintura pueden relacionarse muy fácilmente con los distintos temas que se estén discutiendo en el centro.

Por medio del dibujo y de la pintura, el niño tiene la oportunidad de cerrar conceptualmente un tema, como, por ejemplo, una excursión fuera del centro o el tema de la familia.

En otras ocasiones, los niños deben tener la oportunidad de dibujar y de pintar sin ningún tema pre-establecido.

MATERIALES: Creyones de colores, finos y gruesos, pinceles gruesos de varios tamaños, témpera, caballete, libretas grandes para dibujar o pintar, tiza de colores, agua, delantales plásticos.

PROCEDIMIENTO: Los materiales que se mencionaron anteriormente deben estar siempre disponibles en el área de arte. Los niños deben tener la oportunidad de usarlos espontáneamente todos los días. En otras ocasiones, el maestro podría invitar a los niños a hacer dibujos o pinturas sobre alguno de los temas tratados en el programa diario, como por ejemplo, los animales domésticos, los servidores públicos, el yo, o la familia. Los trabajos producidos por los niños deben exhibirse en un lugar visible del centro.

Área: Desarrollo cognoscitivo.
Subtema: Desarrollo de la función simbólico-artística.
Título: *Collages.*

OBJETIVO: El niño producirá *collages.*

CONCEPTO: *Collage.*

DESTREZA: Hacer *collages.*

IDEAS FUNDAMENTALES: Un *collage* es un trabajo artístico que se crea pegando pedazos de láminas, telas u otros materiales diversos, sobre un cartón o papel. La técnica de *collage*, además de contribuir al desarrollo de la función simbólico-artística, ayuda al niño a desarrollar destrezas motoras finas porque requiere recortar y pegar.

MATERIALES: Cartón duro, cartulina, revistas viejas para recortar, retazos de tela, diversos tipos de cartón, caracoles y otros objetos o materiales que puedan pegarse sobre un cartón, tijera, pega.

PROCEDIMIENTO: Invite a los niños a producir *collages*, ya sea sobre un tema determinado o de tema libre. Rotule los trabajos con los nombres de los niños y exhíbalos en un lugar visible del centro. Los niños pueden introducir una variación a estos trabajos, dibujando sobre ellos con marcador negro.

Área: Desarrollo cognoscitivo.
Subtema: Desarrollo de la función simbólico-artística.
Título: Los grabados.

OBJETIVO: El niño producirá trabajos artísticos variados y creativos utilizando las técnicas del grabado.

CONCEPTO: Grabado.

DESTREZA: Hacer grabados.

IDEAS FUNDAMENTALES: La técnica de grabado es muy apropiada para niños preescolares.
Hacer un grabado implica poner pintura o tinta de color sobre la superficie de un objeto, cartón o papel, para presionarla sobre un pedazo de papel o cartulina.
Al presionar, la superficie pintada o entintada del objeto o material, se imprime sobre el papel.

MATERIALES: Témpera de colores, frutas cortadas por la mitad (manzana, china, limón), vegetales cortados al medio o longitudinalmente (o mitad) (papa, zanahoria, apio, pincel grueso, agua, delantales plásticos, pedazos pequeños de madera, y otros.

PROCEDIMIENTO: Reúnase con un grupo pequeño de niños para explicarles y demostrarles la técnica. Para esta demostración, tenga listos los materiales que se indicaron previamente. Esencialmente el trabajo consiste en humedecer con pintura la superficie del objeto que se va a imprimir. Esto puede hacerse pintando la superficie con un pincel o echando pintura en un plato llano que, a su vez, usará como almohadilla entintada.

Luego, deje que los niños trabajen solos para producir obras de arte variadas. Rotule las obras con los nombres de los niños y exhíbalas en un lugar visible del centro.

Área: Desarrollo cognoscitivo.
Subtema: Desarrollo de la función simbólico-artística.
Título: Figuras de plasticina.

Objetivo: El niño producirá figuras tridimensionales simples con plasticina.

Concepto: Figura tridimensional.

Destreza: Hacer figuras tridimensionales.

Ideas fundamentales: La manipulación de la plasticina permite al niño explorar sus conceptos del espacio tridimensional en el plano de lo concreto.

Durante los años preescolares, los niños no producen figuras tridimensionales realistas.

Las formas tridimensionales simples que predominan en los trabajos con plasticina realizados por los niños preescolares son los "fideos" y las "bolitas".

En muchas ocasiones, al trabajar con plasticina, los niños de tres y cuatro años no producirán ninguna forma tridimensional definida. Más bien, disfrutarán de las sensaciones táctiles que les produce tocar la plasticina.

Materiales: Plasticina (o el barro preparado que se usa para hacer cerámica), pedazos de panel de madera prensada de 1/2 pulgada de ancho y cerca de 12" X 12" para usar como bases donde colocar la plasticina para trabajarla

Procedimiento: Proporcione los materiales a los niños y déles tiempo suficiente para que exploren con la plasticina. La mayoría de los niños producirán "fideos" y "bolitas". Puede haber uno que otro niño que intente producir alguna figura tridimensional realista. El uso de la plasticina debe ser una actividad que siempre esté disponible para el niño en el área de arte.

Área: Desarrollo cognoscitivo.
Subtema: Desarrollo de la función simbólico-artística.
Título: Murales.

Objetivo: El niño creará murales.

Concepto: Mural.

Destreza: Pintar o dibujar murales.

Ideas
fundamentales: Un mural es una pintura o dibujo que se hace sobre una pared.
A los niños preescolares la actividad de hacer murales les ofrece oportunidades para desarrollar la capacidad artística tanto como para el trabajo cooperativo.

Materiales: Un rollo de papel de estraza, cinta adhesiva de paquetes, pinceles de diversos tamaños, témpera, creyones, tiza de colores.

Procedimiento: Utilice la cinta adhesiva para colocar un pedazo grande de papel de estraza sobre una pared. Prepare varias de estas estaciones de trabajo, de manera que en cada una trabajen sólo cuatro o cinco niños. Distribuya los materiales y explique a los niños el propósito de la actividad.

El tema del mural puede ser libre o estar basado en algún tema que se esté discutiendo en el centro en ese momento.

Área: Desarrollo cognoscitivo.
Subtema: Desarrollo de la función simbólico-artística.
Título: Escucho música.

Objetivo: El niño escuchará música infantil y de género clásico, semiclásico y folclórico apropiada para niños preescolares.

Concepto: Música.

Destreza: Escuchar música.

Ideas fundamentales: La música contribuye a enriquecer la vida y la sensibilidad del niño.
La música, como un sistema simbólico artístico único, le brinda al niño preescolar la oportunidad de desarrollar la función simbólica.

Materiales: Tocadiscos o tocacintas portátil, discos o audiocintas con canciones para niños y otros temas musicales

Procedimientos: Exponga a los niños a la música mediante actividades en las que:

- escuchar y concentrarse en la música sea el objetivo primordial;
- la música se escuche marginalmente mientras los niños dibujan, pintan, trabajan con plasticina, descansan o almuerzan;
- la música complemente —debido al tema o al texto de la canción— una determinada actividad o asunto que se esté tratando;
- la música sea el soporte o acompañamiento para bailar, o hacer ejercicios rítmicos.

Al concluir las sesiones en las cuales los niños y las niñas se concentran únicamente en la música, converse con ellos sobre lo que escucharon. Pregúnteles si la música los hizo recordar algún suceso o si los sonidos se le parecieron a sonidos familiares. Estimúlelos a expresar cómo se sintieron al escuchar la música. Las actividades musicales deben ofrecerse, tres veces, al menos, por semana.

Área: Desarrollo cognoscitivo.
Subtema: Desarrollo de la función simbólico-artística.
Título: Canciones infantiles.

OBJETIVO: El niño cantará canciones infantiles.

CONCEPTO: Cantar.

DESTREZA: Cantar.

**IDEA
FUNDAMENTAL**:   Los niños deben tener la oportunidad de cantar, solos y a coro, las canciones infantiles que más les gustan.

Algunos niños de tres y cuatro años, tendrán dificultad para entonar la melodía de la canción.

Aunque presenten dificultades para entonar, los esfuerzos de los niños por cantar deben alentarse.

MATERIALES: Ninguno.

PROCEDIMIENTO: Escoja varias canciones folclóricas de Puerto Rico, o infantiles tradicionales y cántelas con frecuencia a lo largo del día. Muy pronto los niños y las niñas se las aprenderán y cantarán a coro con usted.

Usualmente, los niños y las niñas se aprenden las canciones que escuchan en disco o audiocinta. Aproveche este hecho para cantar a coro con los niños y las niñas.

También puede crear canciones nuevas con las melodías tradicionales de "Arroz con leche" o "Doña Ana no está aquí", de manera que la letra se ajuste a las circunstancias particulares de una actividad, período del día o transición de una actividad a otra o de un período a otro.

Área: Desarrollo cognoscitivo.
Subtema: Desarrollo de la función simbólico-artística.
Título: Movimientos rítmicos al compás de la música.

OBJETIVO: El niño se moverá rítmicamente al compás de la música.

CONCEPTO: Movimiento rítmico.

DESTREZA: Mover el cuerpo rítmicamente al compás de la música.

IDEAS FUNDAMENTALES: El ritmo es el primer aspecto de la música que el niño nota y puede llevar con su cuerpo.

Los niños preescolares comienzan a comprender el ritmo con el movimiento de sus cuerpos al compás de la música.

MATERIALES: Tocadiscos o tocacintas portátil, disco o audiocintas con música rítmica, cintas de colores (de una yarda al menos, de largo).

PROCEDIMIENTO: Organice una sesión de movimiento rítmico con los niños, en la cual ellos se muevan al ritmo de la música.

Para ayudarles a que se percaten de una manera visual del ritmo, provéales de cintas de colores de manera que, cuando bailen, las muevan al mismo ritmo.

Note que, en este tipo de actividad, no se espera que los niños y las niñas "bailen" de una manera predeterminada. Tampoco se les enseñarán pasos de baile convencionales. Por el contrario, el objetivo es que "sientan" el ritmo con sus cuerpos y lo expresen mediante el movimiento corporal.

Área: Desarrollo cognoscitivo.
Subtema: Desarrollo de la función simbólico-artística.
Título: Instrumentos musicales rítmicos.

OBJETIVO: El niño explorará el sonido de instrumentos musicales rítmicos.

CONCEPTOS: Instrumentos musicales rítmicos.

IDEAS FUNDAMENTALES: Los instrumentos musicales rítmicos son apropiados para que los niños preescolares exploren el concepto del ritmo.

Esta exploración debe ser creativa y espontánea, sin intención de enseñarle al niño formalmente ninguna canción o melodía.

Los instrumentos musicales rítmicos apropiados para los niños preescolares son el xilófono, la pandereta, los palitos, los platillos, las maracas, el güiro, el cencerro, el tambor y los cascabeles.

Después que los niños hayan tenido muchas oportunidades para explorar el sonido y ritmo de los instrumentos, se puede organizar un banda rítmica.

La banda rítmica lleva el ritmo de las canciones favoritas de los niños.

MATERIALES: Objetos domésticos que produzcan sonidos rítmicos cuando se les golpea, instrumentos de la banda rítmica

PROCEDIMIENTO: Organice un área de música en el centro. En esta área, debe colocar los instrumentos musicales que se mencionaron antes. También debe proporcionar un tocadiscos, discos, grabadora y audiocintas.

Estimule a los niños a acercarse al área de música para explorar el sonido de los instrumentos. Una vez que los niños hayan tenido suficientes oportunidades para explorar los instrumentos, organice una banda rítmica para que los niños puedan, de manera conjunta, llevar el ritmo de sus canciones favoritas.

REFERENCIAS

Aguirre del Valle, E. y M.A. Sandoval Padilla (1979). *Ciencia Preescolar, guía para el maestro*. México: Fondo Educativo Interamericano, S.A.

Altwerger, B., J. Diehl-Faxon y K. Dockstader-Anderson (1985). "Read aloud events as meaning construction." *Language Arts*, 62(5), 476-484.

Carter, A. y W.T. Stokes (1982). "What children know about reading before they can read." *Journal of Education*, 163, 173-184.

Chang, H. y S.E. Trehub (1977). "Auditory processing of relational information by young infants." *Journal of Experimental Child Psychology*, 24, 324-333.

Clay. M.M. (1979). *Reading, The Patterning of Complex Behaviour*. Exeter, New Hampshire: Heinemann Educational Books.

Chomsky, N. (1957). *Syntactic Structures*. The Hague: Morton.

_____ (1966). *Aspects of Theory of Syntax*. Cambridge: MIT Press.

Chomsky, C. (1971). "Write first, read later." *Childhood Education*, 47, 296-299.

Cole, E. y C. Schaefer (1990). "Can young children be art critics?" *Young Children*, 45(2), 35-38.

Davidson, L., P. Mckernon y H. Gardner (1981). "The acquisition of song: a developmental approach." *Documentary Report of the Ann Arbor Symposium: Application of Psychology to Teaching and Learning*. Reston: MENC.

De Vries, R. y L. Kohlberg (1987). *Constructivist Early Education: Overview and Comparison With Other Programs*. Washington D.C.: NAYEC.

Edmonds, M.H. (1976). "New directions in theories of language acquisition." *Harvard Educational Review*, 40(2), 175-198.

Fenders Hayes, L. (1990). "From scribbling to writing: Smoothing the way." *Young Children*, 45(3), March, 62-68.

Ferreiro, E. y A. Teberosky (1982). "Literacy before schooling." Exeter, New Hampshire: Heinemann Educational Books.

Flavell, J. (1963). *The Developmental Psychology of Jean Piaget*. New York: D. Van Nostrand Co.

Friedman, J. y J. Koeppel (1990). "Pre-K and first grade children: partners in a writing workshop." *Young Children*, 45(4), 66-67.

Goffin, S.C. y C.Q. Tull (1985). "Problem solving: encouraging active learning." *Young Children*, 40(3), 28-32.

Haas Dyson, A. (1988). "Appreciate the drawing and dictation of young children." *Young Children*, 43(3).

Harste, J., C. Burke y V. Woodward (1981). *Children, Their Language and World: Initial Encounters With Print*. National Institute of Education, Final Report. Bloomington: Indiana University Press.

Herman, J.L., P.R. Aschbacher y L. Winters (1992). *A Practical Guide to Alternative Assessment*. Alexandria, VA: Association for Supervision and Curriculum Development.

Hubbard, R. (1988). "Allow children's individuality to emerge in their writing: let their voice through." *Young Children*, 43(3), 33-39.

Jansen M.A. (1985). "Story awareness: a critical skill for early reading." *Young Children*, 41(1), 20-24.

Kamii, C y R. De Vries (1974). *Piaget for Early Education*. New Jersey, Englewood Cliffs: Prentice Hall.

_____ (1976). *Piaget, Children and Numbers*. Washington D.C.: NAYEC.

_____ (1978). *Physical Knowledge in Preschool Education, Implications of Piagetian Theory*. Englewood Cliffs, New Jersey: Prentice Hall.

_____ (1985). *Young Children Reinvent Arithmetic, Implications of Piaget's Theory*. New York: Teachers College Press.

Kohlberg, L. y R. Mayer (1972). "Development as the aim of education." *Harvard Educational Review*, 42, 446-496.

Lansing, K. (1976). *Art, Artists and Art Education.* Dubuque, Iowa: Kendal Hunt Publishing Co.

Lavatelli, C. (1970). *Piaget's Theory Applied to an Early Childhood Curriculum.* Boston: American Science and Engineering.

Mason, J.M. (1980). "When do children begin to read: an exploration of four-year-old children's letter and word reading competencies." *Reading Research Quarterly,* 15(2), 203-227.

Matter, D.E. (1982). "Musical development in young children." *Childhood Education,* 58, 305-307.

Melson, W. y R. McCall (1970). "Attentional response of five-month-old girls to discrepant auditory stimuli." *Child Development,* 41, 1159-1171.

Mavrogenes, N.A. (1990). "Helping parents help their children become literate." *Young Children,* 45(4), 4-9.

Molina Iturrondo, A. (1983). "¿El apresto o la lectura en el nivel preescolar?" *Plural,* 2(2), 191-196.

——————— (1984). *Matemática preescolar, 1,2,3 y 4, guía para el maestro.* Caguas, P.R.; Camera Mundi.

Morales, E. (1977). *Unidades de ciencia para ser probadas con los niños en los salones de Head Start.* Río Piedras: Programa de Adiestramiento Head Start de la Universidad de Puerto Rico (mimeografiado).

Ostwald, P.F. (1973). "Musical behavior in early childhood." *Developmental Medicine and Child Neurology,* 15(1), 367-375.

Papalia, D.E. y S.W. Olds (1985). *Sicología del desarrollo.* México: McGraw Hill Latinoamericana.

Phillips, J.L. (1981). *Piaget's theory: A primer.* San Francisco: W.H. Freeman and Company.

Piaget, J. (1970). *Psychology and Epistemology.* New York: Viking Press.

——————— (1981). *The Psychology of Intelligence.* Totowa, New Jersey: Littlefield, Adams and Co.

Pflederer, M. (1967). "Conservation laws applied to the development of musical intelligence." *Journal of Research in Music Education,* 15, 215-223.

Pronin Fromberg, D. (1987). *The Full Day Kindergarten.* New York: Teachers College Press.

Rainbow, E.L. and D. Owen (1979). *A Progress Report On a Three-year-investigation of the Rythmic Ability of Preschool-aged Children.* CRME, 59, 84-86.

Rossman, F. (1980). *Preschoolers' knowledge of the symbolic function of written language in storybooks.* Unpublished doctoral dissertation, Boston University.

Schiefflin, B.B. y M. Cochoran-Smith (1984). "Learning to read culturally: literacy before schooling." En A. Goelman, A.A. Oberg y F. Smith (Eds.), *Awakening To Literacy.* Exeter, New Hampshire: Heinemann Educational Books.

Schikedanz, J.A. (1976). *The Use of Symbolic Props in the Dramatic Play Area.* Boston: Boston University (mimeographed).

——————— (Ed.). (1977a). *Using Reading Everyday in the Preschool: A Curriculum Guide and Discussion for Teachers.* Boston: Boston University (mimeographed).

——————— (1978). "Please, read that story again." *Young Children,* 33(5), 48-55.

——————— (1981). "Hey, this book is not working right!" *Young Children,* 37(1), 18-27.

——————— (1986). *More Than the A B Cs.* Washington D.C.: NAYEC.

Schikedanz, J.A., M.E. York, I. Santos Stewart, y D. White (1977b). *Strategies For Teaching Young Children.* Englewoods Cliffs, New Jersey: Prentice Hall.

Smith, R.F. (1987). "Theoretical framework for preschool science experiences." *Young Children,* 42(2), 34-40.

Snow, C. (1983). "Literacy and language: relationship during the preschool years." *Harvard Educational Review,* 53(2), 165-189.

Summers, E.K. (1984). *Musical Discrimination in Infants.* Unpublished paper, University of Washington.

Taylor, J. (1977). "Making sense: the basic skill in reading." *Language Arts,* 54(6), 668-672.

Thomas, R.M. (1985). *Comparing Theories of Child Development (2nd edition).* California: Wadsworth Publishing Comp.

Wadsworth, B.J. (1979). *Piaget's Theory of Cognitive Development.* New York: Longman.

Weikart, D., Rogers, L., Adock, C., y McClelland, D. (1971). *The Cognitively Oriented Curriculum : A Framework for Preschool Teachers.* Washington D.C. : NAYEC.

Williams, C.K. y C. Kamii (1986). "How do children learn by handling objects." *Young Children,* 42(1), 23-26.

Wolf, A.D. (1990). "Art postcards - another aspect of your aesthetic program?" *Young Children,* 45(2), 39-43.

Zimmerman, M. (1984). *State of the Art in Early Childhood Music and Research.* Paper presented at Music in Early Childhood Conference at Brigham Young University, Provo, Utah.

Apéndices

Programa diario recomendado para la implantación del currículo

7:00 a   8:00 am   Recibimiento de los niños; desayuno (si se ofrece); período de actividades libres en las áreas.

8:00 a   8:20 am   Actividad grupal de la mañana para:

- Saludar a los niños oficialmente y comenzar con las actividades educativas del día.
- Realizar la actividad del calendario, conversar sobre las condiciones del tiempo, sobre algún tema relacionado con una fiesta o día de fiesta pertinente a la época del año o fecha.
- Discutir aspectos sobresalientes de las actividades planificadas para el día.
- Cantar.

8:20 a   8:30 am   Transición.

8:30 a   9:25 am   Actividades libres y espontáneas; trabajo y juego libre o dirigido de los niños en las áreas; individualización para el desarrollo de conceptos y destreza con niños pre-seleccionados. Durante este período, debe haber un lector adulto en el área de biblioteca para leer cuentos a grupos pequeños de niños interesados. El maestro que no esté individualizando, con algún niño en particular, debe estar atento a los juegos de los niños con el fin de intervenir cuando sea necesario.

9:25 a   9:30 am   Transición.

9:30 a   9:45 am   Merienda.

9:45 a   9:50 am   Transición.

9:50 a   10:50 am   Actividades de movimiento físico en el patio, ejercicios rítmicos, juegos grupales, juego libre y supervisado con el equipo de patio.

10:50 a   10:55 am   Transición.

10:55 a   11:10 am   Aseo y preparación para el almuerzo.

11:10 a   11:45 am   Almuerzo.

11:45 a   11:50 am   Transición.

11:50 a   12:50 pm   Siesta o descanso.

12:50 a   1:00pm   Transición.

1:00 a   2:00pm   Actividades variadas para el desarrollo físico, social, emocional o cognoscitivo, de grupo grande, pequeño o individuales, de acuerdo a las necesidades de los niños. (Se recomienda que en este período no se desarrollen actividades de narración de cuentos, ni de música o de arte, ya que éstas se ofrecerán en el próximo período.)

2:00 a   2:05pm   Transición.

2:05 a   2:40pm   Narración de cuentos, o actividades musicales, o de artes plásticas.

Programa diario recomendado para la implantación del currículo (Cont.)

2:40 a	**2:45pm**	Transición.
2:45 a	**3:00pm**	Merienda.
3:00 a	**3:05pm**	Transición.
3:05 a	**4:00pm**	Actividades libres supervisadas en el patio.
4:00 a	**4:30pm**	Actividades pasivas en las áreas de interés; preparación para despedir a los niños.

Apéndice 2

La planificación educativa

El proceso de planificación educativa es esencial para garantizar la implantación efectiva del currículo. La planificación educativa ofrece un mecanismo indispensable para sistematizar las actividades curriculares, evitando la improvisación en la educación. Aunque la planificación es un elemento necesario en todo proceso pedagógico, adquiere una importancia particular en la implantación del currículo para el desarrollo integral en los años preescolares. Mediante la planificación, el maestro toma, de antemano, las decisiones en torno a los componentes de currículo que desea enfocar en su labor diaria. Asimismo, configura una guía semanal que orienta el logro de los objetivos seleccionados, la implantación y evaluación de las actividades, las decisiones sobre los materiales educativos, la articulación del ambiente y la individualización de las actividades.

Con el propósito de facilitar el proceso de planificación, se recomienda el desarrollo de planes diarios en el formato particular que aparece a continuación, en las páginas 326-327. Estos planes deben conceptuarse integradamente para la semana. Se sugiere trabajar diariamente con las cuatro áreas de desarrollo de la manera más integrada posible. Esto implica que para cada área de desarrollo, se seleccionará un objetivo particular, al menos, con su actividad correspondiente. Por otro lado, el maestro debe sentirse en la libertad de diseñar sus propias actividades con el fin de atender las necesidades particulares de los niños. El plan deberá reflejar si estas actividades se llevarán a cabo con grupos pequeños o individualmente.

En los planes educativos no deben incluirse las actividades rutinarias del programa diario. Algunas de éstas son el círculo de la mañana, el período de actividades espontáneas o en el patio. Sin embargo, debe aclararse que si se planifican actividades especiales para estos períodos, éstas deben ser parte del plan. En esencia, la planificación debe incluir aquellos objetivos y actividades diarias que se apartan de lo rutinario. De otra manera, el proceso de planificación se torna excesivamente detallado y recargado, restándole flexibilidad.

No debe perderse de vista, que el proceso de planificación tiene que convertirse en un medio de apoyo de las labores docentes y no en un obstáculo. En este sentido, el plan diario o semanal es tentativo, y está sujeto a modificaciones constantes. El plan educativo, por lo tanto, no debe visualizarse como una herramienta de trabajo rígida, sino como una ruta preliminar por la cual se desea orientar el trabajo diario y semanal.

En el apéndice 3, páginas 328-329, se presenta un ejemplo de un plan diario para un lunes, que ilustra los aspectos fundamentales de la planificación educativa que se recomiendan para la implantación del currículo. Se observará que, al preparar el plan del lunes, se tiene en cuenta el plan general de la semana, lo que facilita la preparación de cada uno de los planes diarios.

FORMULARIO DE PLANIFICACIÓN DIARIA

Salón: _____

Fecha: _____

Semana del _____ al _____ de _____ de _____

Tema unificador para la semana: _____

Descripción general del plan semanal: _____

_____

_____

_____

_____

PERÍODOS	ÁREAS DE DESARROLLO Y SUBTEMA	OBJETIVOS	ACTIVIDADES	MATERIALES EDUCATIVOS	NIÑOS PARTICIPANTES	COMENTARIO/ EVALUACIÓN

FORMULARIO DE PLANIFICACIÓN DIARIA (CONT)

Página Núm. _____

Salón: _____

Fecha: _____

PERÍODOS	ÁREAS DE DESARROLLO Y SUBTEMA	OBJETIVOS	ACTIVIDADES	MATERIALES EDUCATIVOS	NIÑOS PARTICIPANTES	COMENTARIO/ EVALUACIÓN

FORMULARIO DE PLANIFICACIÓN DIARIA

Salón: _____ Verde _____ **Semana del** _23_ **al** _27_ **de** _enero_ **de** _1995_

Fecha: _23 de enero de 1995_   **Tema unificador para la semana:** _El yo_

Descripción general del plan semanal: Durante toda la semana se proveerá de libros el área de biblioteca con temas sobre el yo. Se leerán y narrarán cuentos sobre el yo. En el área de arte, se estimulará a los niños a dibujar, pintar y hacer "collages" de autoretratos y temas relacionados con el yo.

En la hora del cerco se invitará al diálogo sobre el proceso de desarrollo de cada niño. Se les invitará a traer retratos de cuando eran bebés. Se prepararán cartelones con estas fotos para fomentar el pensamiento lógico-matemático. Se les invitará a medirse; a comparar las estaturas y a preparar una gráfica; contar las partes de sus cuerpos; sus dedos.

En el centro de escritura, se les invitará a hacer libros originales sobre el yo de cada niño; a crear rimas, poemas, y cuentos sobre el yo.

PERÍODOS	ÁREAS DE DESARROLLO Y SUBTEMA	OBJETIVOS	ACTIVIDADES	MATERIALES EDUCATIVOS	NIÑOS PARTICIPANTES	COMENTARIO/ EVALUACIÓN
9:00–10:00 am Actividades estructurales	Cognoscitivo Pensamiento-Científico	Se identificará a sí mismo con un organismo vivo. Identificará algunas funciones del cuerpo como organismo vivo. Identificará las etapas en el proceso de desarrollo humano.	Título: Mi cuerpo (pág. 253)	Láminas del cuerpo; sobre el proceso de desarrollo de la infancia a la vejez.	Luisito Antonia Pepe Cristina (grupo pequeño)	
10:00–11:00 am	Físico -Conciencia del cuerpo	Adquirirá conciencia de su cuerpo y de los movimientos que puede hacer.	Título: Este es mi cuerpo (pág. 29)	Ninguno	Grupo grande (todos los niños)	
1:00–3:00 pm	Social -Conocimiento del yo	Trazará un dibujo de tamaño natural de su cuerpo.	Título: Mi cuerpo es parte de mi yo (pág. 127)	Papel de estraza, tijeras, pega, creyones	José Mary Cristina Eduardo Mariana	

FORMULARIO DE PLANIFICACIÓN DIARIA (CONT)

Salón: _____ Verde

Fecha: _____ 23 de enero de 1995

PERÍODOS	ÁREAS DE DESARROLLO Y SUBTEMA	OBJETIVOS	ACTIVIDADES	MATERIALES EDUCATIVOS	NIÑOS PARTICIPANTES	COMENTARIO/ EVALUACIÓN
1:00– 3:00 pm	Emocional -Autoestima y confianza	Se identificará a sí mismo como una persona especial	Título: Yo soy una persona especial (Pág. 194)		dos subgrupos	

APÉNDICE 4

Evaluación del progreso del niño

La evaluación del progreso del niño tiene que ser un proceso continuo a lo largo del año. En el nivel preescolar, el medio ideal para determinar cómo está progresando el niño, es la observación diaria. Sin embargo, para que la observación sea útil, debe estar guiada por criterios que permitan al maestro prestar atención a los comportamientos relevantes con relación al progreso en el desarrollo de los niños. Por lo que se refiere al presente currículo, estos criterios son los objetivos particulares que se desglosan en cada uno de los cuatro aspectos del desarrollo.

Se recomienda que, semestralmente, el maestro prepare un perfil de progreso de cada niño. El perfil consta de seis formularios guía para la observación y evaluación del desarrollo en cada una de las siguientes áreas: 1) aspecto físico, (ver Apéndice 5); 2) aspecto social, (ver Apéndice 6); 3) aspecto emocional (ver Apéndice 7); 4) conocimientos físico-científicos y lógico-matemáticos (ver Apéndice 8); 5) lenguaje oral y escrito (ver Apéndice 9); y 6) función simbólico-artística (ver Apéndice 10).

Cada uno de los formularios desglosa los criterios particulares que constituyen la base de la observación. Al lado de cada uno aparecen cuatro columnas rotuladas "Iniciado", "En progreso", "Dominado" y "No se observó". Se recomienda que a lo largo del semestre, el maestro vaya marcando los incisos que correspondan a sus observaciones diarias del niño. Además, al lado de dicha marca, deberá escribir la fecha de la observación. Si el maestro observa, por ejemplo, que un niño, a la fecha del 15 de septiembre, ha iniciado el desarrollo de "...la conciencia del espacio que ocupa su cuerpo", hará una marca de cotejo en el inciso "Iniciado" y escribirá la fecha del día. De esta manera, durante el transcurso de ambos semestres, irá emergiendo un perfil del progreso en desarrollo integral de cada niño.

Cada uno de los formularios guía, reserva un espacio para que el maestro, semestralmente, redacte comentarios generales en torno al progreso del desarrollo del niño en el aspecto particular que se ha observado. Para redactar esta evaluación general, el maestro deberá referirse a la información que ha ido recopilando, mediante marcas de cotejo, en las primeras páginas del documento.

También se recomienda la preparación de un portafolios para cada niño. En éste se recogerán los trabajos más representativos realizados a lo largo del año. Estos trabajos, al emerger de las actividades educativas cotidianas, documentan el progreso del niño y su aprendizaje activo. Algunos ejemplos de trabajos que pueden colocarse en el portafolios son dibujos, pinturas, libros originales, carteles de experiencia, muestras de escritura espontánea, casetes grabados en sesiones de lectura de cuentos dialogadas, fotografías de trabajos realizados por el niño y otros. A este proceso de documentación del aprendizaje se le llama, en la literatura pedagógica contemporánea, **Valuación auténtica** (Herman, Aschbacher y Winters, 1992).

Formulario-guía para la observación y evaluación de progreso en el desarrollo físico

Nombre del niño(a): _____ Salón: _____

Edad: _____ Maestro(a): _____

Período que comprende la evaluación: _____

Fecha de la evaluación: _____

I. Conocimiento, coordinación general del cuerpo y desarrollo de músculos gruesos.

	Iniciado	En Progreso	Dominado	No se Observó
1. Posee conciencia de su cuerpo y de los movimientos que puede hacer.				
2. Posee conciencia del espacio que ocupa su cuerpo.				
3. Identifica las partes de su cuerpo, tocándolas con ambas manos, a medida que el maestro las nombra.				
4. Brinca varias veces, manteniendo ambos pies juntos, hasta una distancia no menor de seis pies.				
5. Salta en un sólo pie usando el pie izquierdo para saltar a lo largo de una distancia adicional de cinco pies.				
6. Se desplaza sobre el piso con flexibilidad, balance y coordinación general imitando el movimiento de varios animales como el gato, el elefante y el lagarto.				
7. Galopa, al ritmo de la música, una distancia no menor de diez pies, imitando el trote de un caballo.				
8. Adopta distintas posiciones con el cuerpo, según se le indique.				
9. Brinca cuica con la coordinación necesaria, en dos ocasiones seguidas, por lo menos.				
10. Camina sobre la cuica extendida en el piso, manteniendo la coordinación y el balance del cuerpo.				
11. Camina hacia el frente con balance y coordinación, colocando cada pie, desde el talón hasta el dedo grueso, sobre la tabla de balance.				

	Iniciado	En Progreso	Dominado	No se Observó

12. Se impulsa corriendo y atraviesa un aro de goma que encuentra en el trayecto.

13. Se arrastra por el piso, a lo largo de un trayecto de tres aros de goma.

14. Realiza un movimiento continuo, con todo su cuerpo, para estirarse, imitando el crecimiento de una planta.

15. Realiza movimientos espontáneos con su cuerpo, manteniendo el balance y la coordinación.

16. Agarra la bola con las dos manos cuando le es lanzada desde una distancia de seis pies.

17. Imita los movimientos corporales que realiza el maestro.

18. Participa en diversos juegos de grupo que se llevan a cabo en el patio.

19. Recorre un trayecto de obstáculos, salvándolos sin tocarlos o tumbarlos.

20. Lanza cinco bolsas de habichuelas (*bean bags*) a cuatro pies de distancia, dentro de un blanco marcado en el piso.

21. Camina sobre un conjunto de 20 cuadrados de colores organizados en patrones diversos.

II. DESARROLLO DE MÚSCULOS FINOS Y DE COORDINACIÓN VISOMOTORA FINA.

	Iniciado	En Progreso	Dominado	No se Observó

1. Ejercita los músculos finos y la coordinación visomotora fina al coser con pedazo de cordón en una cartulina gruesa con varias perforaciones.

2. Ensarta macarrones en un cordón para crear un collar.

3. Recorta un papel de construcción siguiendo una línea recta.

4. Recorta formas geométricas dibujadas en un papel de construcción.

	En		No se
Iniciado	**Progreso**	**Dominado**	**Observó**

5. Dibuja el contorno de una figura trazada con puntos sobre un pedazo de papel.

6. Puntea dentro de un dibujo.

7. Colorea con un creyón utilizando un molde o *stencil*, manteniéndose dentro del espacio del mismo.

8. Recorta diversas láminas de revistas y las pega sobre papel de construcción.

9. Utiliza la tijera libre y espontáneamente, para recortar, a su gusto, en papeles de construcción de diversos colores.

10. Rasga hojas de papel en pedazos grandes.

11. Rasga pedazos pequeños de papel de construcción de colores y los pega libremente sobre un pedazo de catulina gruesa.

12. Dobla hojas de papel de maquinilla en varias partes y las colorea usando creyones.

13. Crea varios diseños usando la tabla de clavijas.

14. Copia varios diseños usando la tabla de clavijas.

15. Forma rompecabezas.

16. Construye figuras diveras utilizando líneas circulares, horizontales y verticales.

17. Hace garabatos controlados trazando líneas circulares.

18. Traza líneas que completan un trayecto a medio hacer en una figura.

19. Forma figuras tridimensionales con plasticina.

20. Encuentra la salida de un laberinto dibujado en una hoja de papel, trazando el camino con un creyón.

21. Ejercita sus músculos finos al pintar con pintura dactilar.

III. **DESARROLLO DE LA PERCEPCIÓN Y USO DE LOS SENTIDOS.**

	Iniciado	En Progreso	Dominado	No se Observó
1. Identifica, mediante análisis visual, figuras/objetos que son iguales.				
2. Identifica, mediante análisis visual, figuras/objetos que son distintos.				
3. Encierra en un círculo aquellas figuras que no miran para el mismo lado.				
4. Identifica visualmente los detalles que faltan en un conjunto de figuras, y los dibuja.				
5. Parea colores primarios.				
6. Colorea, dentro de los espacios señalados, con el color que establece el modelo.				
7. Identifica objetos ocultos a la vista, mediante el uso del tacto.				
8. Identifica texturas suaves, ásperas, duras y blandas por medio del tacto.				
9. Identifica objetos fríos y calientes al tacto.				
10. Clasifica las piedras de acuerdo a cómo se sienten al tacto.				
11. Identifica la cebolla, el ajo, un perfume y una rosa mediante el uso del sentido del olfato.				
12. Identifica los sabores dulce, amargo, salado y agrio al probar diversos alimentos.				
13. Identifica sonidos fuertes y suaves.				
14. Identifica el objeto al escuchar el sonido que produce.				
15. Identifica las voces de compañeros al escucharlos en una grabadora.				

334

Comentarios generales sobre el progreso del niño relacionado con los criterios de observación y evaluación usados (hacer resumen sobre fortalezas y aspectos en progreso que necesitan mayor estímulo).

Conocimientos, coordinación general del cuerpo y desarrollo de músculos gruesos:

Desarrollo de músculos finos y coordinación visomotora fina:

Desarrollo de la percepción y uno de los sentidos:

Formulario-guía para la observación y evaluación de progreso en el desarrollo social

Nombre del niño(a): _____ Salón: _____

Edad: _____ Maestro(a): _____

Período que comprende la evaluación: _____

Fecha de la evaluación: _____

I. CONOCIMIENTO DEL YO, DE LA FAMILIA Y DE LA COMUNIDAD DONDE VIVEN.

	Iniciado	En Progreso	Dominado	No se Observó
1. Identifica algunas de sus características físicas que lo diferencian de los demás niños.				
2. Traza un dibujo de tamaño natural de su cuerpo.				
3. Identifica sus manos y dedos como parte de su yo.				
4. Menciona aquellas cosas que le gusta hacer.				
5. Menciona algunos rasgos que caracterizan su yo.				
6. Elabora un mosaico con su nombre.				
7. Identifica la fecha de su cumpleaños.				
8. Compara su edad y su estatura con la edad y estatura de los demás niños.				
9. Expresa verbalmente aquellas actividades que puede realizar.				
10. Identifica a los miembros de la familia.				
11. Identifica a los miembros de la familia por sus diferencias en la edad.				
12. Identifica la relación familiar que existe entre los miembros de la familia.				
13. Dramatiza varios papeles que representan a los miembros de la familia.				
14. Relaciona las letras M, P, A, y B con las palabras mamá, papá, abuela, abuelo y bebé.				
15. Identifica el número de miembros de su familia.				

	En		**No se**
Iniciado	**Progreso**	**Dominado**	**Observó**

16. Dicta un relato breve sobre su familia.

17. Identifica aspectos y lugares clave de la comunidad donde vive.

18. Marca los lugares clave de su comunidad en un "mapa" que dibuja.

19. Se familiariza con el valor y uso del dinero en la comunidad.

20. Identifica a los servidores públicos que trabajan en su comunidad y los papeles que desempeñan.

II. **INTERACCIÓN PROSOCIAL, SOLIDARIDAD DE GRUPO Y COOPERACIÓN.**

	En		**No se**
Iniciado	**Progreso**	**Dominado**	**Observó**

1. Ejercita eficientemente patrones de interacción prosocial dirigidos a esperar su turno y a participar en grupo.

2. Coloca correctamente los platos, las servilletas, los cubiertos y los vasos en la mesa.

3. Coloca los materiales educativos en su lugar, una vez que ha terminado de usarlos.

4. Comparte el desempeño de las tareas que deben realizarse en el centro.

5. Crea el final de un cuento, cuya trama se basa en una interacción social en la cual es necesario demostrar solidaridad y sentido de cooperación.

III. **DESARROLLO MORAL, VALORES Y EMPATÍA.**

	En		**No se**
Iniciado	**Progreso**	**Dominado**	**Observó**

1. Propone alternativas moralmente aceptables para resolver un dilema de interacción social.

2. Juzga un dilema social a base del propósito subjetivo frente al propósito objetivo de una acción.

337

	Iniciado	En Progreso	Dominado	No se Observó
3. Plantea alternativas moralmente aceptables sobre el acto de compartir con los demás.				
4. Establece la relación entre el acto de mentir y sus consecuencias.				
5. Plantea alternativas moralmente aceptables acerca del incumplimiento de responsabilidades.				
6. Adopta el punto de vista de otros al escoger el regalo apropiado para cada miembro de la familia.				
7. Imagina cómo se sienten los niños no videntes.				
8. Imagina cómo se siente un niño que no puede oír.				
9. Imagina cómo se siente un niño que no puede caminar.				
10. Identifica los sentimientos que comunican las expresiones de la cara.				
11. Responde con una conducta compasiva ante una víctima que sufre una caída o accidente.				

IV. CONCEPTOS DE IDENTIDAD SEXUAL, PAPELES Y ACTIVIDADES NO SEXISTAS ASOCIADOS AL GÉNERO.

	Iniciado	En Progreso	Dominado	No se Observó
1. Identifica aquellos aspectos que hacen que un niño sea niño o niña.				
2. Clarifica algunos papeles estereotipados asociados a los géneros.				
3. Identifica vestimentas y papeles asociados a los géneros masculino y femenino.				
4. Clarifica los papeles asociados al hombre y la mujer, de una manera no sexista.				

Comentarios generales sobre el progreso del niño relacionados con los criterios de observación y evaluación usados: (hacer un resumen sobre fortalezas y aspectos en progreso o que necesitan mayor estímulo).

Conocimientos del yo, de la familia y de la comunidad donde vive:

Interacción prosocial, solidaridad de grupo y cooperación:

Desarrollo moral, valores y empatía:

Conceptos de identidad sexual, papeles y actividades no sexistas asociadas al género:

Formulario-guía para la observación y evaluación de progreso en el desarrollo emocional

Nombre del niño(a): _____ Salón: _____

Edad: _____ Maestro(a): _____

Período que comprende la evaluación: _____

Fecha de la evaluación: _____

I. DESARROLLO DE AUTOESTIMA Y CONFIANZA EN LAS PROPIAS HABILIDADES.

	Iniciado	En Progreso	Dominado	No se Observó
1. Identifica a cada persona como alguien especial y valioso.				
2. Se identifica a sí mismo como una persona especial y valiosa.				
3. Valora su individualidad como una persona única.				
4. Valora los talentos y habilidades que posee.				
5. Expresa sus sueños y deseos secretos.				
6. Valora su capacidad para producir trabajos creativos y personales.				

II. MANEJO DE EMOCIONES Y SENTIMIENTOS.

	Iniciado	En Progreso	Dominado	No se Observó
1. Identifica sentimientos de alegría.				
2. Comparte sentimientos de alegría.				
3. Acepta los sentimientos de tristeza				
4. Identifica sentimientos de tristeza				
5. Comparte sentimientos de tristeza.				
6. Acepta sentimientos de tristeza.				
7. Identifica sentimientos de coraje.				
8. Comparte sentimientos de coraje.				
9. Acepta sentimientos de coraje.				
10. Identifica sentimientos de temor.				
11. Comparte sentimientos de temor.				
12. Acepta sentimientos de temor.				

Comentarios generales sobre el progreso del niño relacionado con los criterios de observación y evaluación usados (hacer resumen sobre fortaleza y aspectos en progreso o que necesitan mayor estímulo).

Desarrollo de autoestima y confianza en las propias habilidades:

Manejo de emociones y sentimientos:

Autocontrol y autonomía personal:

Formulario-guía para la observación y evaluación de progreso en el desarrollo de los conocimientos físico-científicos y lógico-matemáticos

Nombre del niño(a): _____ Salón: _____

Edad: _____ Maestro(a): _____

Período que comprende la evaluación: _____

Fecha de la evaluación: _____

I. CONCEPTOS Y DESTREZAS RELACIONADAS CON PATRONES DE INTERACCIÓN, FUNCIONAMIENTO Y CRECIMIENTO DE LOS ORGANISMOS VIVOS.

	Iniciado	En Progreso	Dominado	No se Observó
1. Identifica características generales de los objetos que hay a su alrededor.				
2. Establece diferencias entre objetos sin vida y organismos vivos.				
3. Describe las características de los organismos vivos.				
4. Identifica ejemplos de organismos vivos.				
5. Describe características de objetos sin vida.				
6. Identifica ejemplos de objetos sin vida.				
7. Identifica las plantas como organismos vivos.				
8. Describe características de las plantas.				
9. Describe el proceso de crecimiento de una planta.				
10. Describe las características de animales conocidos.				
11. Describe el proceso de crecimiento de un animal conocido.				
12. Se identifica a sí mismo como un organismo vivo.				
13. Identifica algunas funciones del cuerpo humano como organismo vivo.				
14. Menciona prácticas de vida que mantienen vivo al organismo.				

	Iniciado	En Progreso	Dominado	No se Observó

15. Identifica las etapas generales en el proceso de crecimiento humano.

16. Menciona características de cada etapa del proceso de crecimiento humano.

II. **CONCEPTOS Y DESTREZAS SOBRE PROPIEDADES, REACCIONES Y TRANSFORMACIONES DE LOS OBJETOS.**

	Iniciado	En Progreso	Dominado	No se Observó

1. Identifica características de sustancias conocidas.

2. Descubre el proceso de transformación de sustancias conocidas.

3. Identifica los colores primarios.

4. Identifica los colores secundarios.

5. Menciona cómo se forman los colores secundarios a partir de los primarios.

6. Identifica la forma de objetos conocidos.

7. Identifica la textura de objetos conocidos.

8. Describe la reacción del hierro ante el imán.

9. Describe la forma de gotas de diversas sustancias.

10. Identifica la sombra como un fenómeno de la luz.

11. Identifica el arco iris como un fenómeno de la luz.

12. Describirá la capacidad de reflexión de la luz.

III. Conceptos y destrezas relacionadas con el movimiento de los objetos.

	Iniciado	En Progreso	Dominado	No se Observó
1. Identifica el aire como una sustancia que existe, pero que no es directamente observable.				
2. Identifica el viento como un fenómeno del aire capaz de mover objetos.				
3. Describe el movimiento del agua a través de objetos variados.				
4. Identifica objetos que flotan en el agua.				
5. Identifica objetos que se hunden en el agua.				
6. Describe el efecto de un plano inclinado en el movimiento de ciertos objetos.				

IV. Conceptos relacionados con la medición.

	Iniciado	En Progreso	Dominado	No se Observó
1. Identifica el objeto más alto.				
2. Identifica el objeto más bajo.				
3. Identifica el objeto más largo.				
4. Identifica el objeto más corto.				
5. Identifica el objeto más grande.				
6. Identifica el objeto más pequeño.				
7. Identifica objetos del mismo tamaño.				
8. Identifica el conjunto donde hay más elementos.				
9. Identifica el conjunto donde hay menos elementos.				
10. Identifica el conjunto donde hay muchos elementos.				
11. Identifica el conjunto donde hay pocos elementos.				

V. Conceptos relacionados con el número y la numeración.

	Iniciado	En Progreso	Dominado	No se Observó
1. Establece correspondencia biunívoca.				
2. Establece la relación entre el numeral y el número del uno (1) al cinco (5) (¿Cuáles? _____)				

VI. Conceptos y destrezas relacionados con la clasificación.

	Iniciado	En Progreso	Dominado	No se Observó
1. Sortea objetos a base de una característica compartida.				
2. Clasifica objetos a base de una característica compartida.				

VII. Conceptos sobre geometría simple.

	Iniciado	En Progreso	Dominado	No se Observó
1. Nombra el círculo.				
2. Nombra el triángulo.				
3. Nombra el cuadrado.				
4. Nombra el rectángulo.				
5. Identifica el círculo.				
6. Identifica el triángulo.				
7. Identifica el cuadrado.				
8. Identifica el rectángulo.				
9. Parea figuras geométricas. (¿Cuáles? _____)				
10. Sortea figuras geométricas a base de forma. (¿Cuáles? _____)				
11. Clasifica figuras geométricas a base de forma. (¿Cuáles? _____)				

VIII. Conceptos sobre dinero.

	Iniciado	En Progreso	Dominado	No se Observó
1. Identifica monedas por sus nombres. (¿Cuáles? _____)				
2. Establece la relación entre la cantidad de centavos y el numeral correspondiente hasta cinco. (¿Cuáles? _____)				

Comentarios generales sobre el progreso del niño relacionado con los criterios de observación y evaluación usados (hacer resumen sobre fortalezas y aspectos en progreso o que necesitan mayor estímulo).

Conocimiento físico-científico:

Conocimiento lógico-matemático:

Formulario-guía para la observación y evaluación de progreso en el desarrollo del lenguaje oral, destrezas y conocimientos para manejar el lenguaje escrito

Nombre del niño(a): _____ Salón: _____

Edad: _____ Maestro(a): _____

Período que comprende la evaluación: _____

Fecha de la evaluación: _____

	Iniciado	En Progreso	Dominado	No se Observó
1. Describe oralmente objetos variados.				
2. Describe a sus compañeros oralmente.				
3. Describe láminas oralmente.				
4. Relata experiencias personales.				
5. Dicta experiencias personales.				
6. Participa en narraciones de cuentos.				
7. Participa en sesiones de lectura de cuentos.				
8. Relata la trama de los cuentos que le han leído.				
9. Escucha poemas, rimas y trabalenguas.				
10. Crea poemas, rimas y trabalenguas.				
11. Dicta poemas, rimas y trabalenguas.				
12. Dicta mensajes variados.				
13. Dicta el texto de cartas y mensajes.				
14. Explora la escritura espontánea y creativamente.				
15. Identifica las vocales. ¿Cuáles? _____				
16. Nombra las vocales. ¿Cuáles? _____				
17. Escribe las vocales. ¿Cuáles? _____				
18. Identifica consonantes. ¿Cuáles? _____				
19. Nombra consonantes. ¿Cuáles? _____				

	Iniciado	En Progreso	Dominado	No se Observó

20. Escribe consonantes.
¿Cuáles? _____

21. Escribe palabras espontáneamente.

22. Lee palabras globalmente, por contexto.

23. Reconoce sonidos vocálicos iniciales.
¿Cuáles? _____

24. Reconoce sonidos consonánticos iniciales. ¿Cuáles? _____

25. Reconoce la función comunicativa del lenguaje escrito.

26. Reconoce su nombre.

27. Escribe su nombre.

Comentarios generales sobre el progreso del niño relacionado con los criterios de observación y evaluación usados (hacer resumen sobre fortalezas y aspectos en progreso que necesitan mayor estímulo).

Lenguaje oral:

Lenguaje escrito y lectura:

APÉNDICE 10

Formulario-guía para la observación y evaluación de progreso en el desarrollo de la función simbólico-artística

Nombre del niño(a): _____ Salón: _____

Edad: _____ Maestro(a): _____

Período que comprende la evaluación: _____

Fecha de la evaluación: _____

	Iniciado	En Progreso	Dominado	No se Observó
1. Crea dibujos y pinturas.				
2. Produce *collages*.				
3. Produce trabajos de arte variados mediante la técnica de grabado.				
4. Crea murales.				
5. Escucha música infantil y de otros géneros apropiados.				
6. Canta canciones infantiles.				
7. Mueve su cuerpo rítmicamente al compás de la música.				
8. Explora el sonido de instrumentos musicales rítmicos.				

Comentarios generales sobre el progreso del niño relacionado con los criterios de observación y evaluación usados (hacer resumen sobre fortalezas y aspectos en progreso que necesitan mayor estímulo).

Arte:

Música:

Compendio de subtemas, actividades, conceptos y destrezas correspondientes a cada área de desarrollo

Gladys Quintana

I - ÁREA: DESARROLLO FÍSICO

ÁREAS DE DESARROLLO	SUBTEMAS	TÍTULOS DE LAS ACTIVIDADES	CONCEPTOS	DESTREZAS
A. Conocimiento y coordinación general del cuerpo, de los músculos gruesos, del balance y del vigor físico. (pp. 29-52)	Conocimiento del cuerpo.	Este es mi cuerpo. (p. 29)	Del propio cuerpo. De los movimientos que puede hacer el cuerpo.	
		Este es mi espacio personal. (p. 30)	Del espacio personal que ocupa el propio cuerpo.	
			Del espacio general que no ocupan los cuerpos.	
			Del espacio personal que ocupan otros cuerpos.	
		Conocimiento del cuerpo. (p. 31)	De las partes del cuerpo.	Tocarse las distintas partes del cuerpo a medida que el maestro las nombra.
	Desarrollo de músculos gruesos, coordinación general, balance y vigor físico.	A brincar como el sapo. (p. 33)	Brincar.	Elevarse para tomar impulso con los dos pies y caer en ambos pies (brincar).
		Saltemos en un solo pie. (p. 34)	Saltar.	Elevarse y caer en el mismo pie, transferir el peso de un pie a otro pie.
		Caminemos como los animales. (p. 35)	Movimiento, despacio, silencioso, suave, rápido, quieto, correr.	Moverse: despacio, silenciosamente, suavemente, rápidamente, corriendo, quedarse quieto.
		A galopar como el caballo. (p. 36)	Galopar.	Dar un paso al frente y juntar el otro pie rápidamente con el del frente.
		Movimientos en el piso. (p. 37)	Arrastrar, estirar, enrollar, levantar.	Arrastrarse sobre el estómago, caminar sobre pies y manos, en "cuatro", estirarnos acostados en el piso, enrollarnos como si fuéramos una bolita de algodón, levantar las dos piernas, levantar los brazos.
		A brincar cuica. (p. 38)	Cuica.	Brincar.
		Sobre la cuica. (p. 39)	Cuica.	Caminar sobre la cuica.

Áreas de Desarrollo	Subtemas	Títulos de las actividades	Conceptos	Destrezas
		A caminar derechitos. (p. 40)		Caminar sobre la tabla de balance.
		Atravesemos el aro de goma. (p. 41)		Impulsarse corriendo. Atravesar corriendo el aro de goma.
		A arrastrarnos a través de los aros. (p. 42)	Arrastrarse, atravesar.	Arrastrarse por el piso. Atravesar tres aros de goma.
		Crezcamos como una planta. (p. 43)	Crecer, semilla, planta.	Estirar todo el cuerpo.
		Movimientos espontáneos. (p. 44)	Movimientos espontáneos.	Realizar movimientos espontáneos con el cuerpo.
		Jugar con la bola. (p. 45)	Agarrar.	Agarrar la bola con las dos manos.
		Imitar los movimientos del maestro. (p. 46)	Imitar.	Imitar movimientos corporales.
		Juegos grupales variados. (p. 47)	Juegos grupales y cooperativos.	Participar en juegos grupales y cooperativos.
		Un camino lleno de obstáculos. (p. 49)	Trayecto, obstáculo.	Recorrer un trayecto de obstáculos.
		Bolsa de habichuelas (*bean bags*). (p. 50)	Lanzar.	Lanzar las bolsas de habichuelas dentro de un blanco.
		De piedra en piedra sobre el río. (p. 51)	Dirección, lateralidad, izquierda, derecha.	Mover coordinadamente los pies con la vista.
B. Desarrollo de los músculos finos y de la coordinación visomotora fina. (pp. 55-82)	Desarrollo de los músculos finos y de la coordinación visomotora fina.	La costura. (p. 55)	Coser.	Coser a través de perforaciones en un pedazo de cartulina.
		Hagamos un collar. (p. 56)	Ensartar collar.	Ensartar macarrones para formar un collar.
		Recortemos en línea recta. (p. 57)	Recortar. Línea recta.	Recortar en línea recta.
		Recortemos formas geométricas. (p. 58)	Formas geométricas, triángulo, cuadrado, rectángulo.	Recortar formas geométricas.
		Siga los puntos. (p. 59)	Dibujar, contorno, patrón, punteado.	Dibujar el contorno siguiendo el patrón punteado.
		Hagamos puntos. (p. 60)	Puntear.	Puntear dentro de un área definida.
		Colorear dentro del molde o *stencil*. (p. 62)	Colorear. Molde.	Colorear dentro del molde.
		Recortemos láminas. (p. 63)	Recortar, pegar, rotular.	Recortar, pegar y rotular láminas.
		Usemos la tijera libremente. (p. 64)	Recortar.	Recortar papel espontáneamente.

Áreas de Desarrollo	Subtemas	Títulos de las actividades	Conceptos	Destrezas
		Papel rasgado. (p. 65)	Rasgar.	Rasgar papel en pedazos grandes.
		Mosaico de papel. (p. 66)	Rasgar, pegar, pequeño.	Rasgar papel y pegarlo en una cartulina.
		Dobleces y colores en el papel. (p. 67)	Doblar, colorear.	Doblar y colorear el papel.
		Tabla de clavijas. (p. 68)	Clavijas.	Ejercitar el agarre de pinza, colocar las clavijas en sus respectivos huequitos.
		Patrones en la tabla de clavijas. (p. 69)	Clavijas. Patrón.	Usar el agarre de pinza. Colocar cada clavija en el hueco que corresponde, según el patrón dado. Copiar varios patrones usando la tabla de clavijas.
		Rompecabezas. (p. 71)	Rompecabezas.	Formar un rompecabezas.
		Legos. (p. 72)	Construir.	Construir utilizando los músculos finos de las manos.
		Garabatos controlados. (p. 73)	Garabato, línea circular, línea horizontal, línea vertical.	Garabatear controladamente. Trazar líneas: circulares, horizontales y verticales.
		Trazado de líneas. (p. 74)	Trazar.	Trazar la línea que completa un trayecto a medio hacer.
		Plasticina. (p. 78)		Formar figuras tridimensionales con plasticina.
		El laberinto. (p. 79)	Laberinto.	Encontrar la salida de un laberinto, trazando el camino con un creyón.
		Pintura dactilar. (p. 82)	Pintura dactilar.	Pintar usando los dedos y las manos.
C. Desarrollo de la percepción y el uso de los sentidos. (pp. 85-110)	Percepción visual.	¿Cuáles son iguales? (p. 85)	Igual. Circular.	Identificar mediante análisis visual, las figuras que son iguales. Trazar un círculo.
		¿Cuáles son distintos? (p. 90)	Distintos. Tachar.	Identificar mediante análisis visual, la figura que es distinta. Tachar la figura distinta.
		Orientación espacial. (p. 93)	Lateralidad. Círculo.	Identificar mediante análisis visual, las figuras que no miran para el mismo lado. Trazar un círculo.

Áreas de Desarrollo	Subtemas	Títulos de las actividades	Conceptos	Destrezas
		Figuras incompletas. (p. 96)	Completo. Incompleto.	Identificar visualmente los detalles que faltan.
		Colores primarios. (p. 99)	Parear. Colores primarios. Rojo. Azul. Amarillo.	Identificar visualmente los colores primarios que son iguales.
		Coloreemos. (p. 100)	Colores primarios: rojo, azul, amarillo. Colores secundarios: violeta, verde, anaranjado.	Colorear dentro de los espacios señalados, con el mismo color que establece el molde.
	Percepción táctil.	¿Qué será lo que hay aquí? (p. 102)	Tacto.	Identificar objetos mediante el uso del tacto.
		Texturas. (p. 103)	Textura. Suave, áspera, dura, blanda.	Identificar, usando el tacto, las texturas suaves, ásperas, duras y blandas.
		Frío o caliente. (p. 104)	Frío. Caliente.	Identificar al tacto los objetos fríos y calientes.
		Busquemos piedras. (p. 105)	Clasificar.	Clasificar las piedras sintiéndolas al tacto.
	Percepción olfativa.	Distingamos los olores. (p. 106)	Olfato, olor, cebolla, ajo, perfume, rosa.	Identificar la cebolla, el ajo, un perfume y una rosa mediante el uso del olfato.
	Percepción del gusto.	El gusto. (p. 107)	Gusto, sabor, dulce, salado, amargo, agrio.	Identificar, mediante el gusto, los sabores dulce, salado, amargo y agrio.
	Percepción auditiva.	El oído. (p. 108)	Sonidos fuertes. Sonidos suaves.	Identificar sonidos fuertes y suaves.
		¿Qué objeto produce ese sonido? (p. 109)	Sonido de diversos objetos.	Identificar el objeto por el sonido que produce.
		Las voces de mis compañeros. (p. 110)	Voz.	Identificar las voces de los compañeros al escucharlas en una grabadora.

II - ÁREA: DESARROLLO SOCIAL

Áreas de Desarrollo	Subtemas	Títulos de las actividades	Conceptos	Destrezas
A. Conocimiento del yo, de la familia y de la comunidad donde vive. (pp. 125-152)	Conocimiento del yo.	¿Cómo soy yo? (p. 125)	Características físicas del yo.	Trazar un dibujo de sí mismo.
		Mi cuerpo es parte de mi yo. (p. 127)	Del propio cuerpo como parte del yo. De las partes del cuerpo.	Trazar un dibujo de su cuerpo. Recortar.
		Mis manos y mis dedos. (p. 129)	Las manos, la mano derecha y la izquierda, los dedos: el pulgar, el índice, el del corazón, el anular y el meñique.	Usar las manos (los dedos) para crear impresiones gráficas.
		Lo que me gusta hacer (p. 130)	Actividades favoritas. Mural.	Trazar dibujos de sus actividades favoritas en un mural.
		Yo soy. (p. 131)	Rasgos que caracterizan su yo.	
		Mi nombre. (p. 132)	El nombre propio.	Trazar el nombre. Pegar pedacitos de papel sobre el trazado del nombre.
		Mi cumpleaños. (p. 133)	Fecha de cumpleaños. Edad.	
		Mi edad y estatura. (p. 135)	Edad. Estatura.	Comparar su edad y estatura con la edad y estatura de otros niños.
		¿Qué puedo hacer? (p. 136)	Actividades que puede hacer.	Contestar preguntas.
	Conocimiento y aprecio de la familia.	¿Quiénes son los miembros de mi familia? (p. 137)	La familia. Miembros de la familia: padre, madre, abuelo(a), tío(a), hermano(a), primo(a).	Dibujar.
		Quiénes son mayores y menores? (p. 138)	Mayor, menor. Tener más edad, tener menos edad. Abuelos, padres, bebé, persona mayor.	Identificar a los miembros de la familia que tienen más edad y a los que tienen menos edad.
		Lazos familiares. (p. 139)	Miembros de la familia.	Identificar láminas análogas a los miembros de la familia. Recortar. Pegar.
		Papeles de los miembros de la familia. (p. 140)	Miembros de la familia.	Representar mediante juego socio-dramático los papeles que desempeñan los miembros de la familia.
		Letras y familia (p. 141)	Letras iniciales. Letras M, P, A, y B en las palabras mamá, papá, abuelo(a) y bebé.	Recortar. Pegar.

Áreas de Desarrollo	Subtemas	Títulos de las actividades	Conceptos	Destrezas
		Gráfica de la familia. (p. 142)	Número de miembros en la familia.	Señalar el número de miembros de su familia en una gráfica simple.
		Narraciones sobre la familia. (p. 144)	Dictado. Relato.	Narrar y dictar un relato sobre su familia.
	Conocimiento y aprecio de la comunidad donde vive.	La comunidad donde vivo. (p. 145)	Comunidad. Excursión.	
		Un mapa de mi comunidad. (p. 147)	Mapa.	Trazar un "mapa" de su comunidad.
		Valor y uso del dinero en la comuni-dad. (p. 148)	Dinero.	Comprar haciendo uso del dinero.
		Servidores públicos de mi comunidad. (p. 150)	Servidores públicos: panadero, policía, dependiente de la tienda, bombero, médico, etc.	
		Medios de transporta-ción en la comuni-dad. (p. 152)	Medios de transporta-ción, transportación: terrestre, aérea, marítima.	
B. Interacción pro-social, la solidari-dad de grupo y la cooperación. (pp. 155-159)	Desarrollo de interacción pro-social.	El juego de los secretos. (p. 155)		Esperar el turno. Participar con eficiencia en un juego grupal. De lenguaje oral. De escuchar.
		Recojamos cuando terminemos. (p. 156)		Colocar los materiales educativos en su lugar.
		Tareas compartidas. (p. 157)		Colocar los materiales educativos en su lugar.
		En la mesa. (p. 158)		Poner la mesa.
	Desarrollo de la solidaridad de grupo y de la cooperación.	El cuento sin final. (p. 159)		Crear el final de un cuento. Tomar decisiones sobre dilemas sociales que envuelven el sentido de la solidaridad y la cooperación.
C. Desarrollo moral, los valores y la empatía. (pp. 163-174)	Desarrollo moral y valores.	¿Cómo lo resolvemos? (p. 163)		Identificar alternativas de acción para resolver un dilema que surge en la interacción social.
		Las buenas y malas intenciones. (p. 164)		Juzgar las intenciones en una acción.
		Compartir con mis compañeros. (p. 165)	Compartir.	Compartir con otras personas.
		Las mentiras. (p. 166)	Mentira.	
		Mis responsabilidades (p. 167).	Responsabilidad.	

Áreas de Desarrollo	Subtemas	Títulos de las actividades	Conceptos	Destrezas
	Desarrollo de la empatía.	En la tienda. (p. 169)		Tener en cuenta el punto de vista de otros.
		¿Cómo se sentirán? (p. 170)		Imaginar cómo se sienten los niños no videntes.
		El niño sordo. (p. 171)		Imaginar cómo se siente un niño que no puede oír.
		No puede caminar. (p. 172)		Imaginar cómo se siente un niño que no puede caminar.
		Caras y sentimientos. (p. 173)	Sentimientos.	Identificar los sentimientos al observar la expresión de la cara.
		El niño que se golpeó. (p. 174)		Responder con una conducta compasiva ante una víctima.
D. Conceptos de identidad sexual, papeles y actitudes no sexistas asociadas a los géneros. (pp. 177-180)	Clarificación de conceptos de identidad sexual.	¿Qué me hace ser niño/niña? (p. 177)	Niño. Niña.	
		El libro de los niños y las niñas. (p. 178)	Papeles asociados a los géneros.	
		Sobre los hombres y los niños/ Sobre las mujeres y las niñas. (p. 179)	Papeles masculinos. Papeles femeninos.	
		¿Para quién son los regalos? (p. 180)	Papel femenino. Papel masculino.	

356

III - ÁREA: DESARROLLO EMOCIONAL

ÁREAS DE DESARROLLO	SUBTEMAS	TÍTULOS DE LAS ACTIVIDADES	CONCEPTOS	DESTREZAS
A. Autoestima, autoconfianza. (pp. 193-199)	Autoestima y confianza.	La caja mágica. (p. 193)	Personas especiales.	
		Yo soy una persona especial. (p. 194)	Persona especial.	
		El árbol del yo. (p. 195)	Individualidad.	
		Mis talentos y habilidades. (p. 197)	Talentos. Habilidades.	
		Mis deseos secretos. (p. 198)	Deseo secreto.	
		Mi dibujo favorito. (p. 199)	Mi dibujo favorito.	
B. Manejo de emociones y sentimientos. (pp. 203-219)	Manejo de emociones y sentimientos.	La ronda de la felicidad. (p. 203)	Felicidad, alegría. Alegre.	
		Compartir la felicidad y la alegría. (p. 204.)	Felicidad, alegría. Compartir.	
		Mis sentimientos de alegría. (p. 206)	Alegría.	
		Las cosas que me ponen triste. (p. 207)	Tristeza.	
		El libro triste. (p. 209)	Tristeza.	
		Acepto mi tristeza. (p. 211)	Tristeza.	
		El coraje. (p. 213)	Coraje.	
		¡Tengo coraje! (p. 215)	Coraje.	
		El árbol tiene coraje. (p. 216)	Coraje.	
		Mis temores. (p. 217)	Temor. Miedo.	
		Comparto mis temores. (p. 218)	Miedo. Terror.	
		El gato que asustaba. (p. 219)	Temor. Miedo.	

IV - ÁREA: DESARROLLO COGNOSCITIVO

Áreas de Desarrollo	Subtemas	Títulos de las actividades	Conceptos	Destrezas
A. Construcción de conocimiento físico que incluye los patrones de adaptación, funcionamiento y crecimiento de los organismos vivos, así como las propiedades, movimiento, transformaciones y reacciones de los objetos sin vida. (pp. 243-269)	Patrones de adaptación, funcionamiento y crecimiento de organismos vivos.	Objetos de mi alrededor. (p. 243)	Blando-duro. Frío-Caliente. Alto-Bajo. Grande-Pequeño. De color.	
		Objetos sin vida y organismos con vida. (p. 244)	Objetos sin vida. Organismos con vida.	
		Las plantas son nuestras amigas. (p. 246)	Plantas. Organismo vivo.	
		Las plantas crecen. (p. 248)	Crecimiento.	
		Animales que conozco. (p. 250)	Animal. Organismo vivo.	
		Los animales crecen. (p. 252)	Crecimiento.	
		Mi cuerpo. (p. 253)	Cuerpo. Organismo. vivo. Saludable.	
	Propiedades, reacciones y transformaciones de los objetos.	Sustancias conocidas. (p. 255)	Sustancias-líquidas, sólidas. Agua-hielo, etc.	
		Los colores de los objetos. (p. 257)	Color. Colores primarios y secundarios.	
		La forma de las cosas. (p. 258)	Forma, redondo, cuadrado, triangular, rectangular.	
		La textura de las cosas. (p. 259)	Textura. Blando-duro. Suave-áspero.	
		Imán y hierro. (p. 260)	Hierro. Imán. Magnetismo.	
		Gotas y más gotas. (p. 261)	Gota.	
		Sombras y luz. (p. 262)	Sombra. Luz.	
		El arco iris. (p. 263)	Arco iris. Luz.	
		La luz se refleja. (p. 264)	Reflexión. Reflejo. Reflejar. Luz. Brilloso.	
	Movimiento de los objetos.	El aire. (p. 265)	Aire.	
		El viento. (p. 266)	Viento. Aire en movimiento.	
		Agua que se mueve. (p. 267)	Agua. Movimiento del agua.	
		Objetos que flotan, objetos que se hunden. (p. 268)	Flotar. Hundirse.	
		Planos inclinados. (p. 269)	Plano inclinado. Deslizarse. Plano llano.	

Áreas de Desarrollo	Subtemas	Títulos de las actividades	Conceptos	Destrezas
B. Construcción de conocimiento lógico-matemático que incluye conocimientos sobre medición, números y numeración, clasificación, geometría simple y dinero. (pp. 273-286)	Medición.	Torres altas y torres bajas. (p. 273)	Alto. Bajo. Comparación.	
		Fiesta de cordón. (p. 274)	Largo. Corto. Comparación.	
		Objetos grandes y pequeños. (p. 275)	Grande. Pequeño. Comparación.	
		Son del mismo tamaño. (p. 276)	Del mismo tamaño. Comparación.	
		El juego de más y menos. (p. 277)	Más, menos, muchos, pocos.	
	Números y numeración.	Vasos y platos. (p. 278)	Correspondencia biunívoca. Relación de uno-a-uno.	
		Números del uno al cinco (p. 279)	De número, numeral, uno, dos, tres, cuatro, cinco.	
	Clasificación.	Formemos grupos de objetos. (p. 281)	Sortear. Clasificar. Agrupar.	
	Geometría simple.	Formas geométricas. (p. 282)	Figuras geométricas, círculo, triángulo, cuadrado, rectángulo.	
		Formas geométricas de papel. (p. 283)	Figuras geométricas, círculo, triángulo, cuadrado, rectángulo, parear.	
		Grupos de formas geométricas. (p. 284)	Sortear. Clasificar. Forma.	
	Dinero.	Pago con dinero. (p. 285)	Moneda. Centavo. Un centavo. Moneda de cinco centavos. Vellón. Moneda de diez centavos.	
C. Desarrollo del lenguaje oral, destrezas y conocimientos para manejar el lenguaje escrito. (pp. 289-303)	Desarrollo del lenguaje oral y escrito.	Los objetos que describo. (p. 289)	Describir.	Describir oralmente.
		Describo a mis compañeros. (p. 291)	Describir.	Describir oralmente.
		Las láminas. (p. 292)	Describir.	Describir oralmente.
		Mis experiencias personales. (p. 293)	Relato. Experiencias personales.	Papel, lápiz, marcador.
		Narración de cuentos. (p. 294)	Narración.	Escuchar la narración.
		Lecturas de cuentos. (p. 295)	Lecturas de cuentos. Principios del cuento. Fin del cuento. Dónde empiezo a leer. Dirección de la lectura.	Escuchar la lectura de un cuento. fijar la atención en las láminas. Fijar la atención en el texto. Pasar las páginas. Sostener el libro.
		Poemas, rimas y trabalenguas. (p. 297)	Poemas, rimas, trabalenguas.	Escuchar, crear, dictar.
		Díctame algo! (p. 298)	Dictado.	Dictar.

Áreas de Desarrollo	Subtemas	Títulos de las actividades	Conceptos	Destrezas
		¡A inventar la escritura! (p. 299)	Escritura espontánea y creativa, vocales, consonantes.	Hacer trazos espontáneos que representen letras. Trazar vocales y consonantes espontáneamente.
		Lectura y escritura creativa en el juego dramático. (p. 301)	Comunicación.	
		Mi nombre. (p. 303)	Nombre.	Reconocer el nombre. Escribir el nombre.
D. Desarrollo de la función simbólico-artística a través de las artes plásticas y de la música. (pp. 307-315)	Desarrollo de la función simbólico-artística.	Dibujos y pinturas. (p. 307)	Dibujo. Pintura.	Dibujar. Pintar.
		Collages. (p. 308)	*Collage.*	Hacer *collages.*
		Los grabados. (p. 309)	Grabado.	Hacer grabados.
		Figuras de plasticina. (p. 310)	Figura tridimensional.	Hacer figuras tridimensionales.
		Murales. (p. 311)	Mural.	Pintar o dibujar murales.
		Escucho música. (p. 312)	Música.	Escuchar música.
		Canciones infantiles. (p. 313)	Cantar.	Cantar.
		Movimientos rítmicos al compás de la música. (p. 314)	Movimiento rítmico.	Mover el cuerpo rítmicamente al compás de la música.
		Instrumentos musicales rítmicos. (p. 315)	Instrumentos musicales rítmicos.